Surging of Strontium

锶潮涌动

中国锶产业的科学与技术

段东平 钟莉 等编著

化学工业出版社

·北京·

内容简介

本书聚焦我国锶产业发展所涉及的科学基础与技术问题，以科技研发引领产业发展为使命，内容包括绪论（"锶"绪万千）、锶元素化学与资源开发（饮水"锶"源）、锶元素四大效应的科学思考（深"锶"熟虑）、大宗锶化学品的追踪溯源（三"锶"而行）、锶产业转型的着力点与关键技术（"锶"前想后）、锶增强材料与强化机理（千"锶"万缕）、钛酸锶功能材料（奇"锶"妙想）、结语与展望（打造"世界锶都"）；另外，书后附有专有名词缩写与符号表、锶领域相关标准规范节选，便于读者参阅。

本书具有较好的知识性、趣味性、科学性和技术性，旨在为锶领域的科学研究及产业技术发展奠定良好理论基础并提供科学指导，可供从事战略金属资源、新材料、环境、新能源及相关领域的科研人员、技术人员、管理人员和科普人员参考，也可供高等学校环境科学与工程、化学工程、冶金与能源工程、材料工程、生物工程、食品工程及相关专业师生参阅。

图书在版编目（CIP）数据

锶潮涌动：中国锶产业的科学与技术 / 段东平等编著.
—北京：化学工业出版社，2023.10
ISBN 978-7-122-43974-1

Ⅰ.①锶… Ⅱ.①段… Ⅲ.①锶-工业发展-研究-中国 Ⅳ.①F426.1

中国国家版本馆 CIP 数据核字（2023）第 152788 号

责任编辑：刘兴春　刘　婧　　　　　装帧设计：韩　飞　孙　沁
责任校对：王　静

出版发行：化学工业出版社（北京市东城区青年湖南街13号　邮政编码100011）
印　　装：北京宝隆世纪印刷有限公司
710mm×1000mm　1/16　印张16¾　字数256千字
2023年11月北京第1版第1次印刷

购书咨询：010-64518888　　　　　　　售后服务：010-64518899
网　　址：http://www.cip.com.cn
凡购买本书，如有缺损质量问题，本社销售中心负责调换。

定　　价：138.00元　　　　　　　　　　　　　　　　　版权所有　违者必究

《锶潮涌动——中国锶产业的科学与技术》

编著者名单

段东平	中国科学院过程工程研究所	博士/研究员
钟　莉	中国科学院过程工程研究所	博士/副研究员
苏一元	重庆市大足区	一级巡视员
陈思明	中国科学院过程工程研究所	博士/副研究员
李　婷	中国科学院过程工程研究所	硕士/副研究员
贾奇博	中国科学院过程工程研究所	博士/副研究员
田　娥	大足区经济信息委	经济发展中心主任
李连友	重庆足锶矿业集团有限公司	董事长
周　娥	中国科学院过程工程研究所	博士/副研究员
任玉枝	中国科学院过程工程研究所	硕士/副研究员
干　科	中国科学院过程工程研究所	博士/副研究员
刘　艳	中国科学院过程工程研究所	博士/副研究员
李　焱	中国科学院过程工程研究所	博士/副研究员
张晓冬	中国科学院过程工程研究所	博士/副研究员
蔡晓娇	中国科学院过程工程研究所	博士/助理研究员

作者简介

学位/职称：博士/研究员
研究方向：冶金新工艺、化工新材料、颗粒阻尼减振降噪
邮箱：douglass@ipe.ac.cn
地址：北京市海淀区中关村北二街1号
邮编：100190

段东平：冶金工程博士、化学工程博士后、研究员、博士生导师，中国科学院过程工程研究所资源利用及环境优化课题组组长，中国科学院大学岗位教授及博士生导师。社会学术兼职有美国矿业、金属与材料学会会员（TMS），澳大利亚冶金与矿业学会会员（AusIMM）、国际先进材料学会会员（IAAM）、科技部国家可持续发展实验区专家委员会委员、中国无机盐工业协会副会长兼熔盐储能专业委员会主任、中国无机盐工业协会化工新材料专家委员会委员、中国金属学会冶金反应工程分会委员、北京金属学会理事及学术委员、《黄金科学技术》编委会副主任、中国专利审查技术专家等。

当前重点开展的研究方向之一即为天青石矿清洁生产技术及其锶系列产品开发的研发和产业化工作；主持了国家重点研发计划"青海盐湖化工产业区大宗废弃物循环利用集成示范"重点专项（2018YFC1903800）等多项国家级、省部级、中国科学院以及企业合作项目。先后于2007年获"天津市科技进步奖二等奖"、2008年获中国石油和化工协会"全国化工优秀科技工作者"以及第18届"北京市优秀青年工程师"、2009年获中国科学院"院地合作先进个人（科技类）一等奖"、2010年获中国产学研合作促进会"中国产学研合作创新（个人）奖"、2012年获中国科学院"院地合作先进个人（管理类）一等奖"、2017年获"安徽省科技进步奖一等奖"等荣誉。已发表论文140余篇，其中SCI收录40余篇、EI收录20余篇、中文核心收录30余篇；申请专利60余项、授权30余项；培养硕士研究生14名、博士研究生8名、博士后7名。

序
——为《锶潮涌动》系列新书出版而作

日前，我的好朋友、中国无机盐工业协会名誉会长陈国福同志邀我为中国科学院过程工程研究所 GERU 团队创作并即将出版的《锶潮涌动》写一序言。我翻开了该书内容简介即眼前一亮，爱不释手。这是一本专业知识浓厚、创新思维活跃、结构逻辑严密、文字精彩生动，深入浅出、引人入胜的好书。

之所以称它为一本"深入浅出，引人入胜"的好书，我认为这本书有几个显著的特点。

一是这本书的内容同中国石油和化学工业由大国向强国跨越进程的高度一致。2018 年，中国石油和化学工业的销售额达 12.4 万亿元（人民币）。其中，化学工业销售额为 9.35 万亿元，位列世界第一；欧盟化学工业销售额为 4.41 万亿元，名列世界第二；美国化学工业销售额为 3.65 万亿元，位居世界第三；日本化学工业销售额为 1.40 万亿元，位居世界第四。我国化学工业销售额几乎与欧盟、美国、日本之和相当。2022 年，中国石油和化学工业销售额又跨上了 16.55 万亿元的新台阶。从"十四五"规划开始，中国石油和化学工业提出了"要迈出由石油和化学工业大国向强国跨越的步伐"。由大国向强国跨越，这是一个伟大的历史性转折。这个转折的基本要求，就是要有完整的行业配套能力、超前的技术创新能力和强大的市场竞争能力。从新中国成立 70 多年来我国石油和化学工业的发展历程分析，在全行业高速发展的过程中，我们依靠中国经济超大规模的市场优势，基础原材料发展的成就最为显著。无论是烧碱、纯碱、硫酸、硝酸,还是化肥、炼油产业等都发展了一批大项目、大基地,生产能力和产业规模都站在了世界市场的前列。但在跨国公司的眼中,中国石油和化学工业就是一个基础原材料工业,我们的产业结构离终端市场太远,配套能力太差,特别是具有广泛、重大、关键作用的精细化工产品,无论是技术研发能力还是品种数量水平与石化产业发达的国家相比都存在着巨大的差距。而这个课题研究的项目——无机盐锶产业,正是我国石油和化学工业向强国跨越需要配套发展的一个重要产品、一个"补短板"的关键技术、一个有条件快速发展的新的增长点。培育中国石油和化学工业的配套优势产业,正是中国石油和化学工业向强国跨越的一个"重点",本书研究的内容现实意义重大。

二是本书的研究,充分展示了对"小产品、高技术、大市场"这一类产品发展的思路创新。锶这类产品在我国石油和化学工业整个产业结构中占比并不大,确实是一个"小产品",但这类产品属精细化工类产品,技术含量很高,质量差异很大,属于"高技术"产品。目前我国锶产品品种不多、产量很低、品质不高,主要产品多为以工业级碳酸锶和工业级氯化锶等化合物为主的低端产品,高端锶化合物大部分需要从国外进口,难以满足国内外市场对高端锶产品的迫切需求。大力推动我国锶产业的科技创新,积极发展我国高端锶产品及其产业,这是我国未来十至二十年振兴锶产业、跻身世界先进行列并掌握锶技术国际话语权的必然选择。"大市场"是指锶元素的特殊性质,锶产品应用范围十分广泛,产品特性十分独到。特别是锶元素独特的"光电效应"、"增强效应"、"亲骨效应"和"同位素效应"四大效应,对未来化工新能源、新材料和装备制造工业都将发挥不可替代的重大作用。"小产品、高技术、大市场"这类化工产品未来如何发展,这个团队的创新思路为我们提供了宝贵的经验。

我国是锶矿资源极为丰富的国家,已探明储量居世界首位。联合国环境规划署将锶归类为"绿色稀有金属"。2011年国土资源部、国家发展改革委、科技部、财政部联合制定的《找矿突破战略行动纲要(2011—2020年)》,也将锶确定为我国战略性新兴产业发展的矿产资源。据2021年统计资料:①世界范围内已探明储量1.4275亿吨,中国已探明锶矿储量8224万吨,我国锶矿储量占世界总储量的57.6%;②锶矿(天青石)全世界开采能力约为

109万吨，中国产能59万吨，年产能占世界总产能的54.1%；③世界上已开发出的锶化工产品约50多种（其中产量最大的锶化合物为碳酸锶），全球碳酸锶总产量达28.75万吨，中国碳酸锶产量就达20.91万吨，占世界总产量的72.73%。可见，未来我国锶产业的发展，无论是资源条件、产能基础，还是未来技术创新、市场开拓，都有着不少的优势和无限的市场空间。

三是本书的风格，充分显示了这个研究团队扎实、深入、敢为人先的学术精神。这是一个十分年轻的研究团队，经过10多年的持续研究，以"咬定青山不放松"的定力，成为了一支全球领先的锶产业技术团队，研发了一批锶产品新技术，形成了一批可产业化的高水平锶产业项目，他们希望把锶产业打造成中国第二个"稀土产业"，把中国建设成世界锶产业中心。在他们扎扎实实的研究中，在他们默默无闻的开拓中，形成了一系列可行性研究报告，还将编写一系列的学术专著，包括《锶潮涌动》《痛定锶痛》《锶如泉涌》等。我们相信这个有梦想、有追求、有实干精神的研究团队，一定可以在这个领域干出一番不平凡的伟业来！

我为这个团队的研究精神点赞！我为这本书的创作和出版点赞！我为这项研究成果对我国无机盐工业和精细化工产业高质量发展的推动作用点赞！

中国石油和化学工业联合会会长　李寿生
2023年3月于北京

目 录

第 1 章
"锶"绪万千：
绪论

1.1 锶的战略地位 / 2
1.2 锶科学与技术的时代属性 / 3

第 2 章
饮水"锶"源：
锶元素化学与资源开发

2.1 锶的起源 / 6
2.2 锶在元素周期表中的位置 / 7
2.3 锶原子物理特性与能级结构 / 8 ── 2.3.1 锶原子物理特性 / 8
　　　　　　　　　　　　　　　　　　2.3.2 锶原子能级结构 / 9

2.4 锶原子光钟 / 10 ────────── 2.4.1 原子光钟的出现 / 10
　　　　　　　　　　　　　　　　　　2.4.2 锶原子光钟的工作原理 / 12
　　　　　　　　　　　　　　　　　　2.4.3 锶原子光钟的研究进展 / 13

2.5 锶的自然界形态及锶资源 ────── 2.5.1 锶的自然界形态与特征 / 14
　　开发 / 14　　　　　　　　　　　　2.5.2 自然界锶矿的成矿规律 / 19
　　　　　　　　　　　　　　　　　　2.5.3 锶资源的开发利用 / 26

2.6 锶产业发展状况 / 35 ──────── 2.6.1 世界锶产业发展状况 / 35
　　参考文献 / 39　　　　　　　　　　2.6.2 我国锶产业发展总体状况 / 38

第 3 章

深"锶"熟虑：
锶元素四大效应的科学思考

3.1 亲骨效应 / 42
- 3.1.1 亲骨原理和作用机理 / 42
- 3.1.2 主要科学问题 / 43
- 3.1.3 代表性产品 / 43

3.2 光电效应 / 45
- 3.2.1 光电原理和作用机理 / 46
- 3.2.2 主要科学问题 / 50
- 3.2.3 代表性产品 / 50

3.3 增强效应 / 51
- 3.3.1 增强原理和作用机理 / 51
- 3.3.2 主要科学问题 / 53
- 3.3.3 代表性产品 / 54

3.4 同位素效应 / 54
参考文献 / 56
- 3.4.1 同位素种类和作用机理 / 54
- 3.4.2 主要科学问题 / 54
- 3.4.3 代表性产品 / 55

第 4 章

三"锶"而行：
大宗锶化学品的追踪溯源

4.1 碳酸锶的前世今生 / 59
- 4.1.1 碳酸锶是工业革命的产物 / 59
- 4.1.2 碳酸锶诸多应用场景的化学本质 / 59

4.2 氯化锶的挑战与机遇 / 60
- 4.2.1 氯化锶制备技术对比 / 60
- 4.2.2 氯化锶的重点应用领域 / 60

4.3 氢氧化锶的平台型价值及其产业链 / 61
参考文献 / 66
- 4.3.1 合成氢氧化锶的热力学基础 / 61
- 4.3.2 氢氧化锶制备工艺研究 / 62
- 4.3.3 氢氧化锶延伸产业链分析 / 65

第 5 章

"锶"前想后：
锶产业转型的着力点与关键技术

5.1 锶平台型产品转型 / 68
- 5.1.1 Sr(OH)$_2$ 基本物化性质 / 68
- 5.1.2 过程机理研究 / 68
- 5.1.3 主要科学问题 / 72

5.2 锶环保领域 / 72
- 5.2.1 发展方向与潜在产品 / 72
- 5.2.2 制备方法与关键技术 / 73
- 5.2.3 产品制备及应用原理 / 76

5.3 锶康养领域 / 77
- 5.3.1 锶及锶同位素与人体健康的关系 / 77
- 5.3.2 发展方向与潜在产品 / 84

5.4 锶光电领域 / 86
- 5.4.1 光电效应理论 / 86
- 5.4.2 钛酸锶的光电转换 / 86
- 5.4.3 产品结构与性能构效关系 / 87
- 5.4.4 产品制备及应用原理 / 87
- 5.4.5 关键科学技术问题与研究策略 / 88

5.5 锶新能源领域 / 92
- 5.5.1 发展方向与潜在产品 / 92
- 5.5.2 制备方法与关键技术 / 94
- 5.5.3 产品结构与性能构效关系 / 99
- 5.5.4 产品制备及应用原理 / 102

5.6 锶在装备制造领域的应用 / 103
- 5.6.1 重点发展方向 / 103
- 5.6.2 产品结构与性能构效关系 / 104
- 5.6.3 制备方法与关键技术发展 / 104

5.7 锶渣固废资源化领域 / 110
- 5.7.1 锶渣来源 / 111
- 5.7.2 锶渣性质 / 111
- 5.7.3 锶渣利用 / 112

参考文献 / 114

第 6 章

千"锶"万缕：
锶增强材料与强化机理

- 6.1 高纯金属锶及其净化机理 / 120
  - 6.1.1 高纯金属锶的制备方法 / 120
  - 6.1.2 金属锶净化合金熔体机理 / 121
  - 6.1.3 金属锶净化气体机理 / 123

- 6.2 锶增强合金材料的作用与机理 / 123
  - 6.2.1 锶在合金材料中的配位机理 / 123
  - 6.2.2 锶对合金机械性能的强化机理 / 125
  - 6.2.3 锶对合金耐蚀性能的强化机理 / 126

- 6.3 锶增强磁性材料的作用与机理 / 127
  - 6.3.1 锶铁氧体的磁性强化机理 / 127
  - 6.3.2 锶铁氧体与常用磁性材料的优劣势分析 / 129

- 6.4 锶增强发光材料的特性与机理 / 131
  - 6.4.1 硫化锶长余辉发光机理 / 131
  - 6.4.2 铝酸锶长余辉发光机理 / 132
  - 6.4.3 硅酸镁锶长余辉发光机理 / 134

- 6.5 锶增强介电材料的作用与机理 / 137
  - 6.5.1 锶在压电陶瓷中的强化机理 / 137
  - 6.5.2 锶在铁电陶瓷中的强化机理 / 139
  - 6.5.3 锶在热释电陶瓷中的强化机理 / 141

  参考文献 / 143

第 7 章

奇"锶"妙想：
钛酸锶功能材料

- 7.1 钛酸锶的钙钛矿结构与缺陷化学 / 147
  - 7.1.1 钛酸锶钙钛矿结构 / 147
  - 7.1.2 钛酸锶化学性质 / 147

7.2 钛酸锶的光电效应与机理 / 148
7.3 钛酸锶的结构设计与控制合成 / 150
- 7.3.1 钛酸锶改性方法 / 150
- 7.3.2 纳米钛酸锶单晶 / 153
- 7.3.3 多面体钛酸锶 / 155
- 7.3.4 中空/笼状钛酸锶 / 162

7.4 介孔钛酸锶材料 / 168
- 7.4.1 介孔材料 / 168
- 7.4.2 介孔材料的应用前景和现状 / 169
- 7.4.3 非硅基介孔材料的合成进展 / 169
- 7.4.4 介孔钛酸锶的应用前景和现状 / 170
- 7.4.5 迷宫型介孔钛酸锶材料 / 171
- 7.4.6 介孔-大孔钛酸锶薄膜 / 172

7.5 复合钛酸锶材料 / 174
- 7.5.1 钛酸锶异质结结构及缺陷工程 / 174
- 7.5.2 钛酸锶材料的复合方法及过程机制 / 183

7.6 钛酸锶的新能源领域应用 / 185
- 7.6.1 钛酸锶在制氢领域中的应用 / 185
- 7.6.2 钛酸锶在光伏发电领域中的应用 / 186
- 7.6.3 钛酸锶在热电材料中的应用 / 188

7.7 钛酸锶的环保领域应用 / 189
- 7.7.1 钛酸锶在净化空气中的应用 / 189
- 7.7.2 钛酸锶在水处理中的应用 / 190

参考文献 / 190

第 8 章

打造"世界锶都"
——结语与展望

8.1 我国重庆大足锶资源优势与产业基础 / 204
8.2 创新开拓锶平台型产品 / 205

8.3 研发拓展高端锶产品 / 206
8.4 重点研发高端锶功能材料 / 207
8.5 锶高端产品关键技术与重大成果展望 / 207
8.6 锶行业未来发展战略转型 / 208
8.7 致力打造锶资源成为中国的"第二个稀土" / 211
8.8 建设世界级锶产业中心 / 211

附录

附录 1 专有名词缩写与符号表 / 214

附录 2 锶领域相关标准规范节选 / 216

附录 2.1 《锶盐行业绿色工厂评价要求》（T/CPCIF 0215—2022）节选 / 216

附录 2.2 《牙膏用氯化锶》（HG/T 5211—2017）/ 234

附录 2.3 《中华人民共和国药典》2020 年版中的氯化锶 [^{89}Sr] 注射液药物节选 / 248

第 1 章
"锶"绪万千:
绪论

1.1 锶的战略地位
1.2 锶科学与技术的时代属性

1.1 锶的战略地位

锶作为国家战略所关注的稀有矿产，是世界各国占领战略性新兴产业制高点的重要资源。联合国环境规划署出版了《未来持续技术用关键金属及其循环回收潜力》的调研报告，将锶归类为"绿色稀有金属"。2011年国土资源部、国家发展改革委、科技部、财政部联合制定了《找矿突破战略行动纲要（2011—2020年）》，明确了锶为我国战略性新兴产业发展的矿产资源。

锶（Sr）及其化合物广泛应用于电子信息、化工、轻工、医药、陶瓷、玻璃、烟火、冶金、军事等许多领域，因在材料制备过程中添加适量的锶或锶化合物可改变材料的自有属性或使其具有特殊性质，锶被冠以"工业味精"的美誉。

天青石是重要的锶矿物，我国是天青石储量极为丰富的国家之一，已探明储量超世界总储量的一半，居世界首位。我国的天青石矿床主要分布在重庆、青海、湖北、江苏、四川、云南、新疆等地。其中，重庆市大足区的储量最多，目前已探明储量达3807万吨；另外，青海省柴达木盆地大风山工业可采矿物储量1800万吨，尖顶山矿物储量约230万吨；重庆、青海两地储量合计超过全国总储量的70%，是世界上罕见的两个特大型矿床，容易进行大规模开采。

20世纪80年代以来，由于天青石应用领域的不断扩大，刺激了世界天青石矿产的找、探与开发利用。开展锶矿物转化过程研究的基本都是拥有锶资源的国家，例如土耳其（如Erdemoglu团队）、伊朗（如Setoudeh团队）、西班牙、墨西哥（如Hernandez团队）。然而，中国锶资源开发的基础研究团队相对较少，主要集中在中国科学院青海盐湖研究所、重庆大学，华东理工大学也有若干人员在进行研究。自2012年始，中国科学院过程工程研究所段东平科研团队结合自身技术特点和国家锶资源发展需求，对现有锶资源转化工艺进行了全面剖析和改进，形成了系列具有自主知识产权的锶产品新技术。

目前，国内锶的应用领域仍未有效打开，相关特种锶产品的需求量仍偏小，锶企业对该类锶产品的生产兴趣严重不足，仍以低端的大宗锶产品为主，如工业级碳酸锶、工业级氯化锶等，这也使得锶产业整体技术水平的提升难以实现。

科学技术的发展可以开拓锶产品的应用空间，科技发展促使人们对环保、健康、光电、新能源、装备制造等各产业中特种功能性材料的需求迅速增长。由于属性独特，锶产品在这些领域的需求量必然会不断扩大，而对锶产品的要求也必然向着高纯度、精细化的方向发展。锶产业集群的规模化效应可以大力推进我国锶系列产品向多品种、精细化的生产目标前进，进而达到迅速抢占市场的目的，最终增强我国锶产业在全国乃至世界范围内的话语权。

1.2 锶科学与技术的时代属性

目前，世界上已开发出的锶化工产品有50多种，其中产量最大的锶化合物为碳酸锶。据2021年统计数据，全球碳酸锶总产量已达到28.75万吨；其中中国碳酸锶产量就达到20.91万吨，占世界总产量的72.73%。目前国内有数家企业正在生产及销售锶化工产品，其产品主要以工业级碳酸锶和工业级氯化锶等锶化合物为主，产品主要集中在低端产品领域，高端锶化合物难以生产，需要从国外进口。工业级碳酸锶均采用传统黑灰法生产，而工业氯化锶等低端锶化合物由菱锶矿或工业碳酸锶与相应酸反应得到。我国其他锶产品均以碳酸锶为原料制备而成，由于碳酸锶产量、品质及生产过程污染问题的限制，我国其他锶产品存在种类少、产量低、品质不高等问题，难以应对国内外市场对高端锶产品的需求。

锶产品生产虽在某些流程中有优化，但总体流程自20世纪80年代确立后未进行升级换代，高污染、高能耗等缺点亦被当成了锶产业的负面名片，致使生产地当地政府和民众"谈锶色变"。锶产品生产存在种类单一、品质较低、污染严重等缺点，影响环境安全和人体健康，亟须科技引领行业发展。

中国科学院过程工程研究所科研团队为我国锶行业的发展送入了新风，通过先进锶产业发展理念的指引，结合当代冶金新技术的应用，可以有效改善锶产品生产技术和生产环境。以转底炉、密闭动态反应装置等先进冶金设备取代回转窑、静态敞口浸出槽等现有设备，可有效地提高反应效率、改善生产过程环境；新工艺的开发，亦可使锶产品生产过程中的污染降到最低，且有效提升产品的品质，以满足不同行业对于特种锶产品的更高要求。

基于锶战略资源的重要性以及目前我国锶产业面临的困境，中国科学院段东平科研团队经过十余年持续研究、攻坚克难，打造了一支全球领先的锶产业技术团队，研发了一批锶产品新技术，形成了一系列可规模产业化的高水平锶产业项目，并规划在中国重庆推动建设全球第一个锶产业园，致力于把锶产业打造成中国的"第二个稀土"产业、把中国建设成为世界锶产业中心。

我国锶资源的优势和锶行业面临的困境引人深思！我国锶科技发展存在一些薄弱环节和深层次问题，主要表现为原始创新能力比较薄弱、企业技术创新活力和动力亟待加强、产学研用结合不够紧密、高层次创新型科技人才相对缺乏、科技资源配置效率有待提高等。我们必须充分发挥锶科学与技术规划的引领作用，科学判断我国乃至世界锶科技发展趋势，准确把握锶行业发展需求，对有可能取得重大突破、在国际上有一定优势并居领先地位的学科前沿，或具有重要应用前景、能发挥我国锶资源和研发成果优势的重大基础研究，通过规划和前瞻布局来明确。

大力发展我国的锶科学技术，重视发展锶高技术及其产业，是振兴锶产业、跻身世界先进行列和掌握锶国际话语权的必然选择。未来十年乃至二十年是我国锶发展的关键时期，做好锶科学研究与技术发展规划，是我国锶科技与锶行业振兴与崛起的重要导向！

第 2 章
饮水"锶"源：
锶元素化学与资源开发

2.1　锶的起源

2.2　锶在元素周期表中的位置

2.3　锶原子物理特性与能级结构

2.4　锶原子光钟

2.5　锶的自然界形态及锶资源开发

2.6　锶产业发展状况

参考文献

2.1 锶的起源

锶元素广泛存在于土壤、海水中,是一种微量元素。世界上最早发现的锶矿物是菱锶矿,1787 年从事钡剂制备工作的医生 Adair Crawford 和他的同事 William Cruickshank 在苏格兰的一个村庄发现了这种矿物,锶和锶石基于该地名 Strontian 命名;1791 年经火焰测试颜色为红色,因此被确定为新元素,从此锶的神秘面纱被揭开;1793 年,格拉斯哥大学的化学教授托马斯·查尔斯·霍普研究了这种矿物并提出了名称 Strontites,他证实了 Adair Crawford 早期的工作。

1808 年化学家 Humphry Davy 爵士通过电解含有氯化锶和氧化汞的混合物将锶作为金属分离出来[1],并于 1808 年 6 月 30 日在皇家学会的一次演讲中宣布发现了这一元素,自此拉开了锶及其化合物应用的序幕。1823 年本森通过电解熔融氧化锶制得了金属锶;1884 年天青石经复分解法制备碳酸锶的方法得以建立,这推动了英格兰西南部天青石的开发利用。20 世纪初,随着回转窑技术日趋成熟,天青石经碳热还原制备碳酸锶的工业生产方法得以普及,极大地推动了碳酸锶生产规模的扩大。直至目前,世界锶生产企业仍大规模采用碳热还原法生产碳酸锶,该工艺流程在局部进行过改进,但是整体工艺路线从未进行过全面升级。

根据美国地质调查局公布的《矿产品概要 2019》报告,世界锶矿储量约为 10 亿吨[2],已探明的锶保有量超过 1 亿吨。我国是天青石储量丰富的国家之一,储量居世界首位,但我国锶矿地质、勘探工作起步晚,20 世纪 50 年代末期开始直到 70 年代中期仍局限于普查找矿阶段;1975 年开始进行详查、初勘,逐步形成锶矿地质专业队伍;1983 年起,全国矿产储量表才开始有锶矿探明储量记载,并逐步在四川、江苏等地先后建立了以国营为主体、大中小型企业并存,国营、地方、集体同步发展的碳酸锶厂和天青石选矿厂,锶矿开发进入新发展时期。截至 2019 年底,我国锶矿资源主要分布在青海、湖北、陕西等 7 个省区,查明资源储量 5621.69 万吨(以天青石计),其中青海省查明资源储量最多[2]。2020 年 7 月重庆市大足兴隆矿区发现了一处隐伏超大型锶矿床,储量达 3807 万吨,开发利用条件明显优于青海省矿区。

天青石主要用于加工成锶的碳酸盐和硝酸盐，其中 90% 以上用于生产碳酸锶[3]。根据美国地质调查局公布的数据，全球锶主要生产国有西班牙、中国、墨西哥和伊朗（见表 2-1）；据 2019 年度统计数据，这四国当年锶产量（21.7 万吨）占全球当年锶产量（22.0 万吨）的 98.64%；其中西班牙锶产量（9.0 万吨）占比最大，占全球锶产量的 40.91%；中国锶产量（5.0 万吨）位列第二，占全球锶产量的 22.73%；墨西哥锶产量（4.0 万吨）占全球锶产量的 18.18%，伊朗锶产量（3.7 万吨）占全球锶产量的 16.82%。

表 2-1　2017 ~ 2019 年全球锶主要生产国锶产量统计　　　　　单位：t

国家	2017 年	2018 年	2019 年
西班牙	90000	90000	90000
中国	50000	50000	50000
墨西哥	70000	40000	40000
伊朗	40000	37000	37000

2.2　锶在元素周期表中的位置

锶为化学元素周期表中第二主族元素（见图 2-1），是一种银白色至淡黄色光泽的碱土金属，其性质介于钙和钡之间并与之相似[4]。

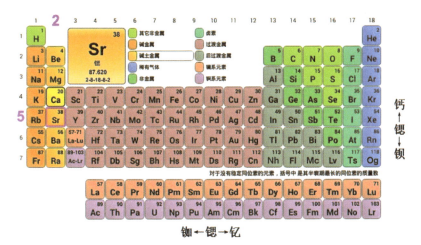

图 2-1　锶在元素周期表中的位置

2.3 锶原子物理特性与能级结构

2.3.1 锶原子物理特性

锶是碱土金属元素，位于元素周期表第五周期第ⅡA族，具有很强的化学反应活性，锶金属暴露在空气中时会形成深色氧化层。锶原子序数为38，原子质量为 1.44×10^{-25} kg，原子半径为 0.215nm，平均原子量为 87.62；原子密度为 2.64g/cm³，介于钙（1.54g/cm³）和钡（3.594g/cm³）之间[5]，比钙软、比钡硬；熔点为 777℃，低于钙（842℃）、高于钡（727℃）；沸点为 1377℃，低于钙（1484℃）和钡（1900℃）；锶存在三种同素异形体，转变点分别为 235℃ 和 540℃[6]。

常温下锶为固态，其饱和蒸气压很低，锶原子的饱和蒸气压表达式为：

$$\lg(p/\text{atm}) = 9.226 - 8572T^{-1} - 1.1926\lg T \tag{2-1}$$

式（2-1）中 atm 为物理大气压，1atm=101.325kPa。蒸气压的单位为帕斯卡（Pa），温度的单位为开尔文（K）。根据式（2-1）计算得到，在室温 23℃（296K）时，蒸气压接近 10^{-17} 量级，当温度升高至 550℃时（823K），锶原子的蒸气压在 2.2Pa 左右。因此，锶原子光钟实验中为了获得足够的原子通量，需要将锶原子加热至 500℃以上。

在自然界中，锶原子稳定的同位素共有四种，分别是 ^{84}Sr、^{86}Sr、^{87}Sr、^{88}Sr[6]。其中，^{87}Sr 是奇同位素，核自旋为 9/2，其余均为偶同位素，核自旋为 0。四种同位素的参数见表 2-2。

表 2-2 锶原子四种稳定同位素的物理参数

同位素	自然丰度 /%	原子量	核自旋
^{84}Sr	0.56	83.913	0
^{86}Sr	9.86	85.909	0
^{87}Sr	7.00	86.909	9/2
^{88}Sr	82.58	87.906	0

2.3.2 锶原子能级结构

原子能级是原子系统能量量子化的形象化表示。按照量子力学理论可计算出原子系统的能量是量子化的，能量取一系列分立值；能量值取决于一定的量子数，因此能级用一定的量子数标记。对于锶原子，从原子的能级结构来看其最外层有两个电子，价电子之间的耦合作用使原子产生单态和三重态的能级结构。基于跃迁选择定则，单态和三重态之间不存在偶极跃迁，但是由于自旋轨道相互作用破坏了自旋对称性，使单态和三重态间的组间跃迁（$^1S_0$—$^3P_0$）被小概率允许。

天然锶是 ^{84}Sr、^{86}Sr、^{87}Sr 和 ^{88}Sr 四种稳定同位素的混合物，最重的 ^{88}Sr 约占所有天然锶的 82.6%（见表2-3）。

表2-3 锶同位素列表

核素	Z	N	原子量	自然丰度（摩尔分数）	
				正常比例	变化范围
^{84}Sr	38	46	83.913425	0.0056	0.0055～0.0058
^{86}Sr	38	48	85.909261	0.0986	0.0975～0.0999
^{87}Sr	38	49	86.908877	0.0700	0.0694～0.0714
^{88}Sr	38	50	87.905612	0.8258	0.8229～0.8275

对费米子 ^{87}Sr，其 $^1S_0$（F=9/2）—$^3P_0$（F=9/2）能级跃迁线，属 J=0 → J=0 的严格禁戒跃迁线。但是由于 ^{87}Sr 的核自旋不为零，所以导致了原子的 $^3P_0$ 态与 $^{1,2}P_0$ 态发生超精细结构混杂，产生了一定概率的辐射跃迁，跃迁谱线的自然线宽仅为 1mHz，且谱线的品质因子高达 10^{17}。由于费米子 ^{87}Sr 钟跃迁能态之间自然存在能级跃迁，所以实验上可直接进行 ^{87}Sr 的钟跃迁谱探测，但相对玻色子 ^{88}Sr 需要复杂的能态及冷却过程。

玻色子 ^{88}Sr 的自然丰度是四种同位素中最大的，因此在实验上较易观察和制备。一般可在 ^{88}Sr 原子冷却和钟跃迁探测的实验和技术基础上，进行 ^{87}Sr 的钟跃迁探测，进而实现 ^{87}Sr 光晶格钟。玻色子 ^{88}Sr 的 $^1S_0$—$^3P_0$ 钟跃迁虽然属自旋和角动量双禁戒跃迁，但通过外部添加静磁场、利用磁诱导的方法，可激发钟跃迁能级使其产生小概率跃迁。美国国家标准与技术研究所（National Institute of Standards and Technology，NIST）已经成功将这种方法用于玻色子 ^{174}Yb 原子 $^1S_0$—$^3P_0$ 谱线的探测实验。

^{88}Sr 原子的基态核自旋为零，能级简单，并且具有高效的冷却过程。费米子 ^{87}Sr 在原子钟准确度方面具有更大的潜力，同时表现出更好的频率稳定度。但是，外部磁场诱导光谱技术的应用，使玻色子 ^{88}Sr 相对于费米子 ^{87}Sr 也具有重要的优势，被用于光晶格原子钟的研制。

锶原子能级结构如图 2-2 所示。

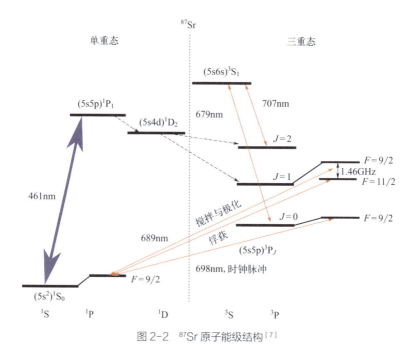

图 2-2　^{87}Sr 原子能级结构[7]

2.4　锶原子光钟

2.4.1　原子光钟的出现

利用原子的物理特性实现对时间的精确测量，可以追溯到 1879 年，由英国的科学家开尔文勋爵首先提出，但在技术上实现这个想法是在近一个世纪后。1955 年英国国家物理实验室（NPL）铯束原子钟的研制成功，正式标志着时间标准进入原子时代。经过 50 多年的发展，基准原子钟由最初的原子束钟，到后来的微波喷泉钟，直至目前的光学原子钟。原子钟的准确度由 10^{-9} 到目前的 10^{-19}，利用光频标作为新时间基准正在成为现实[8]。

所谓原子钟就是以原子共振频率作为标准时间频率信号的产生装置。随着 20 世纪初量子物理的诞生和发展，人们逐渐认识到在原子中电子的能级跃迁是原子的固有共振频率，可以认为几乎不受外界影响，同时原子具有的稳定性和普遍性，使人们可以利用这种共振频率作为精确的时间标准。原子中电子的共振频率可以覆盖从微波波段、光学波段到 X 射线波段，跨度接近 10 个量级。但以目前的技术只能对微波波段、光学波段进行精确的测量。这种以原子的微波波段共振频率作为时间频率基准的原子钟就是微波原子钟（例如铯原子喷泉钟）；以原子的光学波段共振频率作为时间频率基准的原子钟就是光学原子钟（例如锶光学原子钟）[9,10]。

在微波原子钟的诞生之初，人们就有过光学原子钟的构想，但是直到 20 世纪末人们才能够对光波进行精确的测量。光学原子钟使人类对时间、频率的测量精度又大大地向前提升了一步。因为光学频率比微波频率高 5 个数量级，所以利用原子的光学跃迁频率作为时间频率标准具有比微波频率标准更高的准确度和稳定度。目前最新光钟的测量精度已经达到了 10^{-19} 量级，当前光钟要解决的主要问题是如何更长时间地稳定工作。随着对光钟研究的深入，人们已广泛认为光钟将被用于作为新的时间的定义[11]。

在用于光钟研制的原子中，锶原子是最有潜力的原子之一，锶原子具有 mHz 量级的超窄自然线宽和丰富的同位素，其中自然丰度最大的偶同位素 ^{88}Sr 和奇同位素 ^{87}Sr 常被用于研制锶原子光钟。锶原子的相应跃迁谱线频率值已于 2008 年被国际时间频率咨询委员会推荐为二级标准频率。目前，世界上性能最好的光钟为锶原子光钟[12,13]。

2.4.2 锶原子光钟的工作原理

锶原子光晶格钟的工作原理如图 2-3 所示,主要包括冷原子谱线参考、698nm 钟激光器系统(或称为本地振荡器,local oscillator)和飞秒光学频率光梳三个部分。锶原子光晶格钟的运行过程为:698nm 激光器先通过边带稳频技术(pound-drever-hall,PDH)锁定在高稳定的 ULE(ultra-low expansion)光学参考腔上,实现超稳、超窄线宽的激光输出,698nm 激光再与囚禁于光晶格中的锶冷原子发生相互作用,激发锶原子的钟跃迁 $(5s^2)\,^1S_0 — (5s5p)\,^3P_0$ 获得钟跃迁谱线,然后以该谱线为参考,经过伺服控制系统将 698nm 激光的输出频率精确锁定在该钟跃迁频率 $\nu = 0$ 处。最后利用飞秒光梳对输出的 698nm 激光信号进行测量计数,并且测量过程中保持了激光频率信号的相干性、稳定性和精确性[14]。

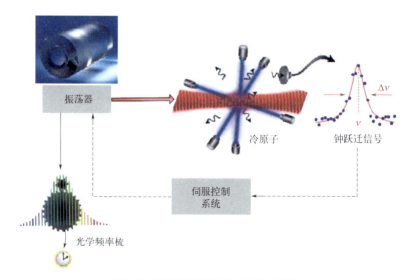

图 2-3 锶原子光晶格钟的工作原理示意

基于锶原子光晶格钟的工作原理,可将其按照系统功能分为冷原子样品制备系统、光钟频率探测及测量系统和电路伺服控制系统,如图 2-4 所示。其中冷原子样品制备系统提供高精度光学频率标准参考,光钟频率探测和测量系统对冷原子样品的光学跃迁频率进行高精度的探测和测量,电路伺服控制系统实现整个光钟系统的稳定控制,达到光钟闭环运行的目的[15]。

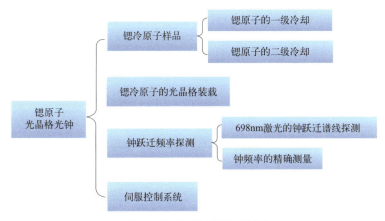

图 2-4 锶原子光钟系统功能结构

2.4.3 锶原子光钟的研究进展

近年来，飞秒光梳的发明，半导体激光器技术的成熟，以及基于超高精细度参考腔的窄线宽激光、激光的倍频技术和激光冷却与俘获等技术的出现和发展，大大促进了光钟的发展。

单离子光钟方面研制起步相对较早，英国国家物理实验室（NPL）和加拿大国家研究院（NRC）最早开始研究 $^{88}Sr^+$ 离子光钟[16]。

玻色子光晶格钟的研制方面，2007 年法国巴黎天文台（LNE-SYRTE）研制成功了基于玻色子 ^{88}Sr 的光晶格钟。日本东京大学开展了基于三维光晶格技术的 ^{88}Sr 的光晶格钟研究，并与费米子光晶格钟进行比对。2009 年意大利欧洲非线性光谱实验室（LENS）研究小组也实现了 ^{88}Sr 玻色子光晶格钟，并于 2014 年实现了可搬运的玻色子光晶格钟。2018 年德国联邦物理技术研究院（PTB）成功研制出了基于玻色子 ^{88}Sr 的光晶格钟，稳定度为 $3×10^{-18}$@30000s，系统不确定度为 $2.0×10^{-17}$[17,18]。

费米子光晶格钟的研制方面，2014 年，美国实验天体物理联合研究所（JILA）叶军小组研制的锶原子光晶格钟的稳定度和不确定度都进入了 10^{-18} 量级。2015 年，日本 Katori 小组研制出了世界上首台低温光晶格钟，稳定度和不确定度也都进入了 10^{-18} 量级。2017 年，叶军小组研制出了基于三维光晶格的锶原子光晶格钟，测量精度提高了一个量级，经过一个小时的积分后达到 5×10^{-19}。2019 年，美国 JILA 将一维光晶格钟和三维锶原子光晶格钟进行比对，获得的稳定度是 $2.4\times10^{-14}/\sqrt{\tau}$，经过一个小时后测量精度达到 6×10^{-19}[19]。

锶原子光钟是目前世界上精度最高、研究最广泛的光钟之一[20,21]，国际上开展锶原子光晶格钟研究的单位还有法国巴黎天文台（LNE-SYRTE）、日本国家信息与通信研究所（NICT）、日本国家计量研究院（NIMJ）、俄罗斯国家物理技术和无线电测量科学研究院（VNIIFTRI）、英国国家物理研究院（NPL）、德国 PTB 等。

国内的锶光钟研制起步较晚，但是近年来已经取得了较大的进展。2015 年中国计量科学研究院完成了锶原子光钟的闭环锁定，自比对稳定度为 $6.6\times10^{-15}/\sqrt{\tau}$，系统不确定度为 2.3×10^{-16}，完成了钟跃迁绝对频率的测量，被国际频率标准工作组采纳。

中国科学院国家授时中心在 2015 年实现了玻色子 ^{88}Sr 的冷原子样品制备和磁诱导钟跃迁谱线探测，之后转向基于费米子 ^{87}Sr 的光晶格钟实验研究，2016 年 8 月开始搭建物理真空系统，2017 年实现 ^{87}Sr 光晶格钟的闭环运行，测量其环内稳定度为 $5\times10^{-15}/\sqrt{\tau}$，积分时间为 3000s 时达到 5.7×10^{-17}。2018 年通过改进系统，实现连续稳定闭环运行 8 个小时以上，自比对测量其环内稳定度为 $1.6\times10^{-15}/\sqrt{\tau}$，积分时间为 2000s 时达到 2.8×10^{-17}[22]。

2.5 锶的自然界形态及锶资源开发

2.5.1 锶的自然界形态与特征
2.5.1.1 世界锶资源的自然形态与特征

锶是除天然放射性镭元素以外在自然界中丰度最小的碱土金属元素，其丰度仅为 0.02%～0.04%，丰度位于 15 位。由于锶元素的化学性质活泼，极易与空气和水发生反应，因而自然界中没有自然态的金属锶，主要以难溶化合物形式存在；自然界含锶的两大矿物是天青石（主要为硫酸锶）和菱锶矿（主要为碳酸锶）（见图 2-5）；其中天青石是锶矿中最主要的矿种，在世界上属比较稀缺的矿产。

(a) 天青石　　　　　　　　　　(b) 菱锶矿

图 2-5　天青石和菱锶矿

我国的天青石矿床主要分布在重庆、青海、江苏、陕西、湖北、云南等地，其中重庆大足锶矿资源储量最为丰富（截至 2021 年已探明储量达 3807 万吨，占世界总储量的 26.67%、国内储量的 46.28%，为亚洲最大的锶矿床），属于天青石伴生少量菱锶矿，新发现的矿品质较好。

2.5.1.2　我国重庆大足区锶资源的自然形态与特征

（1）重庆大足区锶资源的自然形态及矿相分析

重庆大足区锶自然资源主要为天青石，矿石外观颜色为土黄褐色，为多种矿物共生，在天青石原矿中部分可见硫酸锶的完好单晶。

图 2-6 为天青石矿石典型的形态照片和典型矿石的 XRD 分析谱图，结果表明天青石矿石呈致密块状构造，原生天青石呈微晶粒状分布于矿石中，经实地调研发现，重庆天青石矿有结晶完整的单矿物。XRD 分析结果表明，大足区天青石矿石的有用矿物和主要矿相为天青石，脉石矿物为方解石、白云石和石英。

（2）重庆大足区天青石矿石的形貌和元素分析

将天青石矿石破碎并研磨至 100% 的 < 74μm 粉末样品，进行 SEM-EDS 分析，结果见图 2-7，分析可知天青石矿石主要含有天青石矿物、白云石矿物、方解石矿物、石英矿物、硅酸盐矿物以及少量的硫酸铁和钙矿物。

(a) 天青石(CQ1)形态(原矿外观)　　(b) 天青石(CQ2)形态(硫酸锶的完好单晶)

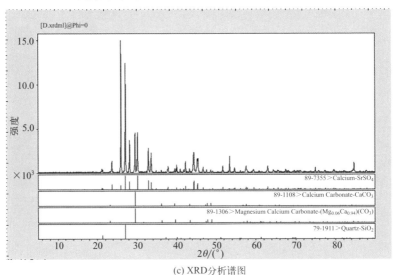

(c) XRD分析谱图

图 2-6　重庆天青石的照片及 XRD 分析结果

图 2-7 分析结果同时表明，部分硅酸盐矿物与天青石矿物伴生关系紧密，部分天青石矿物与脉石矿物边界较为清晰明显，并非胶结伴生类矿物，因此在后续的磨矿－浮选过程中考虑将天青石磨矿至 < 74μm 占 90% 以上。

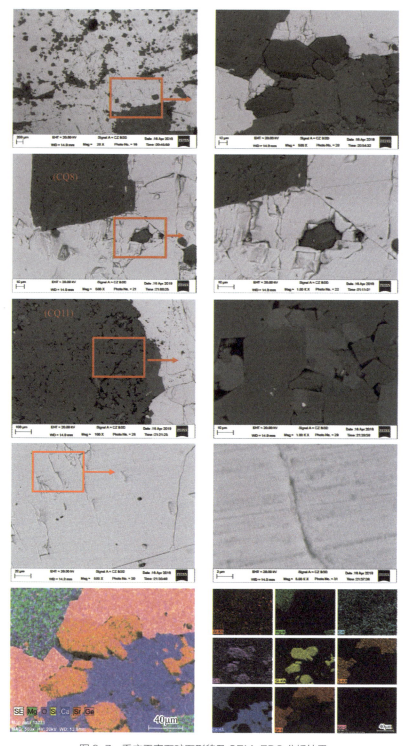

图 2-7　重庆天青石矿石形貌及 SEM-EDS 分析结果

(3) 重庆市大足区天青石的化学性质

为查明大足区天青石矿石的元素组成，采用了 XRF 和化学多元素分析测试。将试样制备为 < 74μm 占 100% 的样品进行测试，结果见表 2-4。结果表明，原矿中 SrO 含量为 33.55%、CaO 含量为 13.51%、SiO_2 含量为 10.64%、MgO 含量为 4.51%、Al_2O_3 含量为 2.65%。

表 2-4 重庆天青石 XRF 元素分析结果

成分	SrO	SO_3	CaO	SiO_2	MgO	Al_2O_3
含量 /%	33.55	32.51	13.51	10.64	4.51	2.65
成分	Fe_2O_3	K_2O	BaO	TiO_2	P_2O_5	—
含量 /%	1.26	0.72	0.43	0.20	0.04	—

结合 XRD 分析结果和 XRF 分析结果可知，锶的主要赋存矿物是天青石，硅的赋存矿物主要是石英，含钙矿物主要为方解石和白云石。

因为 XRF 分析是半定量分析，因此对天青石原矿进行了化学分析，经测试得原矿 Sr 品位为 27.75%。查明了大足区锶矿的物相组成，将含锶的硫酸锶（天青石矿相）、碳酸锶（菱锶矿相）、SrO 等物相分别列出，结果见表 2-5。

表 2-5 大足区天青石矿中锶的物相结果

项目	硫酸锶	碳酸锶	氧化锶	总量 /%
含量 /%	52.36	0.96	2.53	55.85
Sr 含量 /%	25.04	0.57	2.14	27.75
Sr 分布率 /%	90.23	2.06	7.71	100

表 2-5 结果表明，锶主要赋存于硫酸锶中，分布率为 90.23%。从物相分析结果也可知，$SrSO_4$ 含量为 52.36%，这部分天青石是浮选流程主要回收对象，在选别工艺中的硫酸锶回收率理论上不超过 90.23%。

(4) 重庆市大足区天青石的资源特征

重庆市大足区天青石矿石的主要矿物成分为天青石、方解石、石英和白云石。天青石与脉石矿物嵌布关系较为简单，边界清晰，$SrSO_4$ 含量为 52.36%，其中 90.23% 的锶分布于天青石中。

2.5.2 自然界锶矿的成矿规律
2.5.2.1 重庆市大足区天青石的成矿规律

重庆天青石主要产于重庆市西部，在大地构造位置上处于扬子准地台之重庆台坳，位于川中台拱与重庆陷褶束的结合部位，二者以华蓥山基底断裂为界。区内所有锶矿床及矿点均分布于重庆陷褶束之中，沿华蓥山基底断裂呈 NE 向成群成带分布，区域内出露的地层有三叠系（T）、侏罗系（J）及第四系（Q）。侏罗系（J）地层为一套红色复式建造，多分布在向斜地区；三叠系（T）地层主要分布在背斜地区，上统为灰色含煤建造，中、下统为台地碳酸盐-蒸发岩沉积，其中下统的嘉陵江组（T_1j）为区域内锶矿的赋矿地层；第四系（Q）主要分布在河谷地带[23]。

（1）矿床地质概况

该类矿床矿体均产出于三叠系下统嘉陵江组二段一亚段（T_1j^{2-1}）地层中，岩性组合为白云岩、泥质白云岩、盐溶角砾岩、矿化白云岩、次生灰岩、白云质泥岩、水云母泥岩及锶矿石。矿体多呈似层状、透镜状顺层产出，走向北东、倾向南东，倾角多小于 20°，矿体厚度一般为 0.5～10m，局部厚者可达 21m。根据赋矿特征、岩性组合特征，含矿段自上而下分为 Ⅲ、Ⅱ、Ⅰ 共 3 个含矿层。Ⅲ 含矿层产出于含矿段中上部，主要由次生灰岩、矿化白云岩、白云岩、盐溶角砾岩及锶矿体组成，厚 1～8 m；其顶板为嘉陵江组第二段二亚段（T_1j^{2-2}）底部的中厚层状灰岩，底板为中厚层状矿化白云岩。Ⅱ 含矿层产出于含矿段中下部，主要由白云质泥岩、泥质白云岩、泥岩、矿化白云岩、盐溶角砾岩及锶矿体组成，厚 2～7m；其顶板为中厚层状矿化白云岩，底板为灰绿色薄层状白云质泥岩。Ⅰ 含矿层产出于含矿段下部，主要由白云岩、矿化白云岩、水云母泥岩、盐溶角砾岩及锶矿体组成，厚 3～15m；其顶板为灰绿色薄层状白云质泥岩，底板为嘉陵江组第一段（T_1j^1）顶部的薄层状泥质灰岩。

玉峡式矿床的矿石矿物以天青石为主，少量为菱锶矿；脉石矿物主要为白云石、方解石，少量为重晶石，其他脉石矿物如黏土类矿物、石英等含量极低。矿石结构以粒状－板状结构、交代结构及粒状－放射状结构为主，亦见角砾状结构；矿石构造以条纹条带状构造、浸染状构造、块状构造为主，亦见少量葡萄状、皮壳状。

（2）矿床 Sr 元素的迁移

锶元素属于迁移能力较强的元素，致使锶矿床自身物化性质较为活泼，同时矿床中主要矿石矿物天青石溶解度相对较高，并高于作为围岩组分的白云石、方解石，这就导致了玉峡式锶矿床中矿体易遭溶蚀。尤其当天青石矿床经富锶热卤水改造形成后，区域上地壳仍逐渐抬升，锶矿体遭受剥蚀，在湿热气候条件、富重碳酸型水对地表及浅部的天青石矿体进行溶蚀交代，Sr^{2+} 与碳酸根结合形成菱锶矿，形成深达 50m 左右的溶蚀区或天青石与菱锶矿的混合带。同时这种溶蚀交代作用明显受地下水活跃程度及运移方向的影响，由于玉峡式锶矿床浅部的矿体均产出于背斜轴部及近轴部，同时轴部及近轴部裂隙发育，为区内汇水地段，地下水径流、排泄活跃，为表生溶蚀作用的发生提供了良好的条件，因此表生溶蚀作用亦多发生于背斜轴部及近轴部；而且该处浅部地下水运移以垂向运动为主，属交替循环积极、以重碳酸盐为主的畅流带，影响深度多为几十米。

（3）重庆市大足区锶矿床的成因

按照现有调研的资料，重庆市大足区锶矿床的形成经历了同生沉积、再生热液卤水富集成矿、表生作用成矿三个阶段。

第一阶段发生在晚古生代至早中三叠纪时期，为矿源层形成初始阶段。该阶段沉积环境为潮间－潮上沉积环境，经历了三次潮间－潮上咸化沉积，形成三层含天青石膏质的白云岩－矿源层，完成了锶的初步富集。

第二阶段为矿源富集、浓集阶段，共经历了三个时期：随着上覆地层的不断增厚，矿源层埋深不断增大，在喜马拉雅山脉运动作用下，地质构造活动活跃，地温增加，形成含锶热卤水；含锶热卤水上升过程中，根据锶离子的类聚效应选择性交代嘉陵江组二段一亚段的含天青石膏白云岩,在成矿的有利部位富集成矿,形成工业锶矿体。

第三阶段为表生作用成矿阶段,即改造阶段;主要为当矿床形成后,区域地壳仍逐渐抬升并遭受剥蚀,在湿热气候条件且富含 CO_2、O_2 的大气降水淋滤下,在地表及浅部天青石被溶蚀交代。重碳酸型水对天青石矿体的交代作用,主要表现在浅部锶矿体及其边缘,Sr^{2+} 与碳酸根结合形成菱锶矿床,并保留原天青石假相或碳酸锶溶液交代伴生的白云石,生成具残留铁泥有机质的菱锶矿。地表水与浅部地下水的溶蚀作用,使巨大的似层状天青石锶矿体被溶蚀破坏,形成沿一定高度保存的大小不等的残留矿体;当溶蚀强度较大、时间较长时,矿体则全部溶蚀殆尽,形成盐溶角砾岩。同时,重碳酸型地下水溶解的锶,在地下水垂直循环带中运动,随着 CO_2 析出、碳酸锶沉淀,形成针状、皮壳状、脉状、网脉状的菱锶矿集合体,局部可富集形成矿。含锶的重碳酸地下水进入水平循环带,Sr^{2+} 与 SO_4^{2-} 结合形成 $SrSO_4$,对天青石矿层进行淋滤交代,使原有天青石晶体继续加大,形成伟晶、巨晶天青石晶体,产生次生富集。

2.5.2.2 青海柴达木盆地天青石的成矿规律

青海柴达木盆地天青石的成矿规律[23]主要从柴达木盆地的地质背景和演化、柴达木盆地锶矿场、柴达木盆地中天青石矿物成分、天青石矿成矿四个方面进行阐述。

(1)柴达木盆地的地质背景和演化

柴达木盆地是印支末期受巴颜喀拉运动影响,在准地台内部发展起来的中-新生代活化断陷盆地。印支运动使巴颜喀拉地槽褶皱回返,并向北东挤压,使邻近的柴达木基底发生断裂。两侧向盆地推覆、逆冲,基底解体,边缘断裂产生,开始了盆地以断块活动为特征的断陷期构造演化阶段。鉴于盆地内未发现三叠系,所以第一阶段始于侏罗纪早期。祁连山向盆地逆冲和阿尔金山的压扭,在盆地内形成了一系列平行边缘断裂的箕状断陷。

古新世早期开始印度板块俯冲使唐古拉山抬起形成,并向北推移,伴随盆地断裂进一步发育,边缘山系向盆地内挤压,盆地整体急剧凹陷、下沉,接受第三纪沉积。古新世中期印度板块继续向北俯冲，侧压力加剧，边界断裂强烈活动，使盆地整体稳定下沉，盆地内大型凹陷形成和发展，巨厚沉积，如茫崖、一里坪两大凹陷。到第三纪末期，青藏高原全部隆起，盆地受到强烈的挤压而回升，地层受强烈挤压变形，浅部发生褶皱，深部断裂，形成两断夹一隆起的破裂褶皱，局部构造表层出现滑脱（茫崖、乱山子构造）及大型掩断裂相伴生的牵引构造。这时盆地仍有局部下沉，形成第四纪盐湖盆地沉积。

从四周地质情况结合深钻及地球物理重、磁、地震资料综合分析，柴达木盆地"基底"是很不均匀的。由于基底结构不均一，加之受边缘断裂的影响，在盆地内形成了多条与边缘断裂平行的次级断裂，使盆地基底呈地堑式分布。其中部断陷深，一般在数千米至上万米，最深达 16km，形成中央凹陷带；两侧较浅，深度一般为 2～5km，属昆北断阶带与北部断阶带。在凹陷及断阶带内，还有一些次级断陷与隆起及更次级的凹陷与凸起，它们多呈相互间隔、平行带状排列或错落有致的棋盘格状分布。

柴达木盆地是青藏高原北部大型内陆湖断陷构造形成的高山深盆。盆地周边为高山，盆地内地形起伏不大，在丘陵和沙漠间的较低洼地区形成彼此隔绝、大小不均一的封闭式内陆盐湖次级盆地。这些次级盆地是柴达木盆地的主要沉积区，沉积了大量的陆源碎屑和盐类物质。

柴达木盆地面积达 6000km^2 的范围内出露的主体地层为第三纪上新统和第四纪下、中、上更新统与全新统各类内陆湖相沉积的碎屑岩、化学沉积岩和风积、洪积砂砾层等。穹窿背斜轴部的石油钻探深孔中，见到时代最老的地层仍为第三纪渐－中新统，故该区为第三纪较发育的沉积盆地。

（2）柴达木盆地锶矿场

柴达木盆地是世界上最大的陆相盐类矿床的富集区，其西部是中国目前锶矿床储量较大、锶矿资源较丰富的成矿区。柴达木盆地天青石资源量极为丰富，已发现的大风山（大地构造位置属柴达木准地台一级构造单元中的二级构造单元——柴达木盆地台拗）、尖顶山、碱山等大型天青石矿床，累计探明天青石矿 2000 万吨以上，约占世界锶资源储量的 14.0%，占国内锶资源储量的

24.3%（截至 2021 年，世界范围已探明锶矿储量 1.4275 亿吨，中国已探明锶矿储量 8225 万吨），另见油泉子、茫崖、黄风山、存迹、不整合、鄂博梁、冷湖、水鸭子墩、巴嘎乌汝和南冀山等 10 余处中小型矿床或矿化点。该区天青石矿床产于第三纪至第四纪陆源碎屑－化学岩系中，具有明显的热水沉积特征，是已知的世界上成矿时代最年轻的层控型大陆热水沉积天青石矿床。

从锶矿的成矿特征看，柴达木盆地锶矿储矿场的形成是构造应力场和成矿流体运动产生的非构造应力场耦合的产物。柴达木盆地内的天青石矿床是典型的内陆湖泊化学沉积性－改造富集型矿床。

柴达木盆地中，北中央断裂和南中央断裂所夹持的中央断块是锶矿的主要定位场所。盆地内从晚白垩世至渐新世一直发育各种规模的同沉积断裂，这些同沉积断裂控制了盆地的构造样式。始于中新世的印度板块与欧亚板块发生碰撞，产生的挤压作用使得盆地内部分基底断裂复活，而且产生了新的张性断裂，这些断裂多呈北西向展布，并使中、新生代地层发生褶皱；挤压作用与从始新世晚期开始的阿尔金断裂左旋走滑共同作用形成了盆地西北部大量的"反 S 型"构造带。

随着南北周边山系的不断隆升，对柴达木盆地产生侧向压力。在挤压应力场的作用和侧向压力作用下，背斜构造在轴部或附近产生脆性开裂，并产生北西－南东向压扭性断裂，为成矿流体的运移和成矿提供了通道及场所，并形成了成矿系统的储矿场。盆地西北部已发现的天青石矿床（点），皆分布于此类构造线上，尤其是在张性构造的背斜构造部位，多数矿床就位于此，矿体多呈东西走向，说明天青石矿床受构造控制的程度非常高。

柴达木盆地西北部天青石的产出地层为第三纪渐新统下干柴沟组、上新统油砂山组、狮子沟组（矿床赋矿层位为第三纪上新统狮子沟组下岩段上层位），主要由钙质泥岩夹薄层白云质灰岩及天青石矿层组成。全矿区约 90% 的矿体赋存于该层位内，厚度 18～32m。贮矿岩石主要为角砾状灰岩和钙质泥岩，含矿层顶板岩性为石膏钙质泥岩，底板岩性为灰黑色含炭钙质泥岩和第四纪下更新统，以及现代地表天青石、石膏泉华沉积；上新统上部狮子沟组是本区锶矿的主要含矿地层，为一套内陆湖相陆源碎屑-化学沉积岩系。

该区主要成矿岩相是陆相含盐岩系下部的钙质泥岩相-泥灰岩相、内碎屑鲕状灰岩相-砂砾岩相。前者岩石组合单一，锶矿以交代、渗滤成矿为主，后者岩石组合复杂，锶矿以充填、胶结成矿为主。从化学沉积相角度看，锶矿物形成于方解石、白云石相和石膏相之间的过渡相，其岩相反映了沉积环境的动荡及相对平静水体的交替，与柴达木古湖渐新世水体范围的极不稳定到中新世古湖的稳定扩展至上新世古湖解体一致，也与沉积中心由西向东迁移以及多旋回成盐的湖盆演化相一致。每种含锶矿的沉积旋回厚度有限，锶的原生成矿期较短，而以热水活动多期次、多脉动成矿为主。

（3）柴达木盆地中天青石矿物成分

柴达木盆地锶的来源比较复杂，主要有以下几方面。

① 周边山系含 Sr 水补给。盆地基底和周边山系岩石均为锶的富集岩石类型，是锶的高背景值地区，锶的富集系数达 1~46。锶的来源地层较广泛，古生界、中生界和元古界的地层及各类侵入岩都有锶异常，更有天青石自然重砂异常叠加。因此，风化剥蚀和地表水、地下水的汇入，为形成天青石矿提供了丰富的物质来源。青藏高原北部新生代钾质火山岩高度富集了不相容元素 Sr，可可西里火山岩 Sr 的平均丰度为 700~1200μg/g，中昆仑火山岩的平均丰度大于 920μg/g，它们都可为天青石矿床提供丰富的锶源。

② 柴达木盆地西部广泛分布的第三纪油田水。油田水矿化程度为 154~402g/L，比现代海洋水矿化度（35g/L）高数倍甚至达 10 倍以上。油田水富含 Sr，如鄂博梁一号油田水和冷湖长垣现代泥火山水含锶 200μg/g 以上的高盐度水液至今仍在溢流。油田水作为锶矿的主要成矿流体，为锶矿的形成提供了大量的锶源。

③ 同位素分析表明，大风山矿床天青石中锶 87 与锶 86 的比值表明天青石矿的沉积与类似双气泉富锶的深部地下卤水的补给关系密切。深部的卤水，

从晚白垩世至渐新世，在盆地内一直发育各种规模的同沉积断裂，这些同沉积断裂控制了盆地的构造样式。自中新世以来，印度板块与欧亚板块碰撞挤压作用使得盆地内部分基底断裂复活，而且产生了新的张性断裂，这些断裂多呈北西向展布。肖荣阁[24]认为当成矿流体水平运移至张性断裂、背斜轴部的压扭性断裂等构造线上时，沿断裂上升，富 Sr 流体大量运移通过断裂通道形成热泉涌出，成矿流体的物理化学性质发生急剧变化，流体的相平衡状态被破坏，富 Sr 流体发生卸载沉淀。盆地西部的油泉子、油墩子等断裂带的盐泉卤水盐度大于 250g/L，Sr 的浓度为 125g/L，在卤水溢出带上有天青石、石膏等组成的泉华沉积。盆地内已发现多处现代富 Sr 成矿卤水，例如察尔汗盐湖北侧深循环水含 Sr 较高，溢出地表后形成天青石。含 Sr 高的盐湖基本上沿深大断裂展布，其含 Sr 量与深部断裂上升水的补给有关。

综上所述，大风山天青石矿床的形成可能是通过深层地下水持续补给，将不同类型岩石中的有益组分通过化学、渗滤、交代等作用溶解出后，运移至盆地适宜部位沉积沉淀，形成天青石或菱锶矿。

（4）天青石矿成矿
1）成矿流体
在柴达木盆地中，以大气降水为主，加上碎屑岩－碳酸盐岩沉积岩系在埋藏压实过程中释放出大量的孔隙水、吸附水和晶格水等流体，通过水－岩相互作用及湖盆蒸发作用等一系列的演化过程，形成了富锶成矿流体，包括油田水、盐泉卤水、盐湖的湖表卤水和晶间卤水。

柴达木盆地盐湖卤水中锶的平均含量为 54.61mg/L，约为海洋水的 7 倍；盐湖晶间卤水含锶量比较高，形成了卤水矿床。在柴达木盆地的富锶卤水中，以低 SO_4^{2-} 和高 Cl^- 的氯化物型水为主，与油田水相似，两者存在明显的继承性，卤水的 pH 值多为 5～8，矿化度则根据卤水演化变质的程度不同而有所差异。

2）柴达木盆地成矿作用
柴达木盆地西北部锶矿床经历了复杂的成矿作用过程，印度板块与欧亚板块的碰撞和青藏高原的隆升是控制其成矿作用过程的主要因素。

柴达木盆地属内陆湖盆，天青石矿床集中分布于盆地西北缘。自晚更新世以来，柴达木盆地古湖盆中心迁移至大风山－一里坪地区，随蒸发盆地中盐湖卤水至天青石析出沉积时，盐湖卤水蒸发沉积顺序为：碳酸盐（白云石、菱锶矿）—天青石—石膏等，赋存于湖盆中心的碳酸盐－硫酸盐沉积相带内。部分深部富 Sr 流体沿盆地内次生断裂运移至盆地边缘及地形适宜地区逐渐富集，在运移过程中，通过减压致裂、沸腾而形成晶洞、巢孔及孔洞等构造，在渗滤、交代、充填、沉淀等作用下形成网脉状、纹层状、鞘状、放射状、针状等次生天青石矿脉及矿体。

柴达木盆地内的天青石矿床是典型的内陆湖泊化学沉积型－改造富集型矿床。柴达木盆地在整个新生代期间经历了多期次的构造活动，富 Sr 流体与第三纪孔隙度较大的围岩发生热液渗透、交代作用，在大风山狮子沟组灰岩类岩石中形成网脉状和渗透浸染状矿化。在构造活动强烈期，流体沿次生断裂、裂隙、解理运移至地表附近，由于上覆静压力降低，热液中挥发性成分大量溢出，导致富 Sr 热水在角砾状灰岩、竹叶状灰岩等围岩中沸腾爆炸，形成晶洞、孔洞等构造，同时伴随矿质沉淀或渗透充填。在局部近地表孔洞或晶洞中天青石矿为快速结晶沉淀的产物，结晶不完全，多为非晶质或隐晶质，形成晶洞构造、鲕状构造、鞘状构造及管状构造等。其中，纹层状、网脉状构造也较发育，网脉状构造则是渗透交代或渗透充填作用形成矿化的典型构造特征。

天青石矿层相对于白云岩及泥岩岩层，属较软的塑性地层，在构造活动中易于发生塑性变形和遭受溶蚀破坏。大风山天青石矿床在天青石沉积以后，在后期柴达木盆地及周边山区的构造活动中发生塑性变形和改造破坏，天青石矿产生局部的重结晶和再富集作用，形成似层状、透镜状或不规则状的天青石矿体。局部地段的矿体在地下水的溶蚀作用下，流体运移至构造裂隙或节理等适宜部位，充填于构造裂隙、节理中，形成天青石矿脉，因此大风山天青石矿具有明显的叠加改造型特征。

2.5.3 锶资源的开发利用

2.5.3.1 世界锶资源开发情况

根据 2019 年美国地质调查局（USGS）公布的《矿产品概要 2019》报

告数据，全球锶资源量超 10 亿吨，已探明的锶保有量超过 1 亿吨。据 2021 年统计数据，世界范围已探明锶矿（天青石）储量 1.4275 亿吨，其中我国已探明锶矿储量 8225 万吨，占世界总储量的 57.6%。其中重庆大足境内锶矿，南起黄家岩、北至铜梁玉峡口，绵延 4.2km，目前已探明储量达 3807 万吨，占世界总储量的 26.67%、国内储量的 46.28%，为亚洲最大的锶矿床。

锶资源的开采历史有 200 多年。早在 1787 年，英格兰就有含锶的铅矿石被发现。1808 年时，戴维通过电解熔融态的氢氧化锶制得了少量锶汞齐。1823 年本森通过电解熔融 SrO 制得了金属锶。1884 年，天青石经复分解法制备碳酸锶的方法得以建立，这推动了英格兰西南部天青石矿的开发利用。20 世纪初，天青石经碳热还原制备碳酸锶的工业生产方法得以普及，极大地推动了碳酸锶生产规模的扩大；其他锶化合物的生产及应用技术随着科技进步亦呈现飞跃性的发展，但由于国外的相关技术封锁，相关高端产品制备及应用技术未见披露。

锶矿（天青石）全世界开采产能约为 109 万吨；其中我国产能 59 万吨，年产能占世界总产量的 54.1%。目前世界上已开发出的锶化工产品有 50 多种，其中产量最大的锶化合物为碳酸锶。据 2021 年统计数据，全球碳酸锶总产量已达到 28.75 万吨，其中中国碳酸锶产量就达到 20.91 万吨，占世界总产量的 72.73%。而其他锶化合物大部分以碳酸锶为原料制得。

2.5.3.2　我国锶资源开发与消费情况

（1）我国锶资源的开发情况

20 世纪 80 年代以来，由于天青石应用领域的不断扩大，刺激了世界天青石矿产的找、探与开发利用。

我国锶矿地质勘探工作起步晚，20 世纪 50 年代末期开始，直到 70 年代中期仍局限于普查找矿阶段。1975 年开始进行详查、初勘，逐步形成锶矿地质专业队伍。1983 年起，全国矿产储量表才开始有锶矿探明储量记载，并逐步在重庆、江苏等地先后建立了以国营为主体、大中小企业并存，而且是国营、地方、集体同步发展的碳酸锶厂和天青石选矿厂，锶矿开发进入了一个新的发展时期。

我国采矿规模最大的矿山为重庆的大足锶矿、铜梁锶矿，同时也是我国锶矿中质量最好的矿山。2021 年，仅大足区的足锶矿业集团和天地锶矿公司两家开采企业，设计产能就达 45 万吨；其中足锶集团的开采量主要供给当地红蝶公司和庆龙（重庆庆龙精细锶盐化工有限公司）两家锶盐生产企业使用。青海的大风山锶矿，因地理位置偏远、基础设施非常差，虽规模很大，但矿石品位低、选矿成本高，未经选矿处理时的商品矿品位在 30% 左右，目前未得以有效开发。我国第三大锶矿区位于湖北，目前年采矿量在 10 万吨左右，商品矿全部对外销售。江苏是我国第四大锶矿产地，经 30 多年的开采，尚有 100 万吨以上储量，商品矿中钡含量较重庆锶矿高、但钙含量低，矿石全部自用。此外，云南兰坪河西有年产 1 万吨左右的开采规模；新疆锶矿是近年来发现的较大锶矿，已小批量开采。

（2）我国锶产品的消费情况

我国锶盐的消费结构如下：烟火及信号为 35%、锶铁氧体磁体为 26%、钻液为 25%、冶金 4%、颜料和填料 4%、其他领域包括玻璃 5%。

从行业下游需求变化来看，随着 CRT 技术的逐步淘汰，LCD 成为主流显示技术，碳酸锶国内产销量大幅下降（2016～2021 年中国碳酸锶产量如表 2-6 所列），需求继续向中高端转移，而随着高端电子陶瓷等产业发展，碳酸锶迎来新的发展机会。

表 2-6　2016～2021 年中国碳酸锶产量统计

序号	年份	碳酸锶产量 / 万吨
1	2016 年	17.5
2	2017 年	15.0
3	2018 年	17.5
4	2019 年	18.0
5	2020 年	14.7
6	2021 年	15.0

近几年来，中国电子信息制造业不断发展，对铁氧磁体的需求持续增长，同时高端的电子陶瓷也开始高速发展，对于高附加值的高纯碳酸锶产品的需

求量亦逐年递增。高纯碳酸锶主要用于小型化高品质电子元件如压电陶瓷、MFC 压敏电阻/电容复合元件、正温度系数热敏电阻（PTC 热敏电阻）和发光材料、高性能磁性材料、超导材料、光学玻璃的生产。在中高端产品需求的推动下，中国碳酸锶市场需求量从 2015 年的 11.1 万吨稳定增长到 2019 年的 23.0 万吨，行业市场需求量增速有较为明显的回升。

然而，如表 2-6 所列，2019 年我国碳酸锶产量仅 18.0 万吨，产量增速仍低于需求增速，导致国内碳酸锶市场供应明显不足，中高端需求仍依赖国外进口。

碳酸锶曾经是中国连续多年的无机盐出口产品，而当前限制碳酸锶出口的主要原因是初级产品偏多。2011 年前，年均出口量在 2 万吨左右。由于环保大检查、雾霾整治、企业整改的集中行动，碳酸锶生产中心和众多大型厂家纷纷停产限产。同时由于进口产品价格优势，以及国内供给的收缩，行业进口量迅速增长。图 2-8（2000～2021 年我国锶盐的进出口情况）数据明确显示，2015 年以来进口量持续增加，2017 年不足 0.5 万吨，2018 年就达到了 1.58 万吨，2019 年为 2.1 万吨，2021 年达到 2.36 万吨，而出口量 2020 年、2021 年分别只有 0.19 万吨和 0.3 万吨。

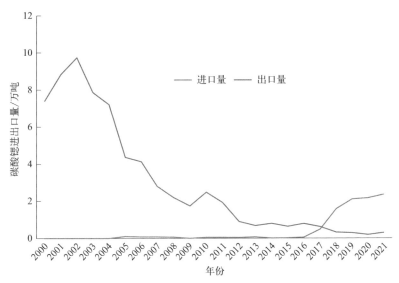

图 2-8　2000～2021 年我国碳酸锶进出口量走势

（数据来源：中国海关）

碳酸锶进口主要来自墨西哥和德国，这两个国家的进口量占中国碳酸锶进口总量的 90% 以上。数据显示，2021 年，中国从墨西哥和德国的进口量分别为 13608t 和 8005.15t，占进口总量的 58.3% 和 34.3%。此外，阿联酋、马来西亚和伊朗也有少量进口。

从出口目的地看，2021 年出口至日本的锶的碳酸盐数量为 1504t；出口至中国台湾的锶的碳酸盐数量为 466t；出口至俄罗斯联邦的锶的碳酸盐数量为 207t；出口至韩国的锶的碳酸盐数量为 136t；出口至越南的锶的碳酸盐数量为 100t。详见图 2-9。

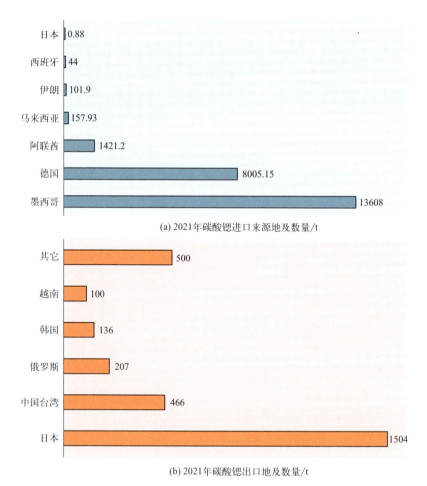

(a) 2021年碳酸锶进口来源地及数量/t

(b) 2021年碳酸锶出口地及数量/t

图 2-9　我国锶的碳酸盐进出口量排名前五的情况

（数据来源：中国海关）

虽然锶属于"稀有金属",其消费数据不易获得,但整体而言,全球锶资源需求的持续增长和有限的供给使得锶资源前景十分被看好。然而当前碳酸锶的价格却一直徘徊于低位,表面原因为显像管玻壳进入稳定发展期和国内近年来新增生产能力过快,究其根本是因为国内锶行业未拥有核心生产工艺,碳酸锶的定价权掌握在国外大型碳酸锶生产企业手中,国内碳酸锶企业缺少话语权,对国外采购商的谈判能力不足,锶产品出口价格较低;而进口产品的价格是出口价格的10余倍之多,波动较大。随着彩电生产、计算机及汽车制造等产业的不断发展,世界对锶资源的消费量呈现快速增长趋势。彩电工业的高速发展拉动了世界锶资源消费量的快速增长,但当前世界主要国家也已迈过了彩电工业的高峰期,该领域对锶资源需求将趋于稳定。锶铁氧体等磁性材料性价比高,广泛应用于汽车制造、家用电器与工业自动控制等新兴行业领域。

综上所述,锶的应用潜力巨大,具有较广阔的需求增长空间。

2.5.3.3 重庆大足区锶资源采选工艺

(1)天青石矿的开采

全世界锶矿(天青石)开采产能约为109万吨,中国开采产能约为59万吨。大足区有足锶矿业集团和天地锶矿公司两家开采企业,设计产能45万吨;其中,足锶集团新矿井年设计锶矿产能40万吨,占国内产能的67.8%,占全球产能的36.7%,锶产业资源保障能力和基础条件较好。

(2)主要选矿工艺

天青石矿资源由于其形成的地质条件影响,矿石中往往还杂有Ca、Ba、Mg、Fe、SiO_2、Al_2O_3等杂质,导致$SrSO_4$含量波动较大。因此,采用天青石制备相关材料。一般需要对天青石矿先进行提纯除杂的选别处理以满足加工利用的需求。国内外学者对天青石的选别主要集中在重选、磁选、浮选、化学选矿或者联合流程方面。

针对30%含量的天青石矿,廖雪珍[25]进行了重选、重选-浮选联合流程、浮选3个工艺流程方案的选矿工艺方案的对比,最终获得了品位大于80%且回收率也大于80%的天青石精矿。同时对重选-浮选获得的 74% ~ 81.84% 品位的天青石精矿进行了化学处理，最终获得了品位为 91.36% ~ 97.12% 的优质天青石精矿。

黄宇林[26]针对云南某难选天青石含量在 30% 左右的天青石矿，采用十二烷基磺酸钠为捕收剂，水玻璃（硅酸钠）、六偏磷酸钠为抑制剂，经浮选流程最终获得了 $SrSO_4$ 品位为 81.84%、回收率为 80.13% 的天青石精矿。同时利用 Zeta 电位、吸附等温曲线等手段对捕收剂的吸附作用也进行了研究，推断十二烷基磺酸钠是在矿物表面生成了十二烷基磺酸锶。他们还对浮选获得的精矿粉进一步处理获得了 $SrSO_4$ 品位达 90% 以上的天青石精矿粉。

Dogan 等[27]对土耳其重晶石矿业公司（Barit Maden Turk AC）所属的天青石矿通过跳汰机脱水、破碎和水力分级后，再摇床分选得到品位高达 95% ~ 96% 的细颗粒天青石精矿，然后进行酸处理。此精矿的几个主要成分为 95% 的 $SrSO_4$、3% 的 $CaSO_4$、0.5% 的 $BaSO_4$、0.5% 的 SiO_2、0.5% 的 Fe_2O_3。在用复分解法将天青石转化为碳酸锶之前，天青石精矿中铁的含量必须降低到 0.10g/L 以下。此项研究主要关心的是土耳其天青石精矿的酸处理，用 50% 的 H_2SO_4 和 1% ~ 3% 的 HNO_3 在 40 ~ 50℃ 下处理上述天青石精矿，可以得到 $SrSO_4$ 为 98% 的天青石纯矿物，其中主要杂质为 0.005% 的 Fe、0.11% 的 Ca、0.60% 的 Ba、0.086% 的 Pb 等；接着用复分解法将天青石转化为铁含量为 0.10g/L、钙含量为 0.2% 以下的碳酸锶产品。为了进一步将铁的含量降低，他们用酸进行酸处理，酸浓度在 9 ~ 10mol/L，反应时间为 0.5 ~ 1h，温度为 80℃，最终达到了除去磁选后剩下的微量铁和氧化铝的目的。

徐龙华[28]研究了抑制剂柠檬酸在萤石—方解石—天青石浮选分离系统的作用机理，采用的技术方法是单矿物浮选、Zeta 电位测试、FTIR 分析。结果表明，在浮选过程中抑制剂柠檬酸和捕收剂 SDS 可以化学吸附在矿物表面，柠檬酸在浮选过程中吸附的先后顺序为萤石—方解石—天青石。

从目前的情况看，天青石的选别主要集中在浮选工艺上，或者重选－浮选联合工艺上面，使用烷基磺酸盐、硫酸盐以及胺类捕收剂。

现阶段对捕收剂或者抑制剂对矿物的作用机理研究主要还是应用 Zeta 电位测试、XPS 测试、FTIR 测试等技术手段，然而这些测试手段只能初步判定捕收剂－矿物界面的吸附反应类型，所获得的数据为非实时原位的数据，即药剂作用之后为静态性状，对于吸附反应中间过程并不能进行连续的测试和定量分析。此外，浮选药剂在矿物表面的作用从本质上来讲是药剂分子或者药剂分子的水解产物在矿物表面的吸附，对于浮选药剂与矿物界面的结合力类型，例如范德华力、氢键、化学键等，以及动态吸附反应过程中的吸附能变化规律、吸附界面电子云密度等，上述传统测试手段均不能测定。

（3）重庆大足天青石矿的浮选工艺研究

作者团队专题开展了针对大足天青石矿的浮选工艺研究，考察了磨矿时间对磨矿细度的影响和闭路浮选技术路线，得到了如下研究结论。

① 磨矿时间与磨矿产品细度的关系：试验样品重量为 1000g，使用棒磨机，磨矿时间分别为 5min、10min、12min、15min、20min、25min，测定 $<74\mu m$ 的比例。磨矿时间与磨矿细度的关系见图 2-10。

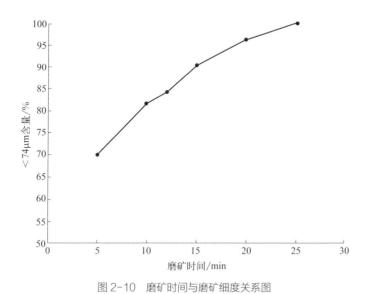

图 2-10　磨矿时间与磨矿细度关系图

图 2-10 表明，随着磨矿时间的增加，$<74\mu m$ 比例不断增加。例如

磨矿时间从 5min 增加到 15min 后，< 74μm 的比例也由 70.23% 增加到 90.32%。在磨矿时间为 25min 时，< 74μm 的比例占 100%。通过青海天青石磨矿细度图和重庆天青石磨矿细度图可知，重庆天青石相对于青海天青石易解离，可磨系数高，因此在浮选实验中选采用 < 74μm 的比例占 90% 的磨矿产品做闭路浮选。

② 大足天青石闭路浮选的实验条件：粗选阶段中十二烷基磺酸钠（捕收剂）用量为 2500g/t，作为起泡剂的 2# 油用量为 50g/t，pH 值为 10；一次精选阶段捕收剂用量为 250g/t，硅酸钠用量为 1000g/t，柠檬酸用量为 100g/t；二次精选捕收剂用量为 100g/t，硅酸钠用量为 500g/t，柠檬酸用量为 50g/t；在实验研究中经过多次的循环闭路实验，最终确定在第三次精选再添加 100g/t 的十二烷基磺酸钠和 100g/t 的六偏磷酸钠。同样，在磨矿阶段加入的水玻璃为 3000g/t，柠檬酸为 300g/t。经一次粗选、五次精选闭路浮选，得 $SrSO_4$ 含量为 78.32%、回收率为 68.17% 的天青石精矿产品，取得了良好的选矿指标。实验流程见图 2-11。

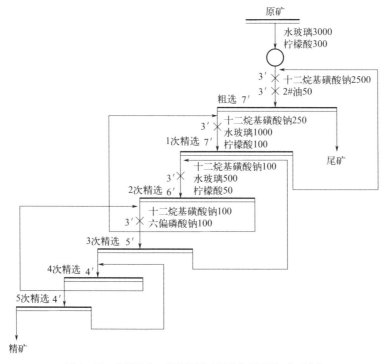

图 2-11　大足天青石闭路浮选实验 [药剂用量 /（g/t）]

2.6 锶产业发展状况

2.6.1 世界锶产业发展状况

在锶产品应用方面，美国是最大的锶资源消费国。在 20 世纪 90 年代，美国的锶资源每年消费在 3.2 万～3.8 万吨（以金属锶计）之间；21 世纪以来，其锶消费量有所减少，2005～2012 年间每年消费锶资源在 1 万～1.7 万吨（以金属锶计）之间，2013 年增至 2.86 万吨（以金属锶计）。锶化合物的应用领域正随着科学技术的发展而不断拓宽，其需求量增长明显、增幅较大。

锶盐在国内众多领域有着广泛的应用（见图 2-12）。在电子工业方面，碳酸锶大量用于生产彩色电视显像管的荧光屏玻璃，产品具有防射线性能好、质量轻、图像清晰和变形小等优点。钛酸锶可用于电容器制造及电子计算机存储器生产，硝酸锶可用作电子管发射极。

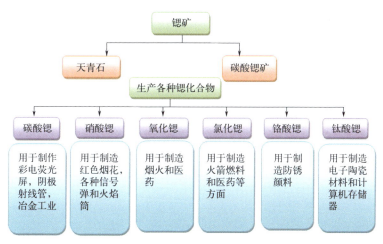

图 2-12 锶化合物种类及用途

由于锶的用量有限、生产过程中污染问题难以解决等原因，国外锶化合物生产企业数量并不多，因而产业集中度很高，主要有比利时索尔维集团和美国 CPC 公司、墨西哥 CMV 公司、西班牙锶化学公司、伊朗亚洲钡锶盐公司等。

（1）墨西哥

墨西哥有丰富的天青石资源，除可满足本国碳酸锶生产外，还向其他国家出口。墨西哥自 1987 年起开始生产碳酸锶，生产能力不断扩大。FMC 公司于 1984 年关闭了其在加利福尼亚生产碳酸锶和硝酸锶的工厂之后，墨西哥的 Cia Minera La Valeneiana SA（CMV）公司购买了该公司生产碳酸锶的设备，开始在其所属的科阿韦拉州的矿山生产碳酸锶，1989 年 CMV 公司碳酸锶的生产能力扩大到 5 万吨/年。1991 年底 CMV 公司在与美国毗邻的塔毛利帕斯州雷诺斯城建设的碳酸锶厂投产，该厂生产能力约为 2.2 万吨/年。Sales y Oxidos 公司（SYOSA）也生产碳酸锶，公司 86% 的股份属 Kali-Chemie 公司，工厂设在蒙特列伊市附近，年产碳酸锶 1.5 万吨。Quimica Dinamica SA de CV 公司也在蒙特列伊市办厂生产碳酸锶和硝酸锶，年生产能力 80000t，该公司是世界上硝酸锶的最大供应厂家。

（2）美国

自 1959 年以来，美国一直依靠从墨西哥、伊朗、土耳其、西班牙进口天青石生产碳酸锶，主要生产厂家有：FMC 公司（食品机械化学公司），1984 年其碳酸锶生产能力已达到 2.4 万吨/年。由于美国大量进口电视机，对碳酸锶需要量锐减，加上天青石涨价等因素，FMC 公司被迫于 1984 年关闭了它在加利福尼亚州莫德斯托唯一的锶钡厂。而另一家锶化合物生产厂商 CPC 公司（Chemical Products Corporation）位于佐治亚州卡特斯维尔，虽然年生产能力 1.5 万吨，但由于市场因素开工不足，年产量仅几千吨。因此美国主要从意大利、德国进口锶化合物，其中 70%~80% 的碳酸锶用于彩色显像管玻壳的生产，同时近几年锶铁氧体的碳酸锶使用量也有所增加。

（3）德国

德国从国外进口天青石，加工成锶化合物后又出口至其他国家，在国际市场上占有一定地位。德国闻名世界的 Kali-Chemie 公司为了增强对市场的迅速应变能力，在竞争中控制美国市场，于 1985 年投资 2000 万马克，将其在德国和意大利下属工厂的碳酸锶和碳酸钡生产能力提高了 33%，同时将生产重点从低级别的粉末产品转移到了高级别的粒状产品，以满足彩色电视机、电子产品和磁铁生产的需求。

(4)韩国

由索尔维(Solvay)和三星集团合资,在釜山建设的一个锶钡企业(大韩精细化学制品厂)于1988年投产,总投资500亿韩元,年产碳酸锶4万吨、碳酸钡3万吨,所用天青石从西班牙、土耳其、墨西哥进口,产品一部分供三星集团、另一部分外销。

(5)日本

日本国内无锶矿资源,主要从西班牙、土耳其和伊朗进口天青石,从德国和中国进口锶化合物。日本的碳酸锶主要由堺化学、本诚化学两公司生产。1981年堺化学的生产能力即达到2.2万吨,本诚化学的生产能力1.0万~1.2万吨。1985年以后,随着市场的变化,两公司致力于将生产线向东南亚国家转移,其本土碳酸锶产量逐年减少,其中堺化学仅生产少量高纯碳酸锶。日本的碳酸锶70%~80%用于彩色显像管玻壳生产,近年来由于锶铁氧体的生产对碳酸锶的需求量迅速增加。

(6)西班牙

1981年西班牙布鲁诺公司(Bruno SA)的碳酸锶厂投产,年产碳酸锶1653~2205t。此外,Promociones Industriales de Sur公司利用本地丰富的天青石资源在Motril Grande兴建了一座锶化合物工厂。

(7)比利时

索尔维集团(Solvay S.A.)是一家总部位于比利时首都布鲁塞尔的跨国性化工集团,1863年由比利时化学家欧内斯特·索尔维创立。索尔维集团的产品被广泛应用于各行业领域,旗下90%的销售产品位居全球前三,索尔维在稀土、白炭黑、工程塑料、聚酰胺和中间体、香料及功能化学品、基础化学品、特种化学品、特种聚合物、新兴生物化学等业务领域占据重要地位。目前,大部分国外大型锶矿被索尔维垄断。

值得指出的是,世界碳酸锶总产量有一半由中国生产,而另一半几乎全由本部设在比利时的索尔维公司生产。索尔维是世界上最大的化工生产集团之一，墨西哥、德国、韩国的锶钡厂几乎全由该公司控股，欧洲的部分天青石矿山也有该公司的股份。因此，目前世界碳酸锶生产基本由中国和索尔维公司控制。

锶行业内部也进行着产业结构调整。根据 USGS 的资料显示，2000～2005 年，低端锶产品碳酸锶（生产彩色显像管）约占锶总需求量的 75%，而高端锶产品如锶铁氧体（生产铁氧体陶瓷磁铁）、硝酸锶（生产烟火、信号弹）等分别仅占锶总需求量的 9%。到 2015 年，低端碳酸锶占比下降到 30%，而对于锶铁氧体、硝酸锶等高端锶产品的需求量均上升至 30%。根据目前全球锶需求量结构分析，未来若干年内，随着世界经济形势的改善，预期锶化合物的消费量在铁氧体陶瓷磁铁、烟火、信号领域将会增加，同时锶在母合金、颜料、填料方面的用量也可能增大。在高科技领域，锶的应用随着科学技术进步不断拓宽，其需求量肯定也会不断上升，国内外市场锶产品价格也会有明显上升趋势，同时产品也将逐渐向高纯度、多晶型、细粒径范围的精细化方向发展。

2.6.2 我国锶产业发展总体状况

目前，国内有数家企业正在生产及销售锶化工产品，其产品主要以工业级碳酸锶和工业级氯化锶等锶化合物为主，产品主要集中在低端产品领域，高端锶化合物难以生产，需要从国外进口。工业级碳酸锶均采用传统黑灰法生产，而工业氯化锶等低端锶化合物由菱锶矿或工业碳酸锶与相应酸反应得到。

国内锶企业对技改热情不高，新研技术推广难度大。从应用领域来看，世界锶产品的高端应用技术仍掌握在西方先进国家手中，技术转移和消化难度较大，这造成了我国高端锶产品的市场未真正得以打开，高端锶产品的经济价值未被锶企业认识，这也是国内锶企业对高端锶产品生产热情不高的原因之一。

参考文献

[1] Murray T. Elementary Scots: The discovery of strontium. Scottish Medical Journal, 1993, 38 (6): 188-189.

[2] 徐桂芬, 胡玥, 任卉, 等. 中国锶矿供需形势分析及展望. 国土资源情报, 2020, 10: 81-84.

[3] 赵小芳, 逯克思, 王海凤. 天青石中锶的分析. Value Engineering, 2012, 21 (6): 315.

[4] Hubert, Schmidbaur. Book review: Chemistry of the elements. By N. N. Greenwood and A. Earnshaw. Angewandte Chemie International Edition in English, 1986: 112-113.

[5] Yates J, David R, Lide. CRC handbook of chemistry and physics. 86th edition. Chemical Engineering Research and Design, 2006, 84 (5): 4-35.

[6] Ropp R C. Encyclopedia of the alkaline earth compounds. Elsevier B. V. 2013: 16.

[7] 郭峰, 孔德欢, 张强, 等. 可移动型锶原子光钟的系统研制与钟跃迁谱线探测. 光学学报, 2020, 40 (9): 7.

[8] 庄伟, 陈景标. 主动光钟的研究进展. 科学通报, 2015, 60: 1963-1975.

[9] 费立刚, 朱钧, 张书练. 光学频率标准与光钟的实现. 光学与光电技术, 2006, 4: 55-59.

[10] 阮军, 王叶兵, 常宏, 等. 时间频率基准装置的研制现状. 物理学报, 2015, 16: 160308.

[11] 林弋戈, 方占军. 锶原子光晶格钟. 物理学报, 2018, 67: 144-165.

[12] 张首刚. 新型原子钟发展现状. 时间频率学报, 2009, 32 (2): 81-91.

[13] 常宏, 张首刚, 王心亮, 等. 基准原子钟的发展及国家授时中心光学原子钟的研制进展. 中国科学: 物理学 力学 天文学, 2010, 40: 616-622.

[14] 韩建新. ^{87}Sr 原子光晶格钟的系统优化与空间光钟的研究. 西安: 中国科学院国家授时中心, 2019.

[15] 王叶兵. 锶原子光钟的研制和评估. 西安: 中国科学院国家授时中心, 2019.

[16] Weyers S, Gerginov V, Kazda M, et al. Advances in the accuracy, stability, and reliability of the PTB primary fountain clocks. Metrologia, 2018, 55 (6): 789-805.

[17] Bloom B J, Nicholson T L, Williams J R, et al. An optical lattice clock with

accuracy and stability at the 10^{-18} level. Nature, 2014, 506 (7486): 71-75.

[18] Huntemann N, Sanner C, Lipphardt B, et al. Single-ion atomic clock with 3×10^{-18} systematic uncertainty. Physical Review Letters, 2016, 116 (6): 063001.

[19] Hinkley N, Sherman J A, Phillips N B, et al. An Atomic clock with 10^{-18} instability. Science, 2013, 341 (6151): 1215-1218.

[20] Ushijima I, Takamoto M, Das M, et al. Cryogenic optical lattice clocks. Nature Photonics, 2015, 9 (3): 185-189.

[21] Nicholson T L, Campbell S L, Hutson R B, et al. Systematic evaluation of an atomic clock at 2×10^{-18} total uncertainty. Nat Commun, 2015, 6: 6896.

[22] 田晓. ^{88}Sr 光晶格装载及钟跃迁探测的实验研究. 西安: 中国科学院国家授时中心, 2015.

[23] 曹允业, 段东平. 天青石矿浮选工艺及浮选药剂作用机理研究. 北京: 中国科学院过程工程研究所, 2019.

[24] 肖荣阁, 张宗恒, 陈卉泉, 等. 地质流体自然类型与成矿流体类型. 地学前缘, 2001, 8 (4): 245-251.

[25] 廖雪珍, 张凯. 青海大风山天青石矿工艺矿物与选矿工艺流程研究. 甘肃冶金, 2007, 29 (4): 21-25.

[26] 黄宇林. 云南某天青石矿选矿工艺试验研究. 昆明: 昆明理工大学, 2007.

[27] Hacer Dogan, Murat Koral, Sidika Kocakusak. Acid leaching of Turkish celestite concentrate. Hydrometallurgy, 2004, 71: 379-383.

[28] 徐龙华, 方帅, 巫侯琴. 氧化矿表面改性调控浮选分离的研究综述. 贵州大学学报(自然科学版), 2020 (2): 6-11.

第 3 章
深"锶"熟虑：
锶元素四大效应的科学思考

3.1 亲骨效应
3.2 光电效应
3.3 增强效应
3.4 同位素效应
参考文献

3.1 亲骨效应

3.1.1 亲骨原理和作用机理

锶与钙是同族相邻元素，因此其具有亲骨效应，是一种亲骨性微量元素。之所以说锶具有亲骨性，是指锶离子对骨组织有很强的亲和力，甚至能取代骨骼和牙齿羟基磷灰石晶体中少量的钙，赋予骨骼和牙齿组织额外的强度，因此人体中的锶有99%都存在于骨骼之中。

关于锶与骨相关细胞相互作用的研究主要集中在以下几个方面[1]。

（1）锶与骨髓间充质干细胞

锶可调节BMSCs（骨髓间充质干细胞）向成骨细胞分化，并促进骨基质蛋白的合成和沉淀。因此锶对成骨细胞分化和骨生成起促进作用。

（2）锶与破骨细胞和骨吸收

从细胞水平来讲，锶是通过对破骨细胞的分化、活性和凋亡的作用来减少破骨细胞的形成和骨吸收功能的。从分子机制来讲，调控对破骨细胞分化起关键作用的OPG和RANKL（成骨细胞分泌的属于肿瘤坏死因子家族的两种细胞因子）的表达，同时对CaSR（钙敏感受体）的激活，是锶抑制破骨细胞进行骨吸收的方式。

（3）锶与成骨细胞和骨形成

从细胞水平来讲，锶能增强成骨前体细胞的增殖、增加作为骨髓间充质来源的骨祖细胞和幼稚成骨细胞标记物的表达、增进体外实验中钙结节的形成、降低成骨细胞的凋亡率而延长其寿命。从分子机制来讲，通过CaSR激活由丝裂原介导的蛋白激酶信号通路，增加成骨细胞OPG的表达而降低其RANKL的表达，是锶促进成骨细胞前体细胞增殖的方式。

（4）锶对骨质强度的影响

在人体骨骼的微量元素中，锶还是唯一能影响骨骼抗压强度的一种微量元素。锶能取代骨骼中钙化组织和牙齿羟基磷灰石晶体中少量的钙，锶元素的适量掺入可提高骨质的机械性能,特别是提高骨质硬度。这可能是由于少量锶元素的置换,在一定程度上减少了钙离子的流失和晶格缺陷,使原子间的排列更加紧密,从而改善骨的机械强度。

(5)骨组织工程

骨组织工程指在体外构建与正常骨组织成分和性能相似的结构,然后移植到骨缺损部位,达到修复骨缺损的目的。组织工程的三大核心要素包括种子细胞、支架材料和生长因子。前人研究过的支架材料主要有锶微纳米生物活性玻璃、Sr-羟基磷灰、SrO/羟基磷灰石、掺锶磷酸钙球,但目前尚无一个比较公认的掺锶浓度可用来诱导成骨分化。

3.1.2 主要科学问题

关于锶的亲骨效应,目前的研究热点主要集中在以下一些科学问题:a. 锶对钙的替代关系及机理;b. 锶在骨骼内的分布规律与代谢;c. 锶改性植入材料的生物活性与生物降解性调控;d. 锶对成骨细胞及破骨细胞的影响;e. 锶对骨量及骨强度的影响;f. 雷奈酸锶的有效性与安全性;g. 锶对激素、递质、受体、信使的作用;h. 锶的脱敏治疗机理等。

3.1.3 代表性产品

氯化锶[^{89}Sr]注射液是一款靶向亲骨性放射性药物,锶 89 是第一个用于治疗肿瘤患者骨转移的放射性核素,于 2003 年应用到临床。由于它对骨有很高的选择性,所以对其邻近组织损伤性小,其最大的优点是缓解疼痛的效果好、可减少止痛药的用量,甚至不需要使用任何其他药物,特别对那些容易发生骨转移的癌症如前列腺癌、乳腺癌有显著疗效。

雷奈酸锶(strontium ranelate)结构式如图 3-1 所示,这是新一类抗骨质疏松药物(见图 3-2),由法国 Servier 公司研制开发,2004 年 11 月在爱尔兰首次上市。该药物具有刺激骨形成、抑制骨吸收的双重作用,能降低骨折风险、增强骨强度与骨密度,克服了以往药物作用单一的弊端。雷奈酸锶由两个稳定的锶原子和一个雷奈酸分子组成。锶离子参与骨的钙化,并且具有刺激成骨细胞骨形成和抑制破骨细胞骨吸收的功能,可以改善骨骼的机械抗性,不影响骨骼矿化,不改变骨结构晶体。雷奈酸是强极性的有机酸,无药理活性,但能与二价锶离子形成稳定的螯合物。该药已于 2004 年底通过欧盟 EMEA 审批并获准上市,用于治疗绝经后骨质疏松,以降低发生椎骨和髋骨骨折的危险。当前对于雷奈酸锶的安全性有所争议,有研究报告显示使用雷奈酸锶时心肌梗死的风险升高。但在后期的调查中,有结论表明雷奈酸锶对没有禁忌证(缺血性心脏病如心绞痛或心肌梗死、外周动脉疾病和脑血管疾病以及相关病史、血压控制不良)的严重骨质疏松症患者利大于弊[2]。

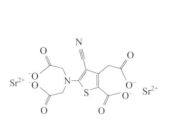

图 3-1 雷奈酸锶结构式

图 3-2 雷奈酸锶干悬混剂

2002 年,加拿大保健品品牌 AOR(advanced orthomo lecular research)为患有骨质疏松症、骨质减少的患者和绝经后妇女推出了世界上第一种柠檬酸锶补剂(见图 3-3),在其他一些欧美国家的进口保健品中也可查询到锶补充剂相关产品。但在我国锶元素尚未被列入营养强化剂名录中,因此关于锶在促进人体健康特别是骨骼健康方面的作用以及对锶的使用安全性的验证均有待进一步深化。

锶盐由于具有亲骨效应得以作为牙膏中的脱敏剂而被广泛应用,其脱敏作用的机理是,锶离子与牙齿上的羟基磷灰石反应形成沉淀封闭牙本质小管,减少了液压传导,保护了牙齿内部的神经末梢从而脱敏。美国一个著名的抗过敏品牌,其产品中的氯化锶或乙酸锶含量较大,在 1% ~ 10% 之间,且市场表现很好。国内也有杰出的抗过敏品牌,但产品中氯化锶用量相对较小,需遵守行业标准(图 3-4)相关规定。

图 3-3　柠檬酸锶　　　　图 3-4　行业标准《牙膏用氯化锶》

掺锶材料在骨组织工程中也已经被广泛接受和应用。掺锶骨替代材料成为近年来骨组织工程研究的热点，大部分研究都证实了锶的掺入能够有效改善骨替代材料的力学性能，提高对成骨细胞的招募能力及分化能力，切实提高体内成骨和成血管能力。随着对其研究的深入，掺锶骨替代材料作为一种新兴的组织工程材料，有望成为骨组织修复领域中理想的人工骨替代材料。

3.2　光电效应

近年来，以钛酸锶为首的氧化物量子材料研究的主流是将这些材料当作硅基半导体的潜在替代材料来研究，主要关注的是它们独特的电子学相关性质。然而，西湖大学理学院何睿华研究团队却在实验中发现，这些熟悉的材料竟然同样承载着触发新奇光电效应的能力——它有着远超于现有光阴极材料的关键性能。该团队于 2023 年 3 月 8 日在 Nature 发表期刊论文[3]，发现了世界首例具有本征相干性的光阴极量子材料，其性能远超传统的光阴极材料（能够产生将"光"转换为"电"的"光电效应"的材料），且无法为现有理论所解释[2]，其理论意义和研究价值突出。

3.2.1 光电原理和作用机理

3.2.1.1 钙钛矿型锶复合氧化物结构

钙钛矿复合金属氧化物,一般晶体结构都是立方体或八面体,其典型的晶胞结构如图 3-5 所示。从图中可以看出 A 离子位于立方体的中心,B 离子位于立方晶胞的顶点,氧离子处在立方晶胞棱边的中间位置。

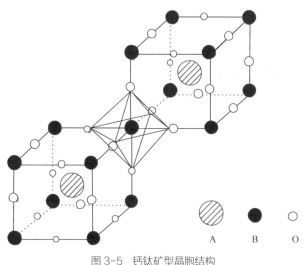

图 3-5 钙钛矿型晶胞结构

对于稳定的 ABO_3 钙钛矿型晶体结构,其中离子的半径大小必须符合特定的条件,不然其晶格就会变动和扭曲。戈尔德施密特描述了钙钛矿型材料离子半径大小与其晶体结构之间的关系 [式(3-1)]:

$$t = \frac{r_A + r_O}{\sqrt{2}(r_B + r_O)} \quad (3-1)$$

式中,t 为容限因子;r_A、r_B、r_O 为 A、B、O 离子半径。

当 $0.75 < t < 1$ 时,ABO_3 的结构是钙钛矿型结构;当 $t \leq 0.75$ 时,为钛铁矿结构;当 $t > 1$ 时,ABO_3 的结构是方解石或者文石结构;当 $t=1$ 时,是完美的立方体型结构。在 ABO_3 结构中,A 和 B 的价态并不是局限于正二价和正四价,而是只要 A、B 和 O 三元素总的化合价代数和为 6,而且离子半径之间满足戈尔德施密特关系式就可以形成钙钛矿型复合金属氧化物,例如 NaNbO₃、BaTiO₃、LaFeO₃ 等。在常见的钙钛矿型氧化物中,A 位离子有 Ca、Na、Ba、Sr 和 La,而 B 位离子有 Ti、Fe、Zr、Nb 和 Ta 等。

当锶离子、钛离子以及氧离子的空位发生(氧空位比阳离子空位更常见,即氧晶格缺陷),便导致了缺陷钙钛矿的产生。当吸收一定光、电能量后,电子易受到激发而跃迁,从而能使钙钛矿型锶复合氧化物表现出优异的光电催化性能。

光催化的基本原理(见图 3-6):光照情况下[如图 3-6 中(1)],光能够激发半导体光催化剂中的价带电子,使其跃迁到导带形成光生电子[如图 3-6 中(2)],而在价带中产生对应等量的光生空穴,电子[如图 3-6 中(3)]和空穴[如图 3-6 中(4)和(5)]分别扩散到半导体光催化剂表面,在表面将与不同的反应对象进行氧化、还原反应。

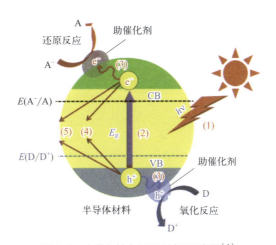

图 3-6　光催化基本原理及过程示意图[4]

3.2.1.2　晶体化学与缺陷化学

晶体的物理化学性质与晶体中形形色色的缺陷密切相关,晶体缺陷引起的晶格局部弹性变形可称为晶格畸变,晶格畸变的累积会引起晶体结构的变化,从而对晶体性质如机械强度、导电性、化学反应性能都产生较大影响。晶体中缺陷的种类和浓度改变时,其性能也随之改变。在半导体器件中,极微量的缺陷的引入即可改变半导体的能带结构，进而影响到半导体的性能。

晶体内的缺陷有多种分类方法，较常用的分类方法是根据缺陷的尺寸来划分：

① 点缺陷，又叫零维缺陷，包括自由电子、空穴、间隙原子、空位、错位原子及缔合中心等。其中，由于温度升高或者热起伏引起晶格中的质点偏离正常晶格点阵从而产生的空位或间隙原子等缺陷称为本征点缺陷或者热缺陷，这类缺陷的浓度主要受温度和周围气体压力的影响，属于热力学可逆的缺陷，具有重要的研究意义。

② 线缺陷，又叫一维缺陷，是指与理想完美晶格点阵相比，晶体中一列或若干列质点的排列发生了偏离，如位错等。

③ 面缺陷，又叫二维缺陷，是指晶体中一整层的粒子的缺失，如层错；亦或是由于一整层的粒子构成的晶面错开而形成的缺陷。

④ 体缺陷，又叫三维缺陷，是指晶体中的某些缺陷在三维方向上尺寸都比较大。

根据形成原因，点缺陷可分为：a. 本征点缺陷，由晶体结构与理想完美晶格结构发生偏离造成的缺陷；b. 杂质缺陷，指在基质晶体中引入了杂质原子而形成非化学计量化合物的缺陷。

实验上主要通过电子顺磁共振（electron paramagnetic resonance，EPR）、红外光谱（infrared spectrum，IR）、深能级瞬态谱（deep level transient spectroscopy，DLTS）等方法来探测分析缺陷及缺陷能级的性质。随着缺陷理论研究的不断深入以及计算机行业的快速发展，现在人们更多的是以计算机软件为工具，运用相关理论，来计算分析材料中的缺陷。

具有标准化学计量比组成的 $SrTiO_3$ 是绝缘体，只有当 $SrTiO_3$ 组成偏离标准化学计量比生成了带电荷的缺陷时，材料才具有光电学性能。与一维、二维缺陷相比，点缺陷对 $SrTiO_3$ 材料光电学性能起决定性作用。点缺陷的来源有两种：一种是经过掺杂引入的非本征点缺陷；另一种是温度、氧分压改变时材料内发生本征缺陷反应，生成本征点缺陷。

钛酸锶缺陷化学的研究将主要从 3 个温度区间来讨论（见表 3-1）：a. 高温区间（$T > 1500K$），包括氧扩散，以及阳离子的移动；b. 中温区间（$750K \leq T \leq 1500K$），主要是氧离子运动；c. 低温区间（$T < 750K$），由于材料内部与外界气氛没有氧交换，因此材料的化学计量比几乎不变，这个区间主要是电子应用。

表 3-1 钛酸锶缺陷化学的 3 个温度区间及相关缺陷反应的活化状态

温度区间	Schottky 平衡反应	氧交换反应
高温区（$T > 1500K$）	激活	激活
中温区（$1500K \geq T \geq 750K$）	冻结	激活
低温区（$T < 750K$）	冻结	冻结

3.2.1.3 掺杂与改性

一般 A 位未经取代的 ABO_3 钙钛矿型氧化物的导电性不高。当 A 位被不同化合价的金属离子部分取代时，B 位金属离子的化合价发生变化或出现氧空穴（氧晶格缺陷），其催化活性提高的同时，导电性、氧化还原性也有明显的提高，而且 B 位离子的混合也会发生相对活性的明显变化和导电性的变化。这是由于过渡金属离子的价态变化，易形成 O^{2-} 导体；而价态不同的过渡金属离子之间会产生电子的交换，显示出电子导电性，从而使得 $La_{1-x}M_xCoO_3$、$La_{1-x}M_xMnO_3$、$La_{1-x}M_xFeO_3$ 等复合氧化物表现出混合导电性，有较高的离子电导率和电子电导率。

钛酸锶的结构、组成发生变化，会显著地改变钛酸锶材料的电性能。具有标准化学计量比的钛酸锶是电绝缘体，施主掺杂后转变为半导体，受主掺杂后会表现出明显的 n-p 电导转换。由材料表现出来的电学性能及变化规律，可以定性地推测出材料缺陷结构的改变。

对钙钛矿型锶复合氧化物结构和性质分析可知，经适当掺杂可形成缺陷化学结构与活性，兼有高温热稳定性、良好催化活性、混合导电性以及抗磁、铁磁、超导等优良性质，可作为燃料电池的阴极、阳极和固体电解质，也是良好的气敏元件材料和氧化还原型催化剂。常见掺杂元素及其离子半径见表 3-2。

表 3-2 钛酸锶中常见的掺杂元素及其离子半径

项目	A 位（$\gamma_{Sr^{2+}}$=112pm）	B 位（$\gamma_{Ti^{4+}}$=60.5pm）	A 或 B 位
施主离子	Nd^{3+}（99.5pm） Pr^{3+}（101pm） Ce^{3+}（103pm） La^{3+}（106pm）	Sb^{5+}（61pm） Nb^{5+}（69pm）	Er^{3+}（88.1pm） Y^{3+}（89pm） Ho^{3+}（90pm） Tb^{3+}（92.3pm）
受主离子	Na^{+}（102pm） Ag^{+}（126pm） K^{+}（138pm）	Mn^{2+}（52pm） Al^{3+}（53.5pm） Fe^{3+}（64.5pm） Ni^{2+}（69pm） Mg^{2+}（72pm） Co^{2+}（74.5pm） Yb^{3+}（85.8pm）	Sm^{3+}（96.4pm） Gd^{3+}（97pm）

3.2.2 主要科学问题

锶基光电材料涉及的科学问题包括锶的电子层能级，激发－跃迁相关性质，锶原子钟原理及电子跃迁同位素效应，光吸收能力的增强机制以及光生电子和空穴的分离效率增强机制。在锶光电复合材料中，主要涉及锶光电材料的构效关系与锶光电材料的缺陷化学。

3.2.3 代表性产品

钙钛矿型晶体氧化物材料，如钛酸锶、锆酸锶、钛酸锶钡等，应用于光催化功能材料领域，固体氧化物燃料电池（SOFC）的阴极材料、阳极材料以及电解质材料、储能陶瓷材料等；锶铁氧体永磁材料应用于新能源汽车、智能家居领域等；钙钛矿复合功能材料应用于光催化降解材料、光解水制氢材料以及光伏电池材料等。

3.3 增强效应

3.3.1 增强原理和作用机理

金属材料强化机理主要分为形变强化、固溶强化、第二相强化、细晶强化等。除形变强化外，锶在合金材料中可根据三种强化机理起到相应材料增强作用。

3.3.1.1 固溶强化

根据 Hume Rothery 规则，溶质与基体原子尺寸差大于 15% 就不会形成固溶度较大的固溶体。例如，Sr 在镁中的固溶度低（大约 0.11%），虽然起不到优异的固溶强化作用，但是由于原子尺寸相差较大（见图 3-7），微量固溶的锶可以使镁晶格发生畸变，起到钉扎位错的作用，阻碍位错运动，提高材料的强度。

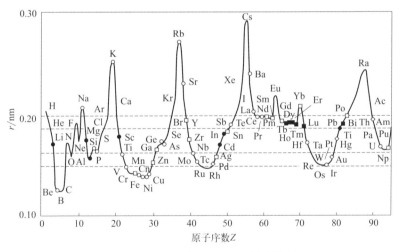

图 3-7 不同原子半径与镁原子半径的比较

3.3.1.2 第二相强化

锶作为第二相主要存在于金属间化合物和锶化合物，弥散分布的高熔点、硬质第二相可以有效提高材料的高温强度[5]、蠕变性能和基体的强度硬度[6]。通过控制这些相的尺寸、形状、数量和单个相的性能，可以获得理想的性能组合。基体相和第二相之间界面上的原子排列不再具有晶格完整性，在金属等塑性材料中，这些相界面会阻碍位错的滑移，从而使材料得到强化。

3.3.1.3　细晶强化

通常金属是由许多晶粒组成的多晶体，晶粒的大小可以用单位体积内晶粒的数目来表示，数目越多、晶粒越细。在常温下的细晶粒金属比粗晶粒金属有更高的强度、硬度、塑性和韧性。因为细晶粒受到外力发生塑性变形可分散在更多的晶粒内进行，塑性变形较均匀，应力集中较小；此外，晶粒越细，晶界面积越大，晶界越曲折，越不利于裂纹的扩展。晶界越多，晶粒越细，根据霍尔－佩奇关系式，晶粒的平均值越小，材料的屈服强度就越高。细晶强化是唯一既可以提高强度又可以提高韧性的方法。

锶实现细晶强化的方式主要通过增加合金过冷度、变质处理[7]等方式，使铸造金属具有更均匀细小的晶粒，增强材料的强度和韧性[8]。

3.3.1.4　变质机制

锶是多种合金材料的表面活性元素，可以促进金属熔体内部形核、改变晶粒生长方式。其特点是熔点低，能显著降低合金的液相线温度，原子半径大，在合金中固溶量小，在晶体生长时富集在相界面上，阻碍晶体长大，又能形成较大的成分过冷，使晶体分枝形成细的缩颈而易于熔断，促进晶体的游离和晶核的增加。锶变质剂无毒，具有长效性，在合金熔炼铸造时添加一定含量的锶，可细化铸造组织、减少铸造缺陷[9]。

3.3.1.5　增强材料耐腐蚀机理

锶的标准电极电位为 −2.87V。

（1）抗微电偶腐蚀性

化学电位越负，表明金属越活泼，其腐蚀倾向更大。由于 Sr 能细化并分解 β 相（$Mg_{17}Sr_2$），增加 Sr 含量可使 β 相含量下降，进一步的增加会形成新的 MgAlSr 相，它对于 β 相是弱阴极相，能减小与基相的电位差，减轻其微电偶腐蚀[10]。

在镁合金牺牲阳极材料中，Sr 的添加可以细化晶粒，使晶界面积变大，从而使第二相分布更均匀，减少局部微电偶电池的活性，使镁阳极的腐蚀更均匀，并使开路电位负移，电流效率升高，提高阳极材料的工作效率。对镁合金腐蚀速率的控制，可使锶进一步应用于人体植入可降解材料的开发。

（2）钝化膜

Sr 可以显著提高镁合金钝化与钝化破裂时的电位差，有助于镁合金获得更稳定的钝化薄膜。Sr 与 Ca 等碱土金属、稀土等复合添加，作用效果更加明显，但作用机理仍需深入研究[11]。

（3）耐高温腐蚀和阻燃性

Sr 可以提高镁固溶体的熔点，其在镁合金中扩散缓慢且具有较低的密度，因而在耐热镁合金中得到了广泛的应用。锶在高温腐蚀状态下的作用机理仍需要深入探索。

3.3.2 主要科学问题

锶增强效应的主要科学问题主要体现在以下几个方面：a. 锶本身没有磁性，但是和有弱磁性的铁氧体结合后，制备的锶铁氧体永磁体抗退磁性能优良、不存在氧化问题、化学稳定性好、性价比高，为应用范围最广、需求量最大的永磁材料；b. 锶的催化性能并不显著，但是和氧化钛复合生成的钛酸锶材料，具有介电常数高、介电损耗低、热稳定性好、光催化活性优良等特点，并具有独特的电磁性质和氧化还原催化活性，在电子陶瓷工业、光催化分解水制氢、光催化降解有机污染物和光化学电池等光催化领域得到了广泛的应用；c. 锶本身没有发光特性，但是和同样无光电效应的氧化铝结合制成的铝酸锶盐（strontium aluminate）是一种能吸光和发光的涂料，能吸收储存光线中的伽马粒子，随后持续发光，这是一种长效的发光材料，不会有变黄、老化等现象。由于锶在以上几个领域中的应用都使得材料的功能性显著增强，故享有"工业味精"之称，名副其实，但其中的根本科学问题尚待研究和完善。

锶在材料中的强化机理需要研究的内容有：锶在材料中的存在形式，锶在材料中的配位机理，锶对材料各项性能的影响规律，锶对材料增强效应的主要机制，锶对金属、陶瓷、功能材料等不同材料增强效应的共性与差异，锶在材料中的结构与功能的关系，含锶可降解材料与人体的组织关系[12]等。

3.3.3 代表性产品

高纯金属锶用于真空器件除气，使真空器件获得更高的真空度；锶中间合金包括锶镁中间合金、锶铝中间合金、锶锡中间合金，用于冶金除杂、除气和合金原料；高强高韧镁铝锶合金材料；抗冲击、耐高温镁锶合金新材料；医用可降解镁锶合金；含锶钢化玻璃；磁性材料锶铁氧体；光电转换与催化材料钛酸锶；压电陶瓷钛酸锶钡；长余辉材料铝酸锶等。

3.4 同位素效应

3.4.1 同位素种类和作用机理

在自然界中，锶原子稳定的同位素共有四种，分别是 ^{88}Sr、^{87}Sr、^{86}Sr 和 ^{84}Sr。其中，^{87}Sr 是奇同位素，核自旋为 9/2，其余均为偶同位素，核自旋为 0。此外，常见的人造锶放射性同位素，包括锶 85（^{85}Sr）、锶 89（^{89}Sr）、锶 90（^{90}Sr），人造锶同位素与人体健康存在至关重要而紧密的关系。

不同锶同位素的辐射类型及能量频谱对人体组织的影响不同，包括短期伤害、代谢过程、长期残留等；不同锶同位素对肿瘤细胞的杀伤原理也不同，需要分析辐射剂量、时间等主要因素以确定对杀伤效果的影响；不同锶同位素之间，以及与其他放射性核素联合使用也可产生协同作用；不同锶同位素与人体环境有潜在相互作用。

3.4.2 主要科学问题

锶同位素研究领域的科学问题主要有以下几个方面：锶同位素性质及制备、分离方法适用性分析，^{85}Sr、^{89}Sr、^{90}Sr 的辐射性能，^{85}Sr、^{89}Sr、^{90}Sr

对人体组织的影响，锶同位素与各类病灶的作用机理等。

3.4.3 代表性产品

锶同位素领域的代表性产品主要是医用锶同位素（^{89}Sr、^{90}Sr）。

^{89}Sr 放射性核素是靶向放射性核素治疗常用的放射性药物，由于 Sr 具有亲骨性，因此常被用于缓解癌症骨转移带来的骨痛症状，是治疗骨转移癌的有效新方法。国内已有 ^{89}Sr 注射液产品，并于 2016 年进入医保目录。^{89}Sr 在转移灶内的生物半衰期为 50.5d，在正常骨组织中的半衰期为 14d，其发射出的纯 β - 射线最大能量为 1.46MeV，最大射程（骨穿透距离）仅为 7mm。^{89}Sr 放射性核素药物进入体内后，迅速被骨吸收，并优先到达原发性骨瘤和转移灶部位进行富集。数据显示，^{89}Sr 放射性核素在骨转移灶中的浓聚密度是正常骨的 2～25 倍，而在身体其他组织中含量极少，因此具有良好的靶向性。在广泛性骨转移癌出现严重骨痛时，传统的治疗手段，即止痛药物、激素、化疗和外照射治疗的效果均不理想，且均会出现严重副作用，甚至治疗失败。而 ^{89}Sr 放射性核素治疗能够凭借其良好的靶向性，靶向定位于病发部位，包括骨扫描及 X 光片或 CT MRI 难以发现的隐匿转移癌灶。选择性摄取使正常组织受到有限的辐射剂量而使治疗效果增强，副作用减弱。大量的临床数据显示，^{89}Sr 治疗骨转移癌的总有效率大于 80%，其对血细胞的抑制作用轻微且是一次性的，并能够在短期内得到恢复，对人体的毒副作用很小。此外，通过使用 ^{89}Sr 与外用放疗或者化疗药物联合治疗，能够更加显著地减轻骨疼痛和降低治疗的副作用，进一步抑制病骨病灶的持续发展而延长患者的生存期。

作为富中子放射性核素，^{89}Sr 主要使用核反应堆进行生产。目前，生成 ^{89}Sr 放射性核素的途径有两种，分别是慢中子 ^{88}Sr（n，γ）^{89}Sr 反应和快中子 ^{89}Y（n，p）^{89}Sr 反应。^{88}Sr（n，γ）^{89}Sr 反应的优点是其热中子反应截面相对较大，为 $5.8 \times 10^{-31} m^2$，因此容易获得比活度高于 $3.7 \times 10^9 Bq/g$ 的 ^{89}Sr。但是，^{88}Sr 自然同位素中含有 0.56% 的 ^{84}Sr。由于 ^{84}Sr 热中子反应截面为 $6.2 \times 10^{-29} m^2$，是 ^{88}Sr 热中子反应截面的 100 倍，因此通过 ^{84}Sr（n，γ）

^{85}Sr 反应将会产生大量的 ^{85}Sr 放射性核素并掺杂在 ^{89}Sr 产品中。^{85}Sr 是一种能量为 514keV、半衰期 64.84d 的纯 γ 放射源,具有极强的穿透能力,对人体有很强的危害,产品安全标准严格规定其含量应低于 0.001%。^{89}Y(n,p)^{89}Sr 是一种需要高中子能的阈值反应,其反应截面远低于 ^{88}Sr(n,γ)^{89}Sr 反应,因此产率很低。但 ^{89}Y 没有其他天然同位素,以该方式获得的 ^{89}Sr 丰度极高,产品中 ^{85}Sr 的含量几乎为零,能够实现 ^{89}Sr 产品的高质量生产。另外,^{89}Y(n,p)^{89}Sr 反应的材料是氧化钇,这种材料非常便宜,而且在反应堆辐照的过程中具有很高的安全性。^{89}Y(n,p)^{89}Sr 反应需要在快中子堆进行,反应堆中子的入射能在 14 ~ 15MeV 附近时,该反应的反应截面最大。为了提高产率,必须减小快中子的能量来增大反应截面。但是现阶段,仅有少数几个国家掌握了快中子堆技术,而真正有实力实现商业化运营的只有法国,我国的快中子堆技术还不够成熟,因此以 ^{89}Y(n,p)^{89}Sr 反应进行 ^{89}Sr 产品的批量生产在现阶段基本不可能实现。

通过以上分析可知,要实现高品质 ^{89}Sr 产品的批量化生产,只能通过 ^{88}Sr(n,γ)^{89}Sr 反应来实现,而实现的关键在于降低 ^{88}Sr 天然同位素中 ^{84}Sr 的丰度。目前制备符合安全标准的 ^{89}Sr 放射性核素的做法是将辐射原料中丰度为 0.56% 的 ^{84}Sr 通过同位素分离降低到小于 0.001%。

参考文献

[1] 岳帅,宋镇渤,孙文娟,等.锶抗骨质疏松的作用机制研究.中国药房,2019,30(5)717-720.

[2] 北京西林布克网络科技有限公司.雷尼酸锶(CAS:135459-87-9).https://www.chemicalbook.com/ProductChemicalPropertiesCB1838150.htm.

[3] Hong C,Zou W,Ran P,et al. Anomalous intense coherent secondary photoemission from a perovskite oxide. Nature,DOI10.1038/s41586-023-05900-4,2023.

[4] Wen J,Xie J,Chen X,et al. A review on g-C$_3$N$_4$-based photocatalysts. Applied Surface Science,2017,391(1):72-123.

[5] 王策,马爱斌,刘欢,等.LPSO 相增强镁稀土合金耐热性能研究进展.材料导报,

2019, 30（10）: 3298-3305.

[6] 张娜, 程仁菊, 董含武, 等. Sr 在耐热镁合金中的应用及研究进展. 材料导报, 2019, 8（33）: 2565-2571.

[7] 张连腾, 陈乐平, 周全, 等. 变质元素对 Mg/Mg$_2$Si 复合材料中 Mg$_2$Si 相影响的研究进展. 热加工工艺, 2019, 48（16）: 1-7.

[8] 贺俊光, 郑丽鸽, 文九巴, 等. Sr 含量对 Mg-1Zn-0.3Zr-2Gd-xSr 生物镁合金组织和性能的影响. 材料热处理学报, 2018, 39: 35-41.

[9] 任磊, 郭学锋, 崔红保, 等. 固溶处理对 Sr 变质镁合金中共晶 Mg$_2$Si 的影响. 铸造, 2014, 63（7）: 642-646.

[10] Bornapour M, Muja N, Shum-Tim D, et al. Biocompatibility and biodegradability of Mg-Sr alloys: the formation of Sr-substituted hydroxyapatite. Acta Biomater, 2013, 9（2）: 5319-5330.

[11] 钮洁欣, 徐乃欣, 张承典, 等. 碱土金属钙和锶对镁合金耐蚀性的影响. 腐蚀与防护, 2008, 9（1）: 1-6.

[12] 石伟. 含锶羟基磷灰石涂层对 Mg-4Zn 合金腐蚀行为及细胞行为的影响. 长沙: 湖南大学, 2018.

第4章
三"锶"而行：
大宗锶化学品的追踪溯源

4.1 碳酸锶的前世今生
4.2 氯化锶的挑战与机遇
4.3 氢氧化锶的平台型价值及其产业链
参考文献

4.1 碳酸锶的前世今生

4.1.1 碳酸锶是工业革命的产物

1790 年，爱丁堡医生阿代尔·克劳福德（Adair Crawford）从苏格兰阿盖尔郡苏纳特海岸的一个铅矿中发现一种新的矿物——菱锶矿（主要成分 $SrCO_3$），自此含锶矿物进入了人们的视野。随后，其他化学家使用从该矿物中提取出的锶元素制备了许多化合物，并进行了相关理化性质的测试，使锶矿物的影响得到扩展。但受限于其含量过于稀少，菱锶矿并未得到大规模开发。

1884 年，天青石经复分解法制备碳酸锶的方法得以建立，人们将碳酸钠、碳酸铵等碳酸盐在溶液中与天青石反应得到碳酸锶产品。该工艺过程的确立有力地推动了英格兰西南部天青石矿的开发利用，但由于工艺烦琐、产品品质稳定性差等原因，天青石复分解法的推广难度较大。1885 年，英国第一台回转窑研发成功并投入生产，为天青石碳热转化提供了设备支持。20 世纪初，天青石经碳热还原制备碳酸锶的工业生产方法被研发成功，该工艺操作简单、产品品质稳定，自成功研发后迅速在世界上普及，极大地推动了全球碳酸锶生产规模的扩大。至此，天青石制备碳酸锶的方法得以在世界范围内确定，且至今其工艺流程仅在设备及操作流程的细节方面进行了改进，但基本流程未进行过升级。

4.1.2 碳酸锶诸多应用场景的化学本质

由于天青石的晶体结构稳定，在酸碱溶液中溶解度极小，因此需要先将天青石晶体进行转化，以便于对其中的锶元素进行提取。碳酸锶在水中的溶解度较硫酸锶更低，且易与酸性溶液（如盐酸、硝酸等）反应生成易溶于水的锶盐，或经热解生成可与水反应的氧化锶，因而被定位为锶大宗商品，作为生产其他锶精细化学品的重要原料。

需要指出的是，碳酸锶在电子显示屏制作、后序锶精细化学品生成、钢铁冶炼等领域的应用，实质上的原料是由碳酸锶转化而成的可溶性锶盐或氧化锶。碳酸锶在后续生产过程中产生的 CO_2 或 CO_3^{2-} 并未得到有效利用，这造成了该过程的碳排放量较大、能耗较高等问题。

综上分析可知，寻找一种由天青石直接转化生成可溶性锶盐或氧化锶的方法，具有很高的经济性与环保价值，更契合当下的"双碳"目标。

4.2 氯化锶的挑战与机遇

4.2.1 氯化锶制备技术对比

目前，制备氯化锶的企业主要以两种途径进行生产：一是以重庆元和为代表采用天青石伴生菱锶矿为原料与盐酸反应生产氯化锶；二是以工业碳酸锶为原料与盐酸反应生产氯化锶。如上所述，以伴生菱锶矿为原料的企业存在着锶矿原料日益匮乏的困境，严重影响到企业的日常生产。以工业碳酸锶为原料的企业虽然无原料困扰，但在氯化锶生产过程中仍存在大量二氧化碳释放问题，这明显与当前国家"双碳"战略相违背。

为了更有效制备氯化锶，学者们进行了一系列研究，并取得了较好结果。有研究者将黑灰与盐酸反应，从其浸出液中回收 $SrCl_2$。段东平等[1]对碳酸锶废渣进行酸性浸出以制备高纯 $SrCl_2$；陈思明[2]将加压氧化技术应用于黑灰及黄水处理中，在中性条件下使黑灰中的 S 元素以硫黄形式固定下来，Sr 元素以 Sr^{2+} 形式进入浸出液，最终通过蒸发–结晶的方法从浸出液中回收 $SrCl_2$。

天青石直接转化制备可溶性锶盐是解决上述困扰的一个有力途径，因此学者们对其反应过程开展了大量研究工作。Erdemoğlu[3]报道了在以 Na_2S 为浸出剂的条件下使天青石中的 Sr 以 SrS_2 形式进入浸出液中，通过向浸出液中加入盐酸后再蒸发结晶的方法可以回收其中的 $SrCl_2$。Aydoğan 等[4]将天青石溶解于酸性 $BaCl_2$ 溶液中，利用溶液中 Ba^{2+} 促使 $SrSO_4$ 解离而最终得到 $SrCl_2$ 溶液。

4.2.2 氯化锶的重点应用领域

氯化锶是生产其他锶化合物的前体。由于锶离子的焰色反应，氯化锶可用作烟火的红色着色剂；在玻璃制造和釉面剂中，也可看到氯化锶的身影。由于锶的亲骨特性，氯化锶可作为人体中钙的吸收促进剂，还可以作为海洋水族馆的添加剂用于促进某些浮游生物外骨骼的生长。氯化锶可作为电解金属钠、金属锶的助熔剂，还是有机合成和汽车尾气净化的重要催化剂。此外，由于同位素锶 89 半衰期较短且辐射深度较小、对人体的附加伤害较为可控，放射性药剂 $^{89}SrCl_2$ 被用于骨癌等癌症的治疗。$^{89}SrCl_2$ 可直接从热核辐射废料中浓缩后得到，也可由高纯氯化锶产品经热核辐照后得到。

4.3 氢氧化锶的平台型价值及其产业链

4.3.1 合成氢氧化锶的热力学基础

氢氧化锶在水中的溶解度因溶液温度的变化而变化，如表 4-1 所列。

表 4-1 氢氧化锶在水中的溶解度　　单位：g/100mL H_2O

温度/℃	0	10	20	40	60	80	90	100
$Sr(OH)_2·8H_2O$	0.91	1.25	1.77	3.95	8.42	20.2	44.5	91.2
$Sr(OH)_2$	0.41		1.77					21.8

注：数据来源 R.C.Ropp.Encyclopedia of the Alkaline Earth Compounds.Elsevier, 2013, 122.

目前，工业氢氧化锶生产主要由氧化锶及氯化锶等锶盐制备得到，氧化锶与水和氯化锶与烧碱的反应过程吉布斯自由能变化情况如图 4-1 所示。由图可知，上述两种反应在计算温度范围内均具有较负的吉布斯自由能变值，这说明这两种过程具有较大的反应趋势。

有研究表明，溶液中的 Sr^{2+} 可与溶液中的 OH^- 结合以 $Sr(OH)_2$ 形式沉淀，其溶解度的具体计算公式如下：

$$Sr^{2+} + 2H_2O \rightleftharpoons Sr(OH)_2 + 2H^+ \quad (k=3.55\times 10^{-29})$$

$$\lg C_{Sr^{2+}} = 28.45 - 2pH$$

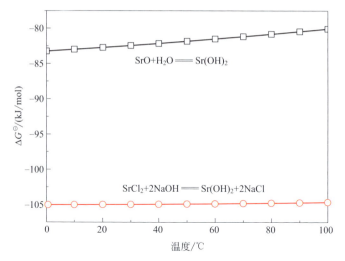

图 4-1　SrO 与 H_2O 和 $SrCl_2$ 与 NaOH 反应过程吉布斯自由能变化

由此可见，高浓度碱液有利于促进 $SrSO_4$ 向 $Sr(OH)_2$ 转化。此外，固体碱也可促进天青石直接向氢氧化锶转化的过程。图 4-2 为硫酸锶与氢氧化钠反应过程吉布斯自由能变化情况计算和热力学平衡产物模拟，由图 4-2 可知，该过程也具有较大的反应趋势。

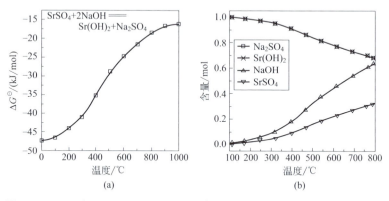

图 4-2　$SrSO_4$ 与 NaOH 反应的自由能变（a）和热力学平衡产物模拟分布（b）

4.3.2　氢氧化锶制备工艺研究

在工业生产中，氢氧化锶的制备工艺包括：

① 先将工业 $SrCO_3$ 热解生成 SrO，再将 SrO 置于热水中，生成 $Sr(OH)_2$

溶液，经冷却结晶后制得 $Sr(OH)_2$ 产品；

② 以 $SrCl_2$ 或 $Sr(NO_3)_2$ 等可溶性锶盐为原料，先将可溶性锶盐溶解于水中，再向其中加入烧碱沉淀出 $Sr(OH)_2$。

重庆庆龙公司通过冷却高温黄水后，先行回收 $Sr(OH)_2$，再将剩余的结晶母液送至碳化流程进行 $SrCO_3$ 生产。Turianicová[5]通过实验验证了用机械活化法可以将固态的 $SrSO_4$ 和 NaOH 转化成 $Sr(OH)_2$ 和 Na_2SO_4。

中国科学院过程工程研究所段东平团队通过系统研究天青石晶体结构特性，开发出天青石直接转化系列技术。该团队开发了高温快速还原－碱析结晶－产品重结晶－母液提硫成套工艺（简称高温快速还原－碱析分离工艺），将天青石转化成氢氧化锶，硫元素以硫化钠形式副产，其工艺路线如图4-3所示。

该工艺利用球团技术强化天青石还原过程，极大地加快了还原速率；同时通过对反应过程的优化，实现了高纯 $Sr(OH)_2$ 和 Na_2S 的联合生产，显著提高了锶企业的综合经济效益。该工艺过程因无 H_2S 副产，因而可有效避免当前碳酸锶企业所遭遇的棘手的 H_2S 后处理问题，从而更利于锶行业的发展。

该团队还开发了天青石碱溶转化工艺，尝试采用高浓度 NaOH 溶液促进天青石转化生成 $Sr(OH)_2$，其工艺路线如图4-4所示。

该工艺处理天青石过程比较传统"黑灰法"工艺减少了高温还原焙烧流程，S元素以 Na_2SO_4 形式副产，因而不存在硫化物及 H_2S 副产，这从根本上解决了硫污染问题；同时，高温还原焙烧流程的去除可有效降低反应过程能耗及碳排放。上述优点可以预见，天青石碱溶转化法生产氢氧化锶更适宜未来锶产业的低碳绿色发展需求。

此外，该团队还进行了固体 NaOH 促进天青石转化生成 $Sr(OH)_2$ 的实验研究（简称碱熔转化法），利用球团技术将固体的天青石粉与 NaOH 粉料进行混合后于 300～500℃下反应，通过在天青石颗粒周围创造具有高活性的碱转化环境，可促进天青石高效转化成氢氧化锶。研究结果证实，与碱溶转化法相比，碱熔转化法中天青石具有较高的转化效率。碱熔转化法工艺路线如图4-5所示。

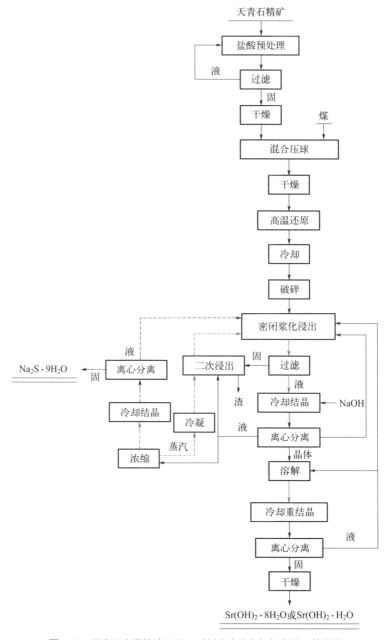

图4-3　天青石高温快速还原-碱析分离生产氢氧化锶工艺路线

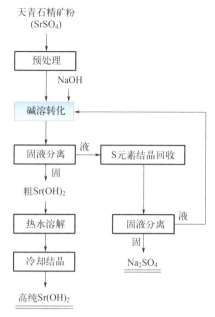

图 4-4 天青石碱溶转化法生产氢氧化锶工艺路线

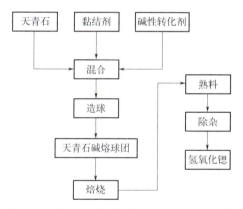

图 4-5 天青石碱熔转化法生产氢氧化锶工艺路线

4.3.3 氢氧化锶延伸产业链分析

氢氧化锶可通过简单重结晶过程而提纯，且在后续锶精细化学品加工过程中除 H_2O 外，无其他副产品生成，因而较其他可溶性锶盐更适宜作为锶平台型产品用于后续锶精细化学品生产。氢氧化锶延伸产业链如图 4-6 所示。

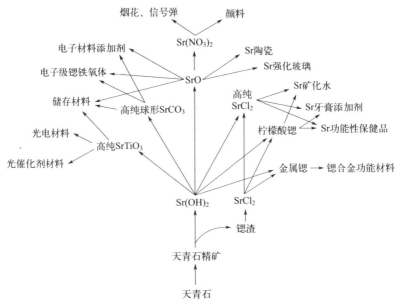

图 4-6　氢氧化锶延伸产业链示意图

参考文献

[1] 李波，段东平，王树轩，等. 以碳酸锶废渣为原料制备高纯氯化锶. 盐湖研究，2023，21（2）：58-61.

[2] 陈思明. 天青石矿中 Sr/S 高效分离机制研究. 北京：中国科学院大学，2018.

[3] Erdemoğlu M，Sarıkaya M，Canbazoğlu M. Leaching of celestite with sodium sulfide. Journal of Dispersion Science and Technology，2006，27：439-442.

[4] Aydoğan S，Erdemoğlu M，Aras A，et al. Dissolution kinetics of celestite （$SrSO_4$）in HCl solution with $BaCl_2$. Hydrometallurgy，2006，84：239-246.

[5] Turianicová E，Obut A，Zorkovská A，et al. The effects of LiOH and NaOH on the carbonation of $SrSO_4$ by dry high-energy milling. Minerals Engineering，2013，49：98-102.

第 5 章
"锶"前想后：
锶产业转型的着力点与关键技术

5.1 锶平台型产品转型

5.2 锶环保领域

5.3 锶康养领域

5.4 锶光电领域

5.5 锶新能源领域

5.6 锶在装备制造领域的应用

5.7 锶渣固废资源化领域

参考文献

5.1 锶平台型产品转型

5.1.1 Sr(OH)₂ 基本物化性质

氢氧化锶合成其他锶化合物过程中副产物仅为水，且其分解温度较现在的最大宗锶产品碳酸锶温度低，因而通过氢氧化锶制备其他锶产品具有更低碳的工艺路线。此外由于其溶解度受温度影响较大，易于通过重结晶过程得到较高纯度产品，因此可被视为合成其他高纯锶产品的平台型产品，故本部分内容围绕氢氧化锶展开。

氢氧化锶分子式为 $Sr(OH)_2$，分子量为121.63，是无色正方晶系板状或柱状结晶，密度为 $1.9g/cm^3$，熔点为375℃，沸点为710℃（分解），无水氢氧化锶易从空气中吸附水和二氧化碳，$Sr(OH)_2·8H_2O$ 在干燥空气中会逐渐失去结晶水。氢氧化锶易溶于热水和酸，也可溶于氯化铵溶液，还能溶于冷水。氢氧化锶在水中的溶解度介于氢氧化钙和氢氧化钡之间，尽管它的溶解度不大，溶于水即完全电离；但是氢氧化锶属于强碱，具有碱的通性，有腐蚀性，碱性介于氢氧化钙和氢氧化钡之间。工业和实验室常用锶的可溶盐（氯化锶、硝酸锶等）和较浓的氢氧化钠溶液常温下作用，析出八水氢氧化锶无色晶体。

5.1.2 过程机理研究

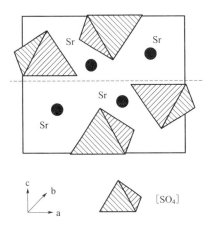

图 5-1 $SrSO_4$ 的晶体结构

自然界中锶的主要赋存形式有天青石（以硫酸锶为主要成分）和菱锶矿（以碳酸锶为主要成分），其中天青石因储量大且集中而最具有工业开发价值。

$SrSO_4$ 属于岛状结构硫酸盐矿物，其晶体结构如图5-1所示。在 $SrSO_4$ 晶体中，S 与 O 构成 $[SO_4]$ 四面体，其中 S 以 +6 价形式存在，O 以 -2 价形式存在，配位数为4，Sr 以 +2 价形式存在于晶体结构中。[SO$_4$] 四面体通过阳离子 Sr^{2+} 共顶角连接，再彼此堆垛，构成 SrSO$_4$ 晶体。SrSO$_4$ 中的 Sr—O 为较纯的离子键，而 S—O 键则为同时含有共价键和离子键成分的过渡键。卢烁十[1] 报道了 SrSO$_4$ 中 S—O 键和 Sr—O 键库仑力，其中 S—O 库仑力为 3.28×10^{-8}N，而 Sr—O 库仑力为 1.44×10^{-8}N。

因此，天青石转化方法可以考虑将 Sr—[SO$_4$] 键断裂，直接制备锶化合物，或先使 [SO$_4$] 基团中的 S—O 键断裂，使不可溶的 SrSO$_4$ 转变成可溶性 SrS，再进行后续转化。当前的锶企业普遍采用后一思路，以碳酸锶为最大宗产品，先将天青石通过碳热还原法转化成碳酸锶，再转化成其他锶产品（如氢氧化锶、氯化锶等）。

学者们对碱土金属硫酸盐的还原过程进行了重点研究。B.Kamphuis 等[2] 在研究了 CaS 和 CaSO$_4$ 的还原过程后认为其两相反应中可能存在着液-液中间相反应过程，即 CaSO$_4$ 和 CaS 在高于 830℃时会有液相生成，其反应过程的控制步骤为 CO 生成过程。L.A.Robbins[3] 认为 CaSO$_4$ 的还原过程中，CO 中 CaSO$_4$ 表面先生成 CaO·SO$_2$·CO$_2$，再通过热解依次脱附其上的 CO$_2$ 和 SO$_2$，最终得到 CaO。此外，CaO·SO$_2$ 可以继续与 CO 反应生成 CaO·S，再转化成 CaS。陈雯等[4] 认为天青石还原过程遵循如下机理：

$$SrSO_4+CO = SrSO_3+CO_2 \qquad (5\text{-}1a)$$

$$SrSO_3 = SrO+SO_2 \qquad (5\text{-}1b)$$

$$2SO_2+4CO = S_2(g)+4CO_2 \qquad (5\text{-}1c)$$

$$4SrO+3S_2(g) = 4SrS+2SO_2 \qquad (5\text{-}1d)$$

张雪梅等[5] 对硫酸钙的碳热还原过程进行了详细计算，并对该过程进行了动力学研究。其结果表明该反应机理为相界面反应控制机理，其反应活化能为 259.92kJ/mol。随后，利用量子化学方法计算了 CaSO$_4$ 还原过程中各步骤的能量变化，得到了 $CaSO_4$ 还原过程：$CaSO_4 \rightarrow CaSO_3 \rightarrow [CaSO_2]^* \rightarrow [CaSO]^* \rightarrow CaS$，通过计算得出 $CaSO_3$ 生成步骤是整个反应的控制性环节。S.Ghardashkhani 等[6,7]通过热重法分析了不同 CO/CO_2 含量下 $CaSO_4$ 的还原过程。他们认为 $CaSO_4$ 还原过程如下所示：

$$CaSO_4+CO = CaSO_3+CO_2 \quad (5-2a)$$

$$4CaSO_3 = 3CaSO_4+CaS \quad (5-2b)$$

陈思明等[8]在分析了天青石原矿表面还原产物中 S、O 元素分布情况后，证实了 $SrSO_4$ 还原过程遵循如下反应过程：

$$SrSO_4+C = SrSO_3+CO \quad (5-3a)$$

$$4SrSO_3 = 3SrSO_4+SrS \quad (5-3b)$$

但 $SrSO_3$ 为何优先进行歧化反应，而不是与周围的还原剂（如无烟煤等）进一步发生还原反应，是该反应过程需要解释的问题之一。

在天青石碳还原产物的 Sr/S 元素分相转移过程中，目前通行的方法为加入 CO_2 或碳酸盐使 Sr 以 $SrCO_3$ 进入固相，S 以 H_2S 或 S^{2-} 进入气相或液相以实现分离，所产生的 H_2S 在工业中通过克劳斯炉工艺转化成硫黄。研究者们考虑用其他方式解决硫化物的污染问题，易清风等尝试将新生成的 H_2S 导入新制的黄水中，利用黄水的高碱度消除 H_2S 的污染。陈思明[9]考虑用加压氧化的方法使硫化物定向转化成硫黄，同时 Sr^{2+} 仍然保存在溶液中。其研究表明，溶液中的 S^{2-} 优先被氧化成多硫离子，再在不同 pH 环境下转化成不同硫氧化合物。

研究者们亦从 Sr—[SO_4] 键断裂的角度对天青石转化方法进行了研究，传统的方法是用碳酸盐（如碳酸钠、碳酸铵等）将 $SrSO_4$ 转化为具有更低溶解度的 $SrCO_3$。此外，研究者还研究了将天青石直接转化为其他锶盐的方法。有研究表明 $SrSO_4$ 和 $BaSO_4$ 可以溶解于含有螯合剂的溶液中,故可以利用该类螯合剂作为浸出液直接对天青石或重晶石中的 Sr 或 Ba 元素进行浸出。由于在该浸出过程中,天青石或重晶石的反应固液比过小,且 $SrSO_4$ 和 $BaSO_4$ 在该浸出液中的溶解度偏低,使得其工业推广价值有限。Erdemoǧlu[10] 报道了用 0.5mol/L Na_2S 溶液作为浸出剂、反应固液比为 10g/L、反应温度为 20℃及反应时间为 14h 时天青石中的 $SrSO_4$ 浸出情况,结果证实浸出过程 Sr 以 SrS_2 形式进入浸出液中。通过向浸出液中加入盐酸后蒸发结晶的方法可以回收其中的 $SrCl_2$。Aydoǧan 等[11] 将天青石溶解于酸性 $BaCl_2$ 溶液中,溶液中的 SO_4^{2-} 与 Ba^{2+} 大量结合,促进了 $SrSO_4$ 的溶解,最终得到 $SrCl_2$ 溶液。Suarez-Orduna 等[12] 发现天青石可以与 NaF 溶液在 250℃的条件下水热合成 SrF_2。Rendón-Angeles 等[13] 将钡天青石矿置于含有 $Ti(OH)_4 \cdot 4.5H_2O$ 的 5mol/L KOH 溶液中,在 250℃下反应 5h 后可以得到 $SrTiO_3$;在该过程中,$BaSO_4$ 和 $SrSO_4$ 可以在高碱溶液中形成类似凝胶状物质,然后 Sr 化合物与溶解于碱液中与 Ti 化合物反应生成 $SrTiO_3$。J.C.Rendón-Angeles 等[14] 将 $SrSO_4$ 置于含有 WO_4^{2-} 的 NaOH 溶液中进行水热反应,$SrSO_4$ 在 WO_4^{2-}/Sr 摩尔比为 1.5、NaOH 浓度为 5mol/L 及反应温度为 250℃的溶液中水热反应 48h 后,可以得到尺寸均一的 $SrWO_4$ 产品。同样,J.Diaz-Algara 等[15] 也用 $SrSO_4$ 在含有 MoO_4^{2-} 离子的 5mol/L NaOH 溶液中制备得到了 $SrMoO_4$。Turianicová[16] 通过实验验证了用机械活化法可以将固态的 $SrSO_4$ 和 NaOH 转化成 $Sr(OH)_2$ 和 Na_2SO_4,但由于所生成的 $Sr(OH)_2$ 与 Na_2SO_4 共存于反应产物中,如用热水提取其中的 $Sr(OH)_2$,势必会造成溶解于水中的 Sr^{2+} 和 SO_4^{2-} 再结合生成 $SrSO_4$。Chen S M 等[17] 研究了天青石在高浓度 NaOH 溶液中的转化行为,其研究表明,$SrSO_4$ 在高浓度 NaOH 溶液中先解离成 Sr^{2+} 和 SO_4^{2-},Sr^{2+} 立即与溶液中的 OH^- 结合生成 $Sr(OH)_2$;由于 $Sr(OH)_2$ 在低温溶液中溶解度较低,使得其固体在天青石矿表面沉积成一层具有较大孔隙度的沉积层;随着反应的进行,内核的 $SrSO_4$ 逐渐完全变成 $Sr(OH)_2$,这证实了 $SrSO_4$ 可以在高反应剂浓度、高温或高能环境中实现 Sr—[SO_4] 的断裂。但总体而言,人们对天青石中 Sr—[SO_4] 断裂的驱动力认识还不够。

5.1.3 主要科学问题

在天青石转化过程中的关键科学问题是如何保证 $SrSO_4$ 中的 Sr/S 元素的高效分相转化。在该过程中,需要解决两方面的问题,首先需解决 $SrSO_4$ 中 S 及 Sr 元素如何高效分离至两相中,之后还需解决两相如何高效分离。但由于锶化合物,尤其 $SrSO_4$ 的许多性质参数无文献可查,因此 $SrSO_4$、$Sr(OH)_2$ 等特征锶化合物的性质参数数据库的建立尤为重要。

5.2 锶环保领域

5.2.1 发展方向与潜在产品

锶在环保领域的应用主要是利用其优良的光电性能实现光催化。例如,钛酸锶,作为一种优良的半导体材料,可利用太阳能分解有机污染物,解决环境污染问题,为生态环境的改善提供保障。在应用锶的环保领域,一方面要探索开发可用于水体原位处理、改善生态环境的锶光催化材料;另一方面必须重视锶矿开采及锶盐生产过程中产生废弃物的处置和资源化利用。当前研究开发的潜在产品有氧化石墨烯-钛酸锶光催化降解材料、吸附式制冷系统氯化锶复合吸附剂、含锶废渣生态胶凝材料等。

(1)氧化石墨烯-钛酸锶光催化降解材料

光催化以其室温深度反应和可直接利用太阳光来驱动反应等独特性能成为一种理想的环境污染治理技术,可彻底解决有机物污染问题。目前,在光催化领域以二氧化钛为基础的光催化研究为主,但因其量子效率低、太阳能利用率低等诸多问题,导致其应用技术中的难题目前还未得到解决,如在液相反应体系中光催化剂的负载技术和分离回收技术等。钛酸锶禁带宽度高、光催化性能优良,石墨烯载流子迁移率高、可加速传导光电子,开发以高纯钛酸锶为基体的氧化石墨烯-钛酸锶光催化剂,研究其应用形式意义重大。

(2)吸附式制冷系统氯化锶复合吸附剂

吸附式制冷是一种环境友好型制冷技术,对驱动热源要求较低,化工厂、电厂等工业余热和柴油机、燃气轮机等动力装置的余热以及太阳能等热能均可以作为吸附式制冷的驱动热源。吸附式制冷的工质对一般选择金属氯化物-氨，由于这种吸附工质对的吸附/解吸温度较高，所以应用的场合一般热源充足，多用于余热回收中。金属氯化物-氨工质对有着制冷温度低、循环吸附量大等优势，具有很好的发展前景，但单纯的金属氯化物在运行过程中易出现膨胀、结块、裂解等问题，制约了金属氯化物-氨工质对的进一步发展。有学者将膨胀石墨作为添加剂加入吸附剂后，能有效解决吸附剂结块问题，氯化锶作为一种可利用的优良低品位热源化学吸附剂，若能解决运行过程中的这些问题，则会推进金属氯化物-氨工质对的广泛应用。因此，开发优化氯化锶复合吸附剂（氯化锶-氨吸附工质对）的制备方法具有重大意义。

（3）含锶废渣生态胶凝材料

含锶废渣是锶盐工业生产中产生的固体废弃物，主要来源于碳酸锶生产过程中的浸取渣。据统计，每生产1t碳酸锶将产生2.5t的浸取渣，这些废渣占用大量土地，其渗滤液污染物浓度高、处理难度大、环境污染严重，急需对含锶废渣进行综合处理。通过测定含锶废渣的化学成分和物理特性，含锶废渣是一种碱性水淬渣，可视为一种胶结能力较弱的无机结合料，能为其他无机结合料（如水泥、石灰）提供良好的凝结环境，在路面基层、基层混合料中是良好的骨架、填充材料，可考虑将含锶废渣用于制备抗盐溶侵蚀、抗温缩的生态建筑材料，不仅可以解决废渣产生的环境污染问题，还能解决当地建筑材料问题。

5.2.2 制备方法与关键技术
5.2.2.1 氧化石墨烯-钛酸锶光催化降解材料的制备

光催化对难降解有机物具有较好的降解效果，在光催化过程中光催化剂是关键。以氧化石墨烯为载体，通过负载钛酸锶晶体颗粒，制备光催化降解性能良好、易回收的石墨烯负载的高分散钛酸锶晶粒复合材料。

（1）一步法原位制备氧化石墨烯-钛酸锶复合材料

可采用水热法或溶剂热法，结合原位复合技术，一步制备氧化石墨烯-钛酸锶复合材料。此方法相当于在石墨烯表面结晶钛酸锶晶粒，可通过控制反应条件进而控制石墨烯片层上的钛酸锶晶粒形状和大小。氧化石墨烯与钛酸锶之间的附着力主要为氢键相互作用和含氧基团之间的缩合反应，开发石墨烯-钛酸锶复合材料的关键技术点有两个方面：一是控制好强碱反应条件下，氧化石墨烯在体系中的存在状态；二是要熟悉石墨烯表面上的钛酸锶晶体颗粒结晶动力学参数，有效调控钛酸锶颗粒的形貌、晶体结构、表面特性与颗粒尺寸，避免制备过程中氧化石墨烯-钛酸锶复合材料之间团聚。

（2）两步复合法制备氧化石墨烯-钛酸锶复合材料

两步复合法是先对氧化石墨烯或者钛酸锶进行表面改性，再进行两者复合杂化以制备氧化石墨烯-钛酸锶复合材料。该法可以通过两种途径进行制备：一种是对钛酸锶颗粒进行表面羟基化或羧基功能化，其表面氢键可与氧化石墨烯表面的氧化基团发生氢键键合作用，羧基可以与石墨烯表面的氧化基团发生缩合反应。通过带有活性官能团的分子，氧化石墨烯与钛酸锶依靠层层自组装的方法制成层层叠加、结构清晰的多层石墨烯-钛酸锶复合材料；另一种是可对钛酸锶表面活性剂进行包覆改性，提高钛酸锶与氧化石墨烯的分散性，增强两者的复合强度。其中需要注意的是，表面改性剂分子是否会降低氧化石墨烯-钛酸锶的光催化降解性能。

氧化石墨烯-钛酸锶复合材料的制备关键在于控制钛酸锶在氧化石墨烯上的结合状态及复合材料的形貌，这两点是影响光催化性能好坏的主要因素。纯钛酸锶晶体的生长机理为"扩散反应、定向生长、奥斯特瓦尔德熟化"的生长过程，即前驱体经过扩散反应生成钛酸锶晶核，晶核之间由于定向生长作用而团聚连接形成颗粒球，最后颗粒球在缓慢的奥斯特瓦尔德熟化作用下转化为钛酸锶晶体。钛酸锶的制备方法和控制条件会极大影响钛酸锶的结合状态以及复合材料的形貌，氧化石墨烯-钛酸锶复合材料制备技术是目前亟待攻关的技术难题。

5.2.2.2　吸附式制冷系统氯化锶复合吸附剂的制备

氯化锶复合吸附剂可采用高温烧制的膨胀石墨、氯化锶和葡萄糖混合后干燥脱水的方法制备。具体步骤为：

① 烧制膨胀石墨；

② 按照一定配比充分混合六水氯化锶和葡萄糖,然后将一定质量烧制好的膨胀石墨缓慢加入混合液中,充分混合;

③ 将混合物干燥,并在氮气保护环境下进行烧制,制备成复合吸附剂。

制备流程如图 5-2 所示。

图 5-2　氯化锶复合吸附剂制备流程

5.2.2.3　生态胶凝材料的制备

提锶后排放的锶渣固体废物可制备成免烧的生态胶凝材料,同时利用氯盐副产物中所含有的大量水合氯化钙等制备可控温水合盐相变储能材料,将其封装在无机壳体中制成常温相变储能骨料,这些材料可用来制备生态建材。

生态胶凝材料制备流程如图 5-3 所示。

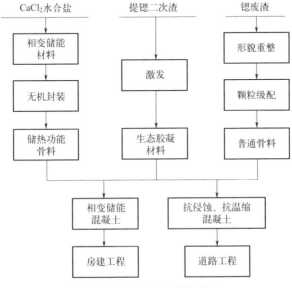

图 5-3　生态胶凝材料制备流程

5.2.3 产品制备及应用原理

5.2.3.1 钛酸锶复合催化剂降解有机物机理

催化剂的作用主要是为水环境提供更多的羟基自由基（·OH）以及吸附部分有机物。氧化石墨烯－钛酸锶光催化材料降解有机物的机理主要包括三部分：

① 有机物吸附机制，可由水体中石墨烯－钛酸锶对有机物分子的吸附平衡常数测定；

② 氧化石墨烯－钛酸锶表面的有机物分子光催化降解速率测定，根据 Langmuir-Hinshelwood 动力学模型计算材料的光催化反应速率常数，包括光照强度对材料光催化降解速率的影响、复合材料钛酸锶掺杂比例对材料光催化降解性能的影响、氧化石墨烯－钛酸锶厚度对材料光催化降解性能的影响；

③ 光催化降解中间产物和最终产物形态，通过测定不同时间和阶段的光催化降解产生的有机物结构与分子量，确定光催化降解中间产物和最终产物。

5.2.3.2 氯化锶复合吸附剂应用原理

固体吸附式制冷是利用一定的固体吸附剂对某种制冷剂蒸气具有吸附能力，加热吸附剂使得吸附剂中的制冷剂解吸，解吸出的蒸气在冷凝器中放出热量凝结成液体而达到制冷效果。吸附式制冷系统中，吸附剂应具有两个特点：一是吸附能力强，吸附量随温度变化的程度比较明显，且与制冷剂具有兼容性；二是符合使用场合要求且不具备危险性。氯化锶/膨胀石墨复合吸附剂以氯化锶、膨胀石墨和葡萄糖为原料制备，具有高安全性、高吸附性、高热传导性和较理想的气体渗透性，完全具备以上两个特点，可组成氯化锶－氨吸附工质对用于制冷系统中。

氯化锶－氨吸附为化学吸附，通过物质间的化学反应来实现，不仅包括气相吸附质在固体吸附剂颗粒和微孔间的流动和扩散，还包括吸附过程中的动量、热量、质量传递，影响因素多且难以确定。氯化锶和氨的络合反应分为两个过程，一个氯化锶最终可以和八个氨结合形成络合物，氯化锶－氨吸附工质对的吸附与解吸过程为：

$$SrCl_2 \cdot 8NH_3 + \Delta H_1 \rightleftharpoons SrCl_2 \cdot NH_3 + 7NH_3$$

$$SrCl_2 \cdot NH_3 + \Delta H_2 \rightleftharpoons SrCl_2 + NH_3$$

以氯化锶、膨胀石墨和葡萄糖制备的复合吸附剂具有丰富的微孔，可加快吸附/解吸速度、缩短循环时间、提升吸附性能和抗衰性能，且传热传质性能良好[18]。

5.3 锶康养领域

锶是人体必需的微量元素之一，人体所有的组织都含有锶[19]，锶对维持人体正常的生命活动不可或缺，并且在很多疾病的治疗上有很好的效果。锶与细胞（特别是线粒体）的结构和功能、心血管的结构和功能、骨骼和牙齿的发育与保护，以及神经系统的刺激和调节等有着密切的关系。许多生理和病理状态下体内锶含量显著降低，锶在预防和治疗心血管病、癌症、骨质疏松、阿尔茨海默病和其他神经系统疾病方面有重要的实际和潜在应用价值。鉴于良好的生物化学研究成果和临床应用效能，锶在药物、医疗器械、化妆品、保健品、食品领域具有广阔的开发应用前景。

5.3.1 锶及锶同位素与人体健康的关系
5.3.1.1 锶的摄取与代谢
根据接触方式不同，锶进入人体的途径可分为以下三类。

① 饮食：人主要从饮食中摄取锶，正常成年人每天摄入的膳食锶含量为 2~4mg，其中 0.7~2.0mg 来自饮用水，1.2~2.3mg 来自食物（蔬菜、藻类、谷类、坚果和乳制品，其中叶菜类中较高、而畜禽肉蛋类较低）[20,21]。锶经口摄入，经消化道吸收较少，大部分从肠道由粪便排出，少部分从尿排出，微量随汗液排出，也可从乳汁排出供给婴儿。

② 外用：人体也可以通过使用含锶的护肤品、牙膏等，经皮肤、牙齿来

吸收锶，通过此种方式来吸收锶的目的是希望锶能够直接作用于皮肤、牙齿等器官组织进而达到美肤、抗敏等效果。

③ 注射：含锶药物一般通过皮下、肌肉、静脉血液注射进入人体，例如作为转移癌性骨痛的姑息治疗剂氯化锶 [^{89}Sr] 注射液，便是通过直接静脉推注给药。

影响锶吸收效率的因素主要有锶的化合物形式、体内维生素 D 含量、胃肠道功能，以及年龄、性别的差异等。

锶在体内的代谢与钙很相似，含钙较丰富的器官也含有较多的锶。正常情况下，人体内的锶与钙、锶与其他元素之间有一定的比例关系。日本学者曾对学校儿童头发中镁、钙、锶浓度关系进行了调查，发现三种元素之间呈正相关[22]。

5.3.1.2 锶的储存

锶为一种亲骨性微量元素，正常成人体内含锶约为 320mg，以 Sr^{2+} 形式存在，其中约有 99% 存在于骨骼中，其余的主要存在于血液、头发和肌肉等组织，仅有 0.7% 存在于细胞外液，骨骼中的锶与血液中的锶通过不断交换维持其浓度的动态平衡。正常人体全血锶为 39μg/L，血清锶为 46μg/L，每克头发中含锶约为 3.9μg[23]。

5.3.1.3 锶的主要生理功能

锶在许多组织和器官中均发挥着重要的生理功能，包括促进骨骼健康、预防心血管疾病、调节生殖健康、抗龋齿、抗炎、抗氧化、抑制脂肪等作用。此外，锶还具有抗癌、抗糖尿病、促进血管生成和保护心脏等其他功能。人体在缺乏锶的情况下，会引起代谢紊乱，同时出现肢体乏力、出虚汗、牙槽骨溃疡、骨骼发育迟缓和骨质疏松等严重后果。据调查，至少有 34 种疾病与体内锶含量显著降低有关[24]。

（1）锶与人体酸碱度

医学界有"酸性体质是万病之源"的提法。医学专家指出，人体体液的

pH 值处于 7.35 ~ 7.45 的弱碱性状态是最健康的。有研究表明，当 pH 值降低 0.1（即体液偏酸）时，胰岛素的活性下降 30%、免疫细胞功能降低、神经的敏感性下降、内分泌及机体许多重要功能将发生紊乱、癌细胞更易生长扩散、红细胞及血小板易发生聚集等。因此，医学专家认为，当今许多疾病都与酸性体质有关。医学家们提倡，要调整体液酸碱平衡，防止酸性废物的堆积，改善人体的健康体质。事实上，在化学界里，锶、钙、镁同是碱土金属中的元素，锶是人体内必需的一种弱碱性微量元素。因此，人体适量补充锶，即增加了体内的碱性元素，可中和酸性体质，从而改善人体的亚健康状态。

（2）锶与骨骼和牙齿

人体内的锶绝大部分分布在骨骼和牙齿内，主要是因为聚集在骨化旺盛的地方能促进骨骼的生长发育。长久以来，人们都存在一个误区，即只注重牙齿和骨骼的发育和退化与维生素 D、钙的相关性，而忽视了锶在人体中的重要作用。事实上，锶是骨骼和牙齿的正常组成部分。锶在人体内的代谢，可促进消化系统对钙的消化和吸收、促进骨骼钙的代谢、防止骨骼钙的流失和骨骼大小与密度的缩减，具有防治骨质疏松、强筋壮骨的作用。人体一旦缺乏锶，将会阻碍新陈代谢、产生牙齿和骨骼发育不正常等症状，特别是老年人和正在发育的儿童——儿童缺锶会导致发育不良甚至造成停止发育的症状，老年人缺锶会加重筋骨病痛、加快肢体衰老。

锶具有抗龋齿能力，对维持牙齿健康具有重要意义。锶抗龋的可能作用机制是：锶改变磷灰石结晶的大小，结晶变大可使表面变小而不易溶解；在羟磷灰石晶体表面形成一稳态表面包层，从而降低釉质的溶解度或酸溶速度；锶可以抑制细菌生长、减少产酸，抑制致龋细菌与表面釉结合，抑制由糖引起的 pH 值下降等。

锶除了抗龋齿，也对牙周疾病具有很好的治疗作用。其可能的作用机制是：锶可以促进牙周膜间充质干细胞增殖及牙槽骨成骨分化；锶通过促进血管再生，改善牙周组织缺损处缺血环境，为新生牙周组织提供良好的营养条件；

锶离子对革兰氏阴性菌细胞外壁的脂多糖触发的促炎基因和细胞因子表达具有拮抗作用，从而可抑制牙周组织免疫炎症反应。

（3）锶与心血管

一定浓度的锶可促进血管内皮细胞增殖，影响内皮细胞中内皮素（endothelin，ET）和一氧化氮（nitric oxide，NO）的分泌，降低血管紧张性。有学者通过分析冠心病患者头发中和全血中的锶水平，发现其锶水平显著低于正常对照组。另有研究表明，钠/锶比值异常与多种心血管疾病相关，饮用水钠/锶比值和尿钠/锶比值分别与动脉粥样硬化呈显著正相关和负相关，其作用机制可能是锶在肠内与钠存在竞争性吸收，锶的存在减少了人体对钠的吸收、增加了体内钠的排泄，从而对心血管疾病起到预防作用。锶可预防动脉粥样硬化的斑块形成，其作用机制可能与减轻血管内皮损伤及改善脂质代谢有关。有调研发现，妊娠高血压风险增加与尿锶水平较低显著相关，说明锶在预防妊娠高血压的发生中起重要作用。综上所述，锶可以通过在肠内与钠竞争性吸收，抑制核因子（nuclear factor-κB，NF-κB）通路，减少血管细胞黏附分子-1（vascular cell adhesion molecule-1，VCAM-1）和细胞间黏附分子-1（intercellular adhesion molecule-1，ICAM-1）的表达，进而发挥预防心血管疾病的作用[25]。

（4）锶与肾脏

有动物实验研究表明，含锶量为4mg/L的锶矿泉水可明显减轻高尿酸血症大鼠别嘌呤醇治疗造成的肾损伤作用。也有学者发现锶能强烈抑制肾草酸钙结晶及降低肾钙含量，因此锶可用于肾结石的预防和治疗以及慢性肾脏病早期筛查。

（5）锶与生殖健康

细胞外钙离子对人体精子获能和顶体反应是必需的，锶对精子获能和顶体反应的作用与钙相似。用氯化锶代替氯化钙，可明显增加精子的穿透能力。锶能支持激发人精子获能相关事件，包括蛋白酪氨酸磷酸化、过度激活及与透明带的识别结合。有研究发现尿锶浓度与精子计数、浓度和活动性呈显著正相关，说明以锶离子形式存在的非放射性锶对精液质量有积极影响。锶还可以通过抑制氧化应激、调节睾酮和睾酮合成相关基因的表达水平等方式来改善男性生殖健康。此外，锶还会影响女性卵细胞的功能。锶是构成细胞膜的必需成分，缺锶会对卵细胞的形成造成影响，即使形成了卵细胞质量也不高，甚至出现虽受孕却极易流产的现象。用氯化锶激活卵母细胞后，受精率和高质量卵裂胚胎的比例增加。临床试验研究表明，在胞浆内单精子注射后，用含有锶离子的培养液激活人工卵母细胞可以提高受精率、临床妊娠率和活产率。与钙离子载体处理观察到的钙振荡模式相比，氯化锶处理的钙振荡模式与自然受精过程中的模式更为相似。据研究报道，对不孕不育患者进行氯化锶治疗可以使其成功受孕并分娩，且婴儿出生后 12 个月的身体和智力发育均正常。综上所述，锶在提高人工授精成功率和预防及治疗不孕不育方面均具有重要意义。

（6）锶与内分泌调节

在肥胖型糖尿病小鼠模型中，锶可通过调节小鼠肾脏和胰腺中相关基因的表达来降低血糖水平，并提高小鼠对瘦素、胰岛素和脂联素等激素的耐受性，从而发挥抗糖尿病作用。锶对甲状腺旁腺激素的分泌也具有调节作用。

（7）锶与免疫系统

大颗粒淋巴细胞（large granular lymphocyte，LGL）是人体外周血单核细胞的亚群，它含有自发的细胞毒性和自然杀伤介质。研究表明：锶能促使颗粒细胞脱粒，抑制自然杀伤细胞（natural killer cell，NK 细胞）。形态学比较发现：锶可引起 LGL 的超微结构改变，导致 LGL 脱粒。实验还表明：锶对人体外周血单核细胞的自然杀伤活性具有抑制作用，单核细胞数量则无明显减少，而锶是通过阻止效应细胞影响 NK 细胞作用的；锶还具有抑制干扰素增强 NK 细胞活性的作用。

（8）锶与神经系统

锶还与神经及肌肉的兴奋有关。在医学上，应用溴化锶、碘化锶、水杨酸锶、乳酸锶可以治疗荨麻疹、皮疹、甲状腺功能不全引起的抽搐等病症。锶可以代替钙来触发神经递质的释放，预防精神疾病。

（9）锶与脂代谢

有体内外试验表明，锶可以减少骨髓间充质细胞中脂蛋白脂肪酶（lipoprotein lipase，LPL）、增强子结合蛋白α（enhancer binding protein-alpha，CEBPα）和过氧化物酶体增殖物激活受体γ（peroxisome proliferator-activated receptor，PPARγ）等脂肪细胞基因的表达，从而抑制脂肪分化和脂肪形成。较高浓度锶的摄入可以改善脂代谢紊乱、减轻NAFLD（非酒精性脂肪性肝病），其机制可能与改善肝ERS（标志蛋白的内质网应激）、抑制HMGCR（羟甲基戊二酸单酰辅酶A还原酶）活性以及增强LDLr（一种位于细胞表面的单链糖蛋白膜受体，肝脏最为丰富）内吞作用来加速胆固醇的分解有关。

（10）锶与皮肤和头发

有人体试验表明，锶对于人体肌肤具有美白、抗炎、舒敏、加速伤口愈合的功效。在皮外适量补充锶有助皮肤再生、修复细胞、促进皮肤新陈代谢，同时会提高皮肤抗氧化能力、帮助皮肤排出毒素。皮肤过敏时也可以用少量锶用于皮外舒敏。对于头皮而言，锶可通过改善头皮中毛囊组织周围血管供血而为毛囊生长提供更多养分，进而可达到改善头发生长环境、促进头发再生、提高发丝韧性与强度（减少断发）、巩固发根（减少脱发）、延缓头皮老化的目的。

5.3.1.4 锶的安全性

目前，在人类中尚无因口服过多的锶而导致中毒症状的实验数据，但结合动物实验数据可知，锶对机体产生危害的浓度远高于日常饮食中的锶含量，因此推测日常饮食中的锶含量不足以对人体产生危害。人体中锶的摄入量除了与饮食中锶的含量有关外，还受性别和年龄的影响。前期研究证实锶的含量与人体健康息息相关，锶的缺乏或者过量都会对机体造成危害，因此有必要对锶进行一定的规范与限量。世界卫生组织（WHO）在《简明国际化学品评估文件》中规定锶的每日可耐受摄入量（TDI）和基于健康的指导值为130μg/kg B.W.[26]。

柠檬酸锶已作为膳食补充剂或非处方药应用于绝经后骨质疏松,其推荐剂量为 680mg/d[27]。但是目前关于锶的毒理性研究主要集中在动物模型上,还缺乏相关的人类研究数据支撑,关于锶的最佳摄入量及其在人类健康中的最佳阈值还有待进一步探究。动物腹腔内注射金属锶的 LD_{50} 为 88~247mg/kg,腹腔内注射硝酸锶、碘化锶的 LD_{50} 为 400~1000mg/kg。大鼠静脉注射醋酸锶的 LD_{50} 为 105mg/kg,小鼠的 LD_{50} 为 168mg/kg。

有专家认为,人们通常所说某种微量元素缺乏或过多时,也许并非单一元素的缺乏或过多,可能仅仅是由于某些元素之间的比例关系不适宜而造成的。锶盐本身无毒,其安全性与钙等元素的摄入量有关。各种微量元素对人体的作用不是单一的,人体的正常机能有赖于各种元素的含量及其相互间的合理配比[28]。

5.3.1.5 锶同位素与人体健康

在放射性锶同位素中,对于人体健康具有重要意义的是 ^{89}Sr 与 ^{90}Sr。

^{89}Sr 是目前临床使用最为广泛、效果最为明确的放射性同位素之一。最早用于治疗转移性骨肿性癌痛的放射性核素是 ^{32}P,但是由于其对骨髓有较强烈的抑制作用,^{32}P 已经淡出临床。$^{89}SrCl_2$ 于 20 世纪 40 年代进入临床,90 年代末国内开始将其应用于治疗转移性骨肿瘤引起的骨痛。$^{89}SrCl_2$ 经静脉注射进入人体后,可溶性的 ^{89}Sr 基团迅速聚集在骨组织中,尤其是成骨活跃的原发癌或转移癌部位,通过发射 β 射线杀伤周围的癌细胞,减轻或消除疼痛,而对周围组织器官伤害极小。β 射线的主要特点是具有适当的能量,电离能力强、射程短,有效照射深度仅 2~3mm,因而穿透能力差,适合于表浅组织的病变,而对周围正常组织无明显影响。$^{89}SrCl_2$ 经静脉注射后 48h 尿中排泄量少于 10%,且骨转移灶内生物半衰期在 50d 以上,明显大于在正常骨组织中的半衰期(14d),能较持久地发挥治疗作用,对骨转移引起的疼痛具有良好的镇痛效果。其镇痛的机制可以概括为三个方面:一是使瘤体缩小,减轻受累骨膜和骨髓腔的压力;二是干扰神经末梢去极化的过程,抑制疼痛信号的产生或传导;三是抑制缓激肽和前列腺素等疼痛介质的产生,减少致痛物质对痛觉感受器的刺激作用[29]。

^{89}Sr 的制备方法有两种。一是通过中子辐照生产：中子辐照生产的 ^{89}Sr 包括有载体和无载体两种方式，其中有载体采用 ^{88}SrCO$_3$ 为原料，通过 ^{88}Sr(n,γ)^{89}Sr 反应得到 ^{89}Sr。无载体采用 ^{89}Y$_2$O$_3$ 为原料，通过 ^{89}Y(n,p)^{89}Sr 反应得到 ^{89}Sr。另一种是通过铀裂变产物提取：医用同位素反应堆（medical isotope production reactor，MIPR）是均匀性水溶液反应堆，以硝酸铀酰或硫酸铀酰为燃料。在 MIPR 运行过程中，^{235}U 裂变产生 ^{89}Br、^{90}Br 等短半衰期核素，^{89}Br、^{90}Br 衰变生成 ^{89}Kr，^{89}Kr 再经过衰变生成 ^{89}Sr。

采用 ^{90}Sr 敷贴治疗血管瘤是目前比较常用的方法。血管瘤是一种比较常见的先天性良性肿瘤或血管畸形，一般在皮肤及软组织处多发，主要是由胚胎期间血管细胞增生所致。虽然血管瘤属于良性肿瘤，但是对功能和外观有较大影响，可能给患者带来较大压力。血管瘤的治疗方法多种多样，包括局部注射硬化剂、冷冻、激光等，但效果大多不甚理想，有的可能导致患者疼痛不适造成局部创伤，有的易复发，有的甚至会留下瘢痕。放射性核素 ^{90}Sr 的治疗作用源于其衰变时释放的 β 射线。由于病变组织对射线的敏感程度远高于正常组织，从而为某些皮肤疾病的治疗提供了新的治疗途径。

关于锶同位素与人体健康关系的研究属于核物理学及生物医学的交叉领域范畴，需要多领域专家共同攻关。目前锶同位素在医疗领域的应用范围较窄，相关药品及治疗手段种类很少，锶同位素在医学领域的应用还大有文章可做，锶同位素在医学上的潜在价值还远没被充分挖掘。这些研究均有较高的技术、资金、政策门槛，需要依托有一定资源的专业单位进行，且需要耗费大量时间反复论证、实验。因此，鉴于核医学巨大的潜在经济利益以及较高的研究风险，建议将基础研究与面向产品的应用研究相结合，利用基础研究促进产品开发、利用产品收益保障基础研究，二者协同发展。

5.3.2 发展方向与潜在产品

锶康养领域的发展可沿着从锶系原料到锶系中间产品再到锶系终端产品的升级路径，在医药、日化、食品、农业、旅游、养老等产业进行布局，如图 5-4 所示。

第 5 章 "锶"前想后：锶产业转型的着力点与关键技术

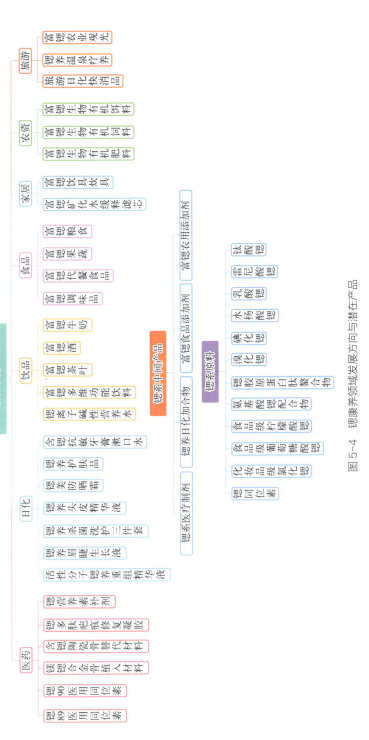

图 5-4 锶康养领域发展方向与潜在产品

5.4 锶光电领域

5.4.1 光电效应理论

光电效应（photoelectric effect）是指光束照射物体时会使其发射出电子的物理效应，发射出来的电子称为"光电子"。1887年，德国物理学家海因里希·赫兹发现，紫外线照射到金属电极上，可以帮助产生电火花。1905年，爱因斯坦发表论文《关于光产生和转变的一个启发性观点》，给出了光电效应实验数据的理论解释。研究显示，光的能量并非均匀分布，而是负载于离散的光量子（光子），而光子的能量和光的频率有关，这个理论不但能够解释光电效应，也推动了量子力学的诞生。光电效应包括外光电效应与内光电效应，内光电效应又分为光电导效应和光生伏特效应。基于光电效应这一基础理论，具有光电效应的材料得到长足发展，在光催化、光化学合成、光伏电池等领域应用越来越广泛。半导体材料是具有光电效应的一类典型无机金属氧化物，在光电转换应用领域发挥着举足轻重的作用。

5.4.2 钛酸锶的光电转换

钛酸锶是典型的钙钛矿型结构，它的带隙为3.2eV，激发波长 λ 为387nm。钛酸锶在常温常压下属于立方晶系，晶格常数 $a=3.907\times10^{-10}$m。钛酸锶的相转变温度 $T_C=106$K，当 $T < T_C$ 时，钛酸锶的晶相由立方相转变为四方相。在光照条件下，钛酸锶晶体可通过电子跃迁产生光生电子，因为当激发光的能量高于带隙时，电子吸收能量从价带激发到导带。

光电转换的光吸收范围主要是由其禁带结构决定的，所以可以通过减小钛酸锶的总体带隙来拓展其吸光范围。而复合改性是改善钛酸锶光催化剂性能的一条重要途径，通过复合一些窄禁带的多维度材料，可以有效地增加其光响应范围，甚至可以扩展至可见光区域。而且不同材料之间的复合会构成异质结结构，利用异质结结构可以有效地促进电子空穴对的分离，降低电荷复合的概率，从而增加迁移到材料表面的电子和空穴的数量，增强光催化性能。元素掺杂也是一种普遍的调整半导体能带结构的办法，利用掺杂可以在光催化剂中形成杂化能级，使宽带隙的光催化材料具有可见光响应。

5.4.3 产品结构与性能构效关系

5.4.3.1 基本结构

基于光电效应的基本原理，钛酸锶晶体可被用作多种光催化/光电转换材料。钛酸锶的基本晶体结构性质是各种光电转换功能材料的研发基础。

① 钛酸锶晶体与价带结构是影响钛酸锶光电转换性质的主要因素。钛酸锶形态的影响因素包括钛酸锶结晶度、颗粒形状、粒度及纯度与制备方法。其中，钛酸锶结晶度对分子带隙有较大的影响，而钛酸锶不同晶面结构影响电子激发的响应性。

② 不同形状、不同粒径及不同纯度钛酸锶晶体颗粒对于光电子传导效率有较大影响。

③ 钛酸锶光响应性是指钛酸锶晶体响应光的波长范围，而光照强度会影响激发的钛酸锶光生电子密度。不同介质体系下，钛酸锶表面光生电子与光生空穴的分离与复合效率也有所不同。

5.4.3.2 结构与性能构效机制

对于系统的多尺度、多维度钛酸锶复合材料产品制备原理，主要包括钛酸锶功能复合材料的设计与构建，及相应的合成与组装方法。其中，金属颗粒、稀有元素、二维或三维材料对于钛酸锶光生电子跃迁与传导性质的影响，是该领域的研究重点。除此之外，还包括复合材料及制品的服役性能和失效机理分析，并通过构筑钛酸锶多功能复合材料模型与模拟计算，结合材料光电转换性能实验揭示复合材料的构效关系。因此，未来钛酸锶结构与性能构效关系的研究重点是发展钛酸锶光催化功能复合材料结构设计、加工与制造的新理论、新方法。

5.4.4 产品制备及应用原理

钛酸锶复合光电转换材料过程机理的研究包括材料结构设计、构效关系模拟与制备工艺原理。尽管对于钛酸锶的形貌结构和机理的相关研究越来越深入，但是其光催化效率仍然受到限制，开发新型结构的钛酸锶光催化材料是目前的首要问题。钛酸锶光电转换的产品制备及应用原理主要围绕多维度复合材料的原理与制备技术展开。

① 利用零维或一维结构的金属/氧化物颗粒、稀有元素单质、碳材料与钛酸锶进行复合。零维或一维结构材料可增大钛酸锶材料的比表面积以提供更多的活性位点，提高钛酸锶材料对光的捕获效率；可促进电子沿着管壁定向快速转移，从而抑制光生载流子的复合。

② 合成二维结构复合体的掺杂钛酸锶纳米材料。二维纳米片结构能够提高钛酸锶的比表面积，从而提高表面吸附和反应能力，有助于光生载流子迁移到钛酸锶材料表面，提高光生载流子的利用率。其中二维碳材料掺杂能够拓展钛酸锶材料光吸收范围至可见光区域。

③ 合成三维结构的多孔钛酸锶复合材料。三维多孔结构复合体主要能提高钛酸锶对光的捕获效率；增大钛酸锶材料的比表面积以提供更多的活性位点；提供原料和产物的传递通道，提高光催化反应效率。三维结构也有助于钛酸锶光催化材料对处理对象的吸附和循环使用。

④ 利用计算机模拟技术，构筑复合材料结构模型，对不同种类、不同维度钛酸锶复合材料的微观结构进行设计并计算相应的反应动力学与热力学参数。

5.4.5　关键科学技术问题与研究策略
5.4.5.1　钛酸锶基光催化复合材料应用探索
（1）光催化有机物降解薄膜材料

在光照条件下，钛酸锶晶体产生的光生电子被水中的溶解氧俘获之后产生超氧自由基，相应的光生空穴和表面的 H_2O/OH^- 反应生成羟基自由基，超氧自由基和羟基自由基都是高活性的氧化剂，可以参与有机污染物的降解反应。但是，钛酸锶被激发出的电子与空穴也会发生一定程度的复合，导致量子效率较低、光催化活性下降。如何提高光生电子利用率是高效光催化降解材料研发的核心内容。

半导体光催化降解技术在有机污染物分解处理中相比传统水处理技术有着独特的优势，例如整个降解过程全部利用太阳能、降解效果优异（可将有机物直接降解为水和二氧化碳）、材料维护成本低等。复合光催化材料的制备技术对于材料的应用至关重要。其中涉及的关键科学与技术问题包括石墨烯－钛酸锶功能薄膜层层自组装接枝反应动力学、复合材料功能层结构与光催化降解性能的构效关系、石墨烯在有机物光催化降解过程中的协同调控机理以及石墨烯－钛酸锶功能薄膜连续生产的装备技术。

在分解有机物过程中，为了克服钛酸锶颗粒光生电子与空穴不能高效分离的基础问题，需设计具有新型复合结构的纳米石墨烯－钛酸锶复合材料。在特定范围内调整二维石墨烯片层尺寸、钛酸锶晶体颗粒大小以及石墨烯与钛酸锶晶体颗粒的结合状态，促使光生电子与光生空穴之间的分离，将光生电子传递到远离钛酸锶晶体表面的区域，延长光生电子寿命，使固液界面产生更多的羟基自由基。通过研究在新型石墨烯－钛酸锶复合材料结构与光催化降解特性，为高效有机物光降解材料的制备提供理论指导。

（2）光解水制氢材料

钛酸锶的能带结构满足光催化分解水产氢的要求。在光催化分解水的反应中，一定波长的入射光照射在钛酸锶上，光催化剂产生光生电子－空穴对，表面电荷的改变或者助催化剂的负载会促进光生电子－空穴对产生。水分子的直接氧化产物是通过水分子和催化剂价带中的空穴相互作用吸附在催化剂或者助催化剂的表面的，这步反应中每分解 2 个水分子，释放出 1 个氧气分子和 4 个质子，然后质子迁移到光生电子的位点上生成 2 个氢气分子。利用太阳光分解水制成氢气和氧气被认为是生产清洁新能源的最佳途径。

钛酸锶光解水功能材料制备技术主要包括光沉积、杂化与薄膜自组装等方式。基于该制备技术，光解水复合材料功能层结构与光解水制氢效能之间的构效关系是本领域的研究重点。此外，还包括复合材料对钛酸锶晶体光解水制氢的协同促进机理，与光生电子在金属颗粒、多维材料、牺牲剂与钛酸锶复合材料表面的激发与迁移特性及其分析测试技术，钛酸锶光解水制氢功能材料连续生产装备技术。

光催化分解水制氢气的过程，主要包括半导体光催化剂的光吸收，激发光致电荷（电子和空穴），激发电荷的重组，光致电荷分离、迁移、捕获，光致电荷转移到水或其他分子等过程，这些过程均会影响半导体光催化产氢的速率。产氢量主要由水与光催化剂界面还原水时活性电子的量所决定。因此，为了提高制氢效率，应该避免任何其他会消耗活性电子的过程，同时尽可能增加产生活性电子的过程。研究策略包含两个方面：一是，研究提高激发更多光生电子、电荷分离和加快电荷迁移的规律与方法，避免体内/表面电荷重组；二是，研究不同种类与结构的复合体和牺牲剂，抑制"表面逆反应"的发生（SBR，氢气和氧气生成水的反应）。

（3）人工光合作用材料（光催化 CO_2 固定材料）

过多的 CO_2 气体排放会对生态环境造成巨大的危害，人工光合作用（光催化 CO_2 固定技术）可用于 CO_2 气体的转化还原。光催化还原是半导体光催化材料在光激发下通过光生电子较强的还原作用，将 CO_2 还原成 CO、CH_4 等储碳燃料。钛酸锶是最早被发现的钙钛矿类光催化剂之一，具有较大的带隙（3.2eV），导带位置在 −1.26eV，高于 CO_2 的还原电势，价带位置在 2.14eV，低于水的氧化电势，理论上满足光催化还原 CO_2 的要求。

本领域涉及的关键科学与技术问题主要有以下几个方面：a. 钛酸锶 CO_2 固定功能材料结构设计、制备原理与工艺以及功能体机械与化学稳定性；b. 复合材料功能层结构与光催化 CO_2 转化还原的构效关系；c. 复合体在 CO_2 转化还原过程中的协同调控机理；d. 光生电子在钛酸锶复合材料表面的激发与迁移特性及其分析测试技术；e. 钛酸锶 CO_2 固定功能复合材料连续生产的装备技术。

设计具有催化 CO_2 转化还原功能的钛酸锶复合材料，通过研究钛酸锶复合材料结构对光学性质、吸附性能以及还原 CO_2 的性能的影响，为其在人工光合作用机理与应用方面提供必要的依据。

5.4.5.2 建立钛酸锶基光电材料标准体系

创建钛酸锶基光电材料的合成与制备基础技术标准体系是当前亟须重视的要务之一，建立钛酸锶基光电材料使用规范与性能综合评价指标体系是推广应用的重要前提。

如图 5-5 所示，以钛酸锶价电子的运动规律研究为核心，通过构建不同结构的复合材料、研究不同材料的微观结构以及对其光电转换性能的检测，揭示钛酸锶复合材料的构效关系，为高性能钛酸锶光催化功能材料的研发奠定理论基础，最后形成针对不同功能材料的技术标准与综合评价体系。

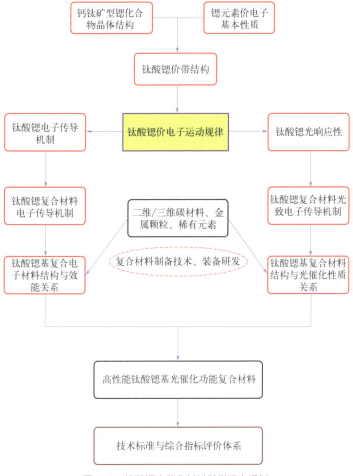

图 5-5　钛酸锶光催化材料科学研究规划

5.5 锶新能源领域

5.5.1 发展方向与潜在产品
5.5.1.1 钙钛矿型复合氧化物材料

钙钛矿型复合氧化物具有独特的晶体结构和理化特性，例如超导、金属绝缘相变、庞磁阻和电荷转移等，尤其经掺杂后形成的晶体缺陷结构和性能更为突出，因此被广泛应用于固体燃料电池、固体电解质、传感器、高温加热材料、固体电阻器等新能源材料领域。含锶钙钛矿型复合氧化物同样具有多种优异的性能，在新能源材料领域具有多种应用，主要用于制备固体氧化物燃料电池的阴极材料、阳极材料以及电解质材料，还可用于制备储能陶瓷材料等。

（1）含锶固体氧化物燃料电池阴极材料

固体氧化物燃料电池（SOFC）是一种将化学能转化为电能的全固态陶瓷能量转换装置，具有燃料适应性强、污染排放近零和热－电联供效率高的优点，在分布式发电站、汽车辅助电源和家庭热－电联供等领域拥有广泛的应用前景。阴极是 SOFC 的关键材料组件，对于电池的输出性能和服役寿命起决定性作用，因此阴极材料的开发对于推动 SOFC 技术的发展至关重要。由于钙钛矿结构在掺杂和替换方面的可变性，钙钛矿型材料已成了 SOFC 最常使用的阴极原料。

$La_{1-x}Sr_xMnO_3$（LSM）和 $La_{1-x}Sr_xCoO_3$（LSC）是研究较早的阴极材料，虽然 LSC 和 LSM 结构相似，但 LSC 的离子电导率和电子电导率都比 LSM 要高，其混合电导率是 LSM 的 3～10 倍。但 LSC 在氧化环境中不够稳定，同时热膨胀系数也比 LSM 大。目前研究最为广泛的中温固体燃料电池（IT-SOFC）的阴极材料主要有单掺杂的钙钛矿型氧化物 $A_{1-x}Sr_xBO_{3-\delta}$（A=La, Nd, Sm, Pr, Gd; B=Mn, Co, Cu）和双掺杂的钙钛矿型氧化物 $A_{1-x}A'_xB_{1-y}B'_yO_{3-\delta}$（A=La, Sm, Nd, Pr; A'=Ca, Sr, Ba; B, B'=Fe, Ni, Co, Cu, Al, Cr, Ga）。对于单掺杂的阴极材料的研究主要集中在含钴的 $Ln_{1-x}Sr_xCoO_{3-\delta}$ 上，该氧化物不仅具有很高的混合离子－电子电导率，还对氧化还原反应有较高的催化活性，但是含钴的钙钛矿阴极材料热膨胀系数高、化学稳定性低，易与电解质发生反应。双掺杂阴极材料的研究主要集中在降低钙钛矿型 $La_{1-x}Sr_xCoO_3$ 中的钴含量，例如在 Co 位上掺杂 Fe 元素形成 $La_{1-x}Sr_xCo_{1-y}Fe_yO_3$（LSCF），该材料兼顾了热膨胀性能、阴极催化活性和化学稳定性，成为 IT-SOFC 的代表性阴极原料之一。

（2）含锶固体氧化物燃料电池阳极材料

阳极是燃料电池电路系统中不可缺少的重要组成部分。阳极除了在薄膜化的 SOFC 中起到支撑体的作用，还可用作燃料发生电化学反应的催化剂，并提供反应界面。阳极材料的选择、微观结构的设计直接影响 SOFC 的工作特性，阳极的性能除与其组成有关外，还受其微观结构、温度、制造工艺及电池结构等的强烈影响。钙钛矿型 $SrTiO_3$ 系列氧化物具有良好的高温氧化还原稳定性、抗碳沉积和抗硫中毒性，也受到阳极材料研究者的高度重视。但是 $SrTiO_3$ 电子和离子电导性低、催化活性差阻碍了其广泛应用。目前，该系列材料的研究主要集中在均衡其电子电导性能和离子电导性能，改善催化活性、热膨胀性能和化学相容性等方面。其中，Co 掺杂 $La_{0.3}Sr_{0.7}Co_{0.07}Ti_{0.93}O_{3-\delta}$ 在 800℃时离子电导率为 1.1×10^{-2} S/cm，电子电导率为 42S/cm，并在 800℃、$P_{O_2}=10^{-19}\sim10^{-14}$ atm（1atm = 101325Pa）时电子电导率相当稳定，是很有发展前景的阳极材料。另外，A 位小缺陷的 $Sr_xY_{0.07}TiO_{3\pm\delta}$（$x$=0.97~1.01）也可以用作 SOFC 的阳极材料。$SrTiO_3$ 系列阳极材料在氧化/还原气氛下具有较高的电子电导率和稳定性，并可以通过调控化学计量比制备 A 位缺陷或 B 位缺陷材料，来进一步提高其电子电导率和离子电导率。但是，该类材料只有在还原气氛下才能烧制出纯相，提高了制备难度。

（3）含锶固体氧化物燃料电池电解质材料

固体电解质是 SOFC 最核心的固件。钙钛矿型氧化物因其优越的离子电导性和质子电导性，也可用作 SOFC 的电解质材料。普遍认为，Sr 在 La 位掺杂和 Mg 在 Ga 位掺杂的 $La_{1-x}Sr_xGa_{1-y}Mg_yO_3$ 系列电解质，在 800℃的电导率最高可达 0.17S/cm，不仅远远高于该温度下钇稳定氧化锆（8YSZ）电导率，也明显高于掺杂 CeO_2 基电解质，是最具发展前景的 IT-SOFC 的电解质材料。该系列材料的研究目前主要集中在提高其离子电导率、热稳定性和降低其电子电导率等方面。

（4）钛酸锶钡基储能陶瓷材料

钙钛矿型的铁电陶瓷 $Ba_{1-x}Sr_xTiO_3$（BST）具有原材料容易获得、制备工艺成熟、方法简便环保、成品介电性能优异等优点，因此常用其作为电容器等电子器件原材料使用，国内外众多学者对它的介电温度、介电频率特性等一系列性能都进行了系统的研究和报道。研究发现 Sr 含量不同，BST 陶瓷的介电温度特性也不一样，具体表现为当 Sr 含量增加时，居里温度向低温方向移动，当 $x=0.4$ 时基本接近室温，同时介电常数相应增大。在掺杂改性方面，人们发现掺杂物质的种类和掺杂量的不同对钛酸锶钡材料的介电性能、微观结构和烧结温度都有很大影响。目前钛酸锶钡基储能陶瓷研究的主体方向是向其中掺杂过渡金属元素和稀土元素等。

5.5.1.2　锶铁氧体永磁材料

锶铁氧体（$SrFe_{12}O_{19}$）又名铁酸锶，是应用最普遍的磁性氧化物之一，因具有高的矫顽力、较大的饱和磁化强度、合适的居里温度、良好的单轴磁晶各向异性、稳定的耐磨性和抗腐蚀性以及优良的性能价格比等一系列优点，而被广泛应用于新能源汽车、智能家居等战略性新兴产业。研究发现通过采用渗入离子取代 Sr^{2+} 或 Fe^{3+} 或者添加氧化物，可以改善锶铁氧体的某方面属性，近年来已经成为提高锶铁氧体磁性能的主要方法之一。离子取代能改善铁氧体磁性能，是因为渗入的离子会改变铁氧体内部的晶体空间结构和自旋磁矩从而改变原子磁矩。离子替代的方式主要有三类，即取代 Sr^{2+}、取代 Fe^{3+} 以及联合替代。

5.5.2　制备方法与关键技术

5.5.2.1　钙钛矿型复合氧化物材料的制备方法与关键技术

制备钙钛矿型复合氧化物的常用方法有盐分解法、固相法、共沉淀法、溶胶-凝胶法、水热法、反相微乳法和模板法等，不同形貌和组分的钙钛矿型氧化物可以采用不同的方法制备。例如，制备块体的钙钛矿型氧化物可以采用盐分解法、固相法和共沉淀法；制备纳米颗粒的钙钛矿型氧化物可以选择溶胶-

凝胶法和反相微乳法；制备形貌可控的钙钛矿型氧化物可以采用水热法；制备多孔和排列整齐的阵列钙钛矿型氧化物则可以选择模板法。

（1）盐分解法

盐分解法是将共结晶的盐经过热处理分解得到混合更加均匀的金属氧化物，然后在高温下使其形成钙钛矿结构。该法的主要缺点有：a. 前驱体通过加热分解后放出大量有害气体，易污染环境；b. 前驱体必须在高温煅烧（900℃左右）下才能得到钙钛矿晶型，产品易结团、粒径分布宽；c. 采用该法制备的钙钛矿型氧化物杂质多、纯度低，往往含有相应的氧化物。

（2）固相法

固相法又称高温固相法，是将几种金属氧化物按一定比例混合，然后在空气中较高温度下烧结一定时间，得到单相钙钛矿型氧化物粉末，再经研磨得到细粉末。与盐分解法相比，该方法对环境污染小、设备简单、操作简便、成本较低，更易于工业生产。但是，氧化物前驱体必须混合均匀才能使前驱体（固-固颗粒）之间完全反应而生成纯的钙钛矿型氧化物。

（3）共沉淀法

共沉淀法是将金属可溶性盐溶液按一定比例混合，加入共沉淀剂后，在一定温度下使溶液发生水解，形成不溶性的氢氧化物、水合氧化物或盐类从溶液中析出，将溶液中原有的阴离子洗去，以制备多组分沉淀物前驱体。所得前驱体在空气中于一定温度下烧结即得钙钛矿型粉末。因为共沉淀法是溶液、离子级别的混合，所以克服了固相法混合不均的缺点，几个组分同时沉淀，各组分达到分子级的均匀混合，在热处理时可加速组分间的固相反应。虽然该法成本低、操作简单，但是制备步骤多，容易引入杂质和损失组分；沉淀剂选择不当或pH值控制不好时容易产生颗粒大小不均匀、沉淀不完全的前驱体，而不能制备出化学计量比的氧化物；前驱体需在较高的温度下长时间焙烧才能得到钙钛矿型氧化物，对产物的粒径和比表面积有一定影响。

（4）溶胶-凝胶法

溶胶-凝胶法是将金属盐按化学计量比溶于水中，加入定量的有机配体与金属组分离子形成配合物,通过控制温度、pH 值等条件使其水解形成溶胶,再聚合生成凝胶,历经溶液、溶胶、凝胶而形成空间骨架结构,干燥脱水后,在一定的温度下焙烧得到钙钛矿型氧化物。该方法通过分子级水平混合,各组分或颗粒可均匀地分散并固定在凝胶体系中,使得制备的样品颗粒小、比表面积大,晶体结构更加均匀。其中以硝酸盐为原料、柠檬酸为配体的溶胶-凝胶法即柠檬酸法或 Pechini 法,是现今制备纳米级钙钛矿型氧化物的主要手段。该法煅烧时间短(大约 2h)、煅烧温度低(600~700℃),使得钙钛矿型氧化物不易团聚、粒径小、比表面积较大;分子级别的混合易实现对钙钛矿型氧化物的精确掺杂或混合,产品纯度高,可容纳不溶性组分或不沉淀性组分。但该法存在着高温易烧结、干燥时收缩大、对于产物颗粒形貌的控制性差等缺点。

(5)水热法

水热法是将沉淀剂或螯合剂加入一定配比的金属盐溶液中从而制备由金属离子、沉淀剂(螯合剂)和阴离子形成的前驱物,然后采用水溶液作为反应体系,将含前驱物的母液置于高温高压的条件下水热晶化,使一些在常温常压下难以反应的化学反应在水热条件下实现,从而制备出钙钛矿结构的晶体。该法具有合成条件温和、产物纯度高、晶粒发育完整、粒径小且分布均匀、形貌可控性强等优点,并且合成路线和装置简单,已成为颇有应用前景的一种制备不同形貌钙钛矿型氧化物的方法。

(6)反相微乳液法

反相微乳液法是把含有无机盐的水相作为内相,把非极性的油类介质作为外相,通过乳化剂的乳化作用,将两者混合起来并形成反相乳液体系,采用搅拌等方式将含有反应物的水相在连续油相中分散形成微小的液滴,这些微小的液滴内会发生相应的化学反应,然后通过离心分离、并在一定的温度下煅烧后即得钙钛矿型氧化物。通过调节水相/油相(W/O)的比例、选择乳化剂的种类、改变乳化剂的数量以及调节搅拌的速率,可改变小液滴中乳胶粒子的体积大小、形态和结构,进而改变产物的形貌和粒径。为了使产物形貌更规整、粒度更均匀、分散性更好,一般采用复合乳化剂来代替单一乳化剂,这就进一步使操作难以控制、难以产业化。

（7）模板法

模板法被用于制备比表面积大的多孔或介孔钙钛矿型氧化物，产物的组织结构取决于所加入的模板，根据加入模板的不同可分为硬模板法和软模板法。硬模板法通常以硅为模板。与硬模板法相比，软模板法制备多孔的无机氧化物的方法更受青睐，一般采用聚合物材料作为模板，在煅烧过程中将该模板除去的同时在氧化物本体形成多孔结构。模板法可以按照研究者的意愿制备纳米材料，且能容易地获得良好的纳米阵列。但模板剂的制备比较复杂和困难，特别是软模板还存在产量低、难分离的问题；在制备过程中，需要去除模板，这在一定程度上会破坏纳米材料的结构；一些可得到有序纳米材料的模板成本较高。

5.5.2.2　锶铁氧体永磁材料的制备方法与关键技术

制备铁氧体材料的方法可以分为物理法和化学法两类。物理法是用大型机械设备将原料混合预烧、粉碎得到纳米级单畴颗粒，再二次烧结得最终产物，主要有氧化物法、自蔓延高温合成法等；化学法是在液相反应方法的基础上，以得到目标产物的前驱沉淀物为前提，通过后续焙烧得到最终产物的手段，主要有化学共沉淀法、水热法和溶胶-凝胶法等。

（1）氧化物法

图 5-6 为氧化物法制备铁氧体材料的主要工艺流程，包括湿磨、压制和烧结等步骤。锶铁氧体磁性粉末大部分采用这种方法制备。混合原料经一次预烧、二次球磨得到的料浆再进行压制、烧结成各种瓦形或环形烧结物。该方法工艺流程简单，适用于大规模工业化生产，但是，机械球磨会增加粉料的缺陷和应力且颗粒尺寸范围分布不均匀。烧结过后的产品颗粒形貌粗糙，会造成微区强度下降，不适用于微电子领域。

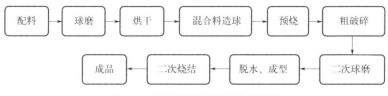

图 5-6　氧化物法制备铁氧体的流程

（2）自蔓延高温合成法

自蔓延高温合成法是利用氧化还原反应向外释放的热能量推动离子扩散和聚合反应，在外界热传动推动下，反应一旦被点燃就形成自放热。当局部中心微区的温度达到反应临界点时，会产生相应合成反应；多余热量像水波传递一样到达下一个预热温区，促使反应良性循环，直到完全反应。该法工艺流程简单、生产效率高，化学反应所得产品纯度高，但是能耗较高。相比氧化物法，颗粒形貌可以得到很好的控制，但是随着产品层厚度的增加，不利于 O_2 的介入，会造成微区反应不完全，同时磁粉含量和燃烧温度对样品的磁性能影响巨大。

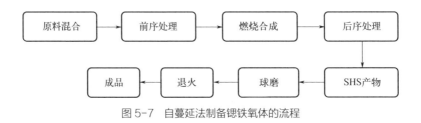

图 5-7　自蔓延法制备锶铁氧体的流程

（3）化学共沉淀法

化学共沉淀法是将金属盐在水溶剂情况下混合，边搅拌边滴加碱性氢氧化物得到相关离子共沉淀前驱体，前驱体经水洗、静滤和烘干后研磨处理，通过高温焙烧得到目标产物。例如，锶铁氧体制备过程中，将含 Sr^{2+}、Fe^{3+} 的金属盐溶解在一定体积蒸馏水中，在剧烈搅拌混合液中加入一定质量分数的 NaOH 或 $NH_3 \cdot H_2O$，得到混合前驱体，高温煅烧后得最终产物。水溶性化学反应过程中溶液的 pH 值会影响目标产物的粒径，对样品的形貌和结构造成较大的影响。

（4）水热法

水热法前序生成沉淀剂和化学沉淀方法一致，后续将悬浮液倒入反应釜内，低温高压热处理后的反应产物再进行水洗、酸洗等一系列操作就能得到纯相样品。水热法制备的样品纯度高、尺寸均匀、分散性和结晶性良好，在微观表征中可以明显看出颗粒的形貌，低温制备技术也是该方法性价比很高的特点之一。但反应需要高压釜及辅助加热系统，且原料产出比低下也是主要问题之一。

（5）溶胶－凝胶法

图5-8是溶胶－凝胶法的制备流程，将金属醇盐和有机溶剂混合成溶胶，并在加热条件下脱水，流动性的溶胶逐渐变成黏稠状富有弹性的固体凝胶，干燥凝胶经过中温焙烧成纳米级产物。该法与水热法相似，在制备各种组分的六角晶系锶铁氧体纳米材料时，反应周期短、反应温度和烧结温度低使晶体的生长方向可以在分子层面上得到控制，得到的样品分散性比较好。

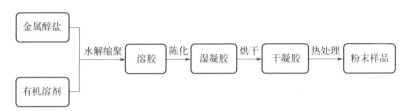

图5-8　溶胶－凝胶法制备锶铁氧体的工艺流程

5.5.3　产品结构与性能构效关系

5.5.3.1　钙钛矿型复合材料产品结构与性能构效关系

钙钛矿型氧化物的分子式为ABO_3，其结构与天然矿石$CaTiO_3$相似，理想的ABO_3钙钛矿是立方结构，如图5-9所示。

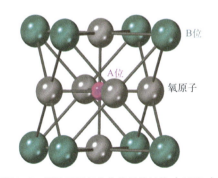

图5-9　钙钛矿型氧化物的晶体结构（ABO_3）

图5-9中，A位是半径较大的碱金属、碱土金属或稀土元素，处于12个氧离子组成的十四面体的中央。B位是半径较小的过渡元素，处于6个氧离子组成的八面体中央。在理想的结构中，钙钛矿是立方体结构，原子都是相互接

触的，离子半径关系为：$r_A+r_O=\sqrt{2}(r_B+r_O)$。然而研究发现，即使没有完全符合这个关系，仍可以保持立方体结构。作为标准状态偏差的度量标准，Goldschmidt 引入了允许因子表达式：$t=(r_A+r_O)/\sqrt{2}(r_B+r_O)$。式中，$r_A$、$r_B$、$r_O$ 分别代表 A、B、O 的离子半径，当 $0.75 < t \leq 1$ 时，ABO_3 为钙钛矿结构；当 $t \leq 0.75$ 时，为钛铁矿结构；当 $t > 1$ 时，以方解石或文石结构存在。

除了离子半径的要求，另一个需要满足的条件是电中性。A 与 B 电荷的总和与阴离子总电荷相等。由于允许 A 和 B 离子被部分取代，因此产生了许多具有钙钛矿结构的化合物。然而在 A 位或 B 位上的阳离子以及阴离子的空位经常发生，导致了缺陷钙钛矿的产生。

从对钙钛矿型氧化物结构和性质分析可知，经过适当掺杂的钙钛矿型复合氧化物兼有高温热稳定性、良好催化活性、混合导电性以及抗磁、铁磁、超导等优良性质，可作为燃料电池的阴极、阳极和固体电解质，也是良好的气敏元件材料和氧化还原型催化剂。

由于过渡金属离子的电离能不同，钙钛矿型复合氧化物的导电性随金属离子 B 的不同有很大的差异。一般未经取代的钙钛矿型氧化物的导电性不高，例如未取代的钙钛矿型氧化物 $LaCoO_3$ 为 N 型半导体，而 $LaCrO_3$、$LaMnO_3$、$LaFeO_3$ 为 P 型半导体且具有反磁性。但是当 A 位被不同化合价的金属离子部分取代时，B 位金属离子的化合价发生变化或出现氧空穴（氧晶格缺陷），其催化活性提高的同时，导电性、氧化还原性也有明显的提高，而且 B 位离子的混合也可以发生相对活性的明显变化和导电性的变化。这是由于过渡金属离子的价态变化，易形成 O^{2-} 离子导体；而价态不同的过渡金属离子之间会产生电子的交换，显示出电子导电性，从而使得 $La_{1-x}M_xCoO_3$、$La_{1-x}M_xMnO_3$、$La_{1-x}M_xFeO_3$ 等复合氧化物表现出混合导电性，有较高的离子电导率和电子电导率。

5.5.3.2 锶铁氧体永磁材料产品结构与性能构效关系

锶铁氧体为六角晶格，空间群为 P63/MMC，其晶胞结构具体如图 5-10 所示[30]。1 个锶铁氧体晶胞结构中含有 2 个 $SrFe_{12}O_{19}$ 分子，共有 64 个原子，包含 2 个 Sr 原子，24 个 Fe 原子以及 38 个 O 原子。根据原子等效占位的不同，Fe 的原子位置可分为 $2a$、$2b$、$4f_1$、$4f_2$、$12k$ 共五种不同占位。

不同晶位的 Fe 原子具有不同数量和自旋方向，如表 5-1 所列。根据不同位置 Fe 原子磁矩方向的不同，会形成铁磁以及多种亚铁磁构型。通过结构弛豫不同的磁结构发现，$2a$、$2b$ 以及 $12k$ 位置的 Fe 原子磁矩向上，$4f_1$ 和 $4f_2$ 处 Fe 原子磁矩向下的亚铁磁构型具有最低的能量，表明这种亚铁构型是锶铁氧体的稳定态[30]。

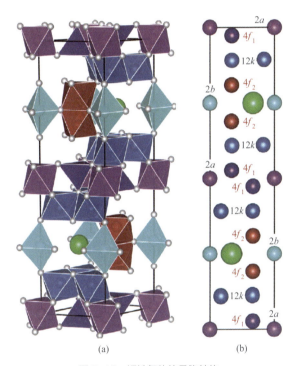

图 5-10 锶铁氧体的晶胞结构

表 5-1 锶铁氧体不同晶位上 Fe^{3+} 的特点

晶位种类	间隙位置	Fe^{3+} 数量	晶位磁（μ_B）	自旋方向
$2a$	八面体	2	10	↑
$2b$	双锥六面体	2	10	↑
$4f_1$	四面体	4	20	↓
$4f_2$	八面体	4	20	↓
$12k$	八面体	12	40	↑

5.5.4 产品制备及应用原理

5.5.4.1 钙钛矿型复合氧化物材料制备及应用原理

钙钛矿结构的晶体具有很强的通融性，可用多种不同化合价的阳离子置换单胞中 A 或 B 离子组成钙钛矿的复合氧化物。由各种不同的元素构成的理想的或变形的钙钛矿晶体有上百种，其物理和化学性质可因组成元素 A、B 的不同而发生极大的变化。一方面由于变价阳离子或掺入的部分异价离子的存在使这类材料成为氧离子导体；另一方面由于价态不同的 B 位过渡金属离子间产生电子跃迁，从而呈现出电子电导性，使这类材料成为优良的离子–电子混合导体。

研究发现 Sr 含量对 LSCF 的导电性能和热膨胀系数有重要影响，Sr 掺量降低，LSCF 的导电性能也跟着降低；当 La 与 Sr 形成最大阳离子空位时，LSCF 获得最小的热膨胀系数，如 $La_{0.6}Sr_{0.4}Fe_{0.8}Co_{0.2}O_3$ 在 700℃时的热膨胀系数很接近电解质 $La_{0.9}Sr_{0.1}Ga_{0.8}Mg_{0.2}O_3$（LSGM）和 $Ce_{0.9}Gd_{0.1}O_{1.95}$（CGO）的热膨胀系数，这是 LSCF 成为 SOFC 阴极原料研究热点的一个重要原因。

现有钙钛矿型复合氧化物的离子电导率低，高温下呈现电子或氧离子导电性。在燃料电池应用研究中，高温下器件可稳定运行，但器件的效率或功率较低。以钙钛矿型复合氧化物为电解质时，必须在大于 700℃的高温下使用。

近年来，一种原位生成的高性能纳微异构复合阳极受到越来越多的关注。在还原气氛中处理过渡金属掺杂的钙钛矿氧化物，可以从氧化物基体中原位析出金属/合金纳米颗粒，与氧化物基体紧密结合形成纳米异质结构阳极。原位析出法构建的纳米异构阳极中的金属颗粒尺寸小，催化活性高、稳定性好，并且可以显著提高低温和低燃料浓度下的性能。

5.5.4.2 锶铁氧体材料制备及应用原理

锶铁氧体作为永磁材料，具有亚铁磁性，因此饱和磁化强度 M_s 相对较低，而矫顽力 H_c 和最大磁能积 $(BH)_{max}$ 都比较大。锶铁氧体的主要磁性能见表 5-2，其磁性来源于结构内部的不等量反向旋转电子，通过改善材料的晶体结构可以提高它的矫顽力和剩磁。虽然单纯改善制备方法和成型条件可以提高锶铁氧体的性能指标，但距离各项理论值还有较大差距。研究发现，通过采

用渗入离子取代 Sr^{2+} 或 Fe^{3+}，可以改善锶铁氧体的某方面属性，近年来已经成为提高锶铁氧体磁性能的主要方法之一。离子取代能改善铁氧体磁性能，是因为渗入的离子会改变铁氧体内部的晶体空间结构和自旋磁矩，从而改变原子磁矩。离子取代并非随意组合，而是要满足 3 个条件：a. 离子数平衡，即取代前后铁氧体内离子数不变；b. 电价守恒，即取代后要保证铁氧体电中性；c. 原子半径相近，即取代离子和被取代离子半径要相同或者相似。

表 5-2　锶铁氧体的主要物理特性

剩余磁化强度 B_r	矫顽力 H_c	最大磁能积 $(BH)_{max}$	磁体密度 ρ	居里温度 T_c
0.2～0.44T	128～350kA/m	6.4～40kJ/m³	4～5.2g/cm³	450～460℃

铁氧体晶粒在料浆中的凝聚是影响锶铁氧体晶粒在磁场定向排列的一个重要原因，减少料浆中铁氧体粉的凝聚，可以通过降低铁氧体粉的矫顽力和添加分散剂来实现。添加适宜的分散剂可以在原有基础上更好地提高取向度、改变晶粒的大小和均匀性，从而改善成型等工艺条件、提高磁性能。

锶铁氧体产品主要为各向异性系列，它们特别适于作小型发电机和电动机的永磁体，可代替铝镍钴永磁体，用于制作永磁点火电机、永磁电机、永磁选矿机、永磁吊头、磁推轴承、磁分离器、扬声器、微波器件、磁疗片、助听器等。

5.6　锶在装备制造领域的应用

5.6.1　重点发展方向

金属锶的制备方法主要有热还原法和熔盐电解法，锶合金的制备方法除了热还原法和熔盐电解法之外，还有熔炼法。目前开发利用的锶合金主要有铝－锶、镁－锶、铅－锶、硅－锶以及含锶多元合金。

金属锶是制取高熔点金属、稀土金属的还原剂。为了减少冶炼过程的氧化损失，可用作炼钢的脱氧剂、脱硫剂、脱磷剂、除气剂、除杂剂以及难熔金属的还原剂，还可用作炼铜工业的脱氧剂，其效果远远好于 Al。金属锶及其合金可作为 Al、Mg 等合金的变质剂和晶粒细化剂，可有效变质和细化合金的组织，减少铸造缺陷的产生，改善合金的耐热、机械和抗腐蚀性能等。

金属锶及其合金也是一种特殊功能材料，在航空航天、军事、电器等工业中都有广泛的应用。高纯金属锶可用于制备高性能锶蒸气激光器，在电真空技术中用作高效吸气剂；在电池工业中，用于制备电池材料和耐久性电池等。金属锶还可以用于制造合金、光电管、照明灯、信号弹、焰火等。

高纯金属锶及其中间合金的制备技术是其在装备制造业拓展应用的重要保证，高品质的金属锶及其中间合金产品也在不断地涌现。例如，用于航空航天领域的高强高韧铝锶合金装备、耐高温特种镁铝锶合金、抗冲击镁锶合金等。

5.6.2 产品结构与性能构效关系

在金属材料中，锶的存在形式有锶原子、锶化合物、锶金属间化合物等，锶原子主要存在于纯金属锶和固溶型锶合金中。

应用最广泛的是锶金属间化合物，由于锶的高活性可以和多种金属形成金属间化合物，这些金属间化合物往往作为第二相起到不同的作用。锶和铝的中间化合物有 Al_4Sr、Al_2Sr、Al_7Sr_8；锶和镁的中间化合物有 $Mg_{17}Sr_2$、$Mg_{38}Sr_9$、$Mg_{23}Sr_6$、Mg_2Sr 等。Si、Ca、Sb、Cu、Pb 等都可以和 Sr 形成中间化合物，且性质各有不同。

锶以化合物的形式也可存在于金属材料中，以 SrB_6 为例，其熔点高达 2000℃以上，强度高，可以提高金属材料强度、耐磨性与耐腐蚀性。

5.6.3 制备方法与关键技术发展

自 1997 年以来，我国与金属锶及其合金直接相关的重点国家项目共计 16 项，其中金属锶及锶中间合金的制备相关 6 项、储氢材料 1 项、钛锶合金医用材料 2 项、镁锶合金 4 项、铝锶合金 2 项、锶熔盐相图 1 项,具体如表 5-3 所列。

表 5-3 金属锶相关国家重点项目

项目名称	发布单位	项目承担单位
400t/a 金属锶	科学技术部火炬计划办公室	
年产 1500t 铝锶合金	科学技术部火炬计划办公室	
高效硅锶孕育剂	国家重点新产品计划管理办公室	吉林铁合金集团鹏程科技开发公司
硅铝钡锶钙铁复合合金	国家重点新产品计划管理办公室	本溪第二冶炼厂
锶硅长效孕育剂及其生产方法	科学技术部科技型中小企业技术创新基金管理中心	四川奥龙铸造材料有限公司
快速变质高锶含量铝锶合金线材 $AlSr_{20}$	科技型中小企业技术创新基金管理中心	湖南金联星冶金材料技术有限公司
新型锶铝基 Zintl 相合金的结构及储氢机理	国家自然科学基金委员会	南京工业大学
熔盐电解法制取铝锶合金的基础研究	国家自然科学基金委员会	北京有色金属研究总院
纯钛种植体表面掺锶微纳米形貌调控巨噬细胞表型转化控制骨髓基质干细胞向成骨分化的机制研究	国家自然科学基金委员会	浙江大学
锶化合物细化镁合金晶粒的遗传行为及机理研究	国家自然科学基金委员会	重庆市科学技术研究院
新型、低成本耐热 Mg-Al-Ca(Sr) 合金抗蠕变性能机理的第一原理研究	教育部科技发展中心	湖南大学
Ce 和 Sr 合金化调控 Mg-Sn-Ca 合金力学性能的基础研究	教育部	东北大学
Zn、Sr 对 Al-Si 钎料钎焊铝合金接头气密性影响的研究	教育部	南京航空航天大学
$LiF-AlF_3-Ca(Sr)F_2$ 三元系统局域相图的研究	国家自然科学基金委员会	中国科学院上海硅酸盐研究所
钛植入体表面具有 Sr、Zn 缓释功能的纳米管阵列诱导骨髓间充质干细胞成骨分化及机制研究	国家自然科学基金委员会	武汉科技大学
Mg-(Ca/Zn)-(Ag, Cu, Mn, Sr, Y) 多元可生物降解非晶材料设计、制备及其形成机理研究	国家自然科学基金委员会	南京信息工程大学

关于锶及其合金的研究主要以金属锶及其中间合金、锶在合金铸造中的孕育剂、镁锶合金和铝锶合金的制备研究为主，并逐渐向医用合金材料、储氢材料等高科技方向发展。金属锶的研究主要是加入微量其他基体合金来改进、优化合金性能，大量的研究人员将工作放在锶对镁合金、铝合金等材料的影响与机理方面。

虽然近年关于锶金属及其合金的研究和生产有了长足的发展，但是锶合金机理和高端产品研发严重不足。我国目前的发展方式造成了锶资源大量浪费和外流，在锶金属方面尤其严重，重视锶金属及其合金相关基础科学研究和工程化应用对我国锶行业的未来发展至关重要。

5.6.3.1 锶合金性能数据库有待建立

目前对锶合金的研究系统性不足，过于分散，且大部分浅尝辄止，缺乏全面的规划和系统的研究。数据库的建立有利于整合现有成果，可以为科学规划和研究指明方向。随着科学技术的发展，许多性能参数也需要修订与更正。数据库主要内容包括金属锶的各项性能、锶与其他元素的物理化学作用、完善的相图、含锶合金的研究及生产情况数据、金属锶相关重要研究文献和数据更新，如图 5-11 所示。

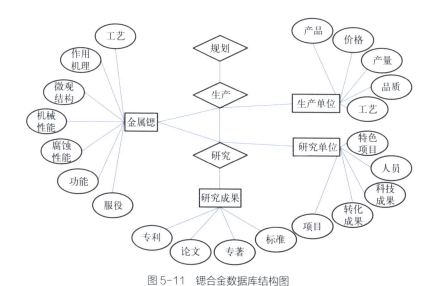

图 5-11 锶合金数据库结构图

5.6.3.2 熔盐电解法制备锶合金

制备金属锶和锶中间合金的主要方法有热还原法和熔盐电解法两大类。热还原法按方法又分为真空热还原和熔浸热还原，按原料分为铝热还原、硅热还原。热还原法制备的产品纯度高，但是锶提取率低、设备复杂、寿命短、生产不连续、成本高。

利用电热维持熔盐所需的高温环境，再利用直流电转化为化学能。从熔盐中还原金属的方法，称作熔盐法电解，又包括电解共沉积法、接触阴极法和液态阴极法。当熔融电解质与金属接触时，两者之间将产生一定的电势差，即电极电势。在同一熔盐中插入两个电极，并利用外加电压通过直流电，当电压达到一定的数值时，熔盐中的某些组分将分解，平衡状态下化合物开始分解的电压称为分解电压。熔盐的性质和组分、金属离子和阴离子的性质都会影响电化序中各金属的相对位置。

影响 $SrCl_2$ 熔盐电解电流效率的因素主要有电解温度、电流密度、极间距、阳极高度、$SrCl_2$ 浓度、杂质、机械损失等，其中以电解温度、电流密度的影响最为重要。

熔盐电解原理研究主要涉及不同种类熔盐高温性质对金属盐电解性能的影响规律、不同添加剂对熔盐体系的影响规律、不同原料对熔盐体系的影响、阴极和阳极的反应机理、电解模型最优设计和放大方案研究。

接触阴极法适用于小批量生产，但电流效率低、生产间断、劳动强度较大。液态阴极法通过锶合金化减小锶活度，抑制 $SrCl_2+Sr=\!\!=\!\!2SrCl$ 反应，并减小 Sr 在熔盐中的溶解度。液态阴极法制备金属锶生产能力大、产品纯度高、电耗低，有利于大规模的低成本生产。电解共沉积法是电位相近的多种金属离子同时在阴极析出，形成合金。

研究电解法制备金属锶是工业化发展和科学研究的主要方向，主要目的是发展更高效的生产制备方式，降低成本、提高生产效率。

5.6.3.3 含锶合金熔体结构与铸造性能

锶对合金材料熔体结构的影响是决定锶在合金材料中应用的主要因素,对合金电解、铸造等具有重要的理论指导意义。锶在合金材料熔体的应用主要分为两类:一类是添加在金属冶炼过程中起除杂的作用;另一类是作为合金元素影响合金强度、腐蚀等某一方面的性能。由于金属锶的化学活性高,能和多元素生成稳定化合物,故可作为冶金材料除杂剂,用于降低金属熔体中包括氧、氮、磷、硫等在内的有害元素。

锶元素可对合金熔体性能产生多种影响,在与不同合金元素的交互作用下其影响效果更加显著。锶主要对金属熔体的以下参数产生影响。

① 结构参数:偶分布函数、平均原子间距、径向分布函数、配位数等;

② 物理性质:密度、电导率、比热容、熔点、热导率、黏度、表面张力、扩散系数等;

③ 化学性质:浓度、偏摩尔量、化学位、活度等。

有了基础科学研究的成果,便于我们充分了解锶对合金性能的影响规律,以不断发展延伸锶合金的熔炼技术。锶合金的熔炼方法主要有熔剂保护法、气体保护法、合金化法、真空熔炼等,发展锶合金熔炼的工艺技术有精炼技术、净化技术、添加剂技术等。除了锶合金熔炼制备技术的研究,锶在钢铁冶炼、锌冶金等领域的净化技术研究,以及在熔炼过程中的作用机理和实验验证仍需完善。

锶合金溶液凝固过程中的热力学与动力学影响显著,包括对晶核的形成与演变、晶粒的长大和变质、组织形貌等。例如:锶对铝硅合金的变质机理研究表明,锶可以使针状的富硅相转变为球形颗粒状,使得合金强度和韧性得到显著改善。

液态合金的热力学参量是诸多领域(如冶金、材料、铸造、和焊接等)进行新工艺开发、工业化过程及改进理论探讨的基本数据。由于合金熔体的高温特殊性和庞大的合金体系，研究过程往往无法直接观测和全面试验，需借助数学模型和模拟分析进行预测，包括数学解析、建立数学模型、数值计算及有限元模拟、模拟实验、第一性原理分析等。

5.6.3.4　镁铝锶特种合金

向镁合金中加入碱土元素 Sr，除了起到细晶强化的作用外，还可以在晶界处形成新相，该相具有高的熔点和热稳定性，能阻止镁合金晶粒的长大和晶界的滑移，起到晶界强化的作用，从而明显提高镁合金的力学性能和抗蠕变能力。锶还可以实现对镁合金耐腐蚀和均匀腐蚀的调控，在可降解镁合金和海洋用镁牺牲阳极材料领域应用前景广阔。含锶镁合金在镁合金的各个应用方向都具有巨大的前景，是目前镁合金研究的重要关注点之一。

锶与稀土等元素的交互作用可制备耐高温镁合金、耐蚀镁合金、可控降解镁合金，可用于轻型发动机、轻型轮船、海上构架等方面，也可在人体植入骨替代材料领域发挥重要作用。

5.6.3.5　锶在储氢金属和高熵合金材料中的应用

储氢合金按金属元素的数目划分可分为二元系、三元系和多元系；按储氢合金材料的主要金属元素区分可分为稀土系、镁系、钛系、钒基固溶体、锆系等；而组成储氢合金的金属可分为吸氢类（用 A 表示）和不吸氢类（用 B 表示），据此又可将储氢合金分为 AB_5 型、AB_2 型、AB 型、A_2B 型。

含锶储氢合金主要包括 $SrAl_2$ 合金、SrH_2 等，锶多种类和配位数的金属间化合物在储氢领域具有巨大的潜力，与稀土系、镁、钒等均可形成复合氢化合物，是目前研究的主要热点之一。

2011 年 Gao 等[31]将高熵的概念引入非晶合金领域，并基于高熵合金的设计准则研制出一系列的非晶合金，与传统非晶合金相比，所研制的 $Sr_{20}Ca_{20}Yb_{20}Mg_{20}Zn_{20}$、$Sr_{20}Ca_{20}Yb_{20}(Li_{0.55}Mg_{0.45})_{20}Zn_{20}$ 和 $Sr_{20}Ca_{20}Yb_{20}Mg_{20}Zn_{10}Cu_{10}$ 等高熵非晶合金仍具有优异的非晶形成能力。在元素成分以及性能混合准则的影响下，多主元合金可表现出很多独特的物理性能和力学性能，如 $Sr_{20}Ca_{20}Yb_{20}(Li_{0.55}Mg_{0.45})_{20}Zn_{20}$ 高熵非晶合金的晶化温度已经接近室温，表现出优异的橡皮泥机械性能，在压缩过程中出现明显的稳定塑性变形阶段，且其弹性模量仅为16GPa。Jiang[32]采用粉末冶金法制备出具有单一钙钛矿型结构（ABO_3）的高熵氧化物陶瓷：$X(Zr_{0.2}Sn_{0.2}Ti_{0.2}Hf_{0.2}M_{0.2})O_3$和（X为Sr、Ba；M为Mn、Nb、Ce或Y），其施密特因子接近1，而且随着添加元素的改变，高熵氧化物陶瓷可以在很大的温度范围内形成。

高熵合金具有四大效应：在热力学上为高熵效应；在动力学上为延迟扩散效应；在结构上为晶格畸变效应；在性能上为鸡尾酒效应。高熵合金的多种主要元素混合方式，导致了材料的混合熵达到最大，高混合熵抑制了金属间化合物的形成，促进了晶体结构简单的饱和固溶体形成。最新研究发现，高熵合金的固溶体结构中存在明显的元素波动，通过控制高熵合金中的元素浓度波动，可以有效改善高熵合金的综合力学性能。高熵合金中还可能析出弥散分布的纳米晶甚至非晶结构，在固溶强化、析出强化、纳米/非晶复合强化等方面能够显著提高高熵合金的力学性能。在多种机制的耦合作用下，高熵合金具有很多传统材料无法比拟的优异性能，如在力学、电磁学、耐高温、抗腐蚀等方面表现突出，因此高熵合金被视为有望解决目前工程领域材料性能瓶颈问题的关键材料之一。

高熵合金材料作用机理是当今材料研究的热点之一，处于百花齐放的发展状态，锶在高熵合金乃至高熵化合物领域的研究和应用前景广阔。

5.7 锶渣固废资源化领域

据统计，每生产1t碳酸锶约产生2.5t废渣，我国每年排放的锶渣大约有500万吨。目前，全国锶盐废渣大量累积，尚无有效方法和完整工艺来处理，不仅产生环境污染、带来安全隐患，而且造成大量锶资源的浪费[33]。

锶渣堆放过程中经雨水淋浸，产生渗出液，其中硫化物、锶、钡等主要污染物的浓度较高，对环境造成一定污染，不但破坏生态平衡，而且危害人类健康[34,35]。锶渣渗出液的成分复杂，污染物含量严重超标，渗出液中的硫化物对农作物也有一定影响[36]。此外，锶渣中含有细颗粒与细粉尘，这些粉尘物对矿区周边大片区域造成大气粉尘污染。锶渣的堆放还会影响到区域生物的多样性[37,38]。因此，目前急需寻找安全有效的锶渣利用途径。

5.7.1 锶渣来源

锶渣主要产生于碳酸锶生产的浸取工艺，是浸取后未反应的矿石及煤的混合物等。我国碳酸锶的生产以碳还原法为主，碳还原法分为配料、焙烧、浸取、碳化、脱硫、脱水和烘干七步。在浸取工段，将焙烧得到的 SrS 黑料送入浸取罐，加水进行浸取，溶出 SrS，将得到的黄色水溶液中的钡、钙去除后，注入计量罐，排出锶渣。主要化学反应方程式为[39]：

$$2SrS + 2H_2O \longrightarrow Sr(OH)_2 + Sr(HS)_2$$

5.7.2 锶渣性质

5.7.2.1 物理性质

刚出炉的锶渣含水量高、色泽深、呈灰黑色，干燥后其色泽变淡、呈灰色。锶渣的密度为 $(2.34 \sim 2.75) \times 10^3 kg/m^3$，自然堆积密度约为 $1.15 \times 10^3 kg/m^3$[40,41]。西南某碳酸锶生产企业的锶渣含水率和粒径进行测定，结果显示，含水率为 $11.2\% \sim 18.6\%$，粒径为 $0.35 \sim 4.75mm$[42]。

5.7.2.2 化学性质

（1）化学成分

锶渣的元素组成以硫、钙、铝、硅、铁和镁为主，化学组分分析结果表明，其主要组分和含量范围为：$3.90\% \sim 5.50\%$ 的 SO_3，$25.1\% \sim 28.82\%$ 的 CaO，$1.36\% \sim 7.30\%$ 的 Fe_2O_3，$4.85\% \sim 6.43\%$ 的 Al_2O_3，$9.46\% \sim 24.70\%$ 的 SiO_2，$1.01\% \sim 7.70\%$ 的 MgO。根据化学成分计算

碱性模量,用来判断其酸碱性,碱性模数 M_0=(CaO 含量 +MgO 含量)/(SiO_2 含量 +Al_2O_3 含量),锶渣的 M_0 一般为 0.84～2.55,所以锶渣基本上呈碱性[43]。烧失量反映锶渣中的残余碳含量,在生产碳酸锶时,如果煅烧温度和时间控制不当,碳和锶渣中有机成分就不能充分燃烧,会直接影响锶渣的烧失量。锶渣的烧失量在 3%～13% 之间,一般认为烧失量越小,工业废渣的火山灰活性和自硬性会越好[44]。

(2)重金属含量

锶渣含有铬、镍、砷、镉和钡等重金属,以西南某碳酸锶生产企业产生的锶渣为例,共检出 Ba、As、Cr、Cu、Ni、Pb、Be 和 Cd 共 8 种重金属元素,其含量如表 5-4 所列。

表 5-4 锶渣中的重金属含量　　　　单位:mg/kg

元素	Be	Cr	Ni	Cu	As	Cd	Ba	Pb
均值	2.4±1.1	30.0±5.2	18.0±1.5	33.0±3.5	15.0±1.7	1.1±0.1	3420.0±580.0	3.8±0.7
最大值	4.2	84.0	35.0	61.0	25.0	2.2	6020.0	12.0

但是,锶渣的浸取液中仅有 As、Ba、Pb 被检出,这 3 种重金属离子的浸出浓度的最大值均低于《危险废物鉴别标准 浸出毒性鉴别》(GB 5085.3—2007)相关标准限值[42]。常规分析认为,锶渣中的高浓度 Sr 对人体健康会产生危害,受降水等环境因素的影响,长时间堆积的锶渣仍具有一定的浸出危害。

5.7.3　锶渣利用
5.7.3.1　建筑材料
(1)用作路基填充材料

锶渣的硬度较高,还具有良好的颗粒级配,是较好的填充材料。它是一种活性较高的碱性水淬渣,可以为水泥或石灰提供很好的碱凝结环境,可以参照低等级粉煤灰使用要求,应用于道路工程。这可以有效地解决锶渣的堆积问题,实现锶渣的再利用[44]。

(2)制备水泥

水泥复合矿化剂可以提高水泥强度,加快水泥水化硬化速度,提高窑炉产量。锶钡水泥煅烧复合矿化剂的主要原料是锶渣和钡渣。其中,锶渣占比为 15%～85%,钡渣为 15%～85%。在制备水泥的过程中,人们利用熟料高温反应时锶、钡等特殊组分可以固溶到水泥熟料矿物内部这一性质,降低水泥熟料煅烧过程中液相出现的温度及熟料烧成时间,提高液相量及原料颗粒固相反应速度,改善生料的易烧性,从而提高熟料矿物的水化反应活性和水泥硬化速度,缩短水泥凝结时间,提高水泥早期强度,全面改善水泥质量。

锶渣也可作为硅酸盐水泥掺合料。Wang 等[45]对掺加磨细锶渣的硅酸盐水泥的性能进行研究,结果表明,随着锶渣含量的增加,水泥的凝结时间和需水量增加。对于锶渣含量为 5% 的水泥,浆体流动性较好,砂浆抗压、抗折强度较高,空隙率较低;当锶渣含量达到 10% 或 15% 时,水泥浆体的流动性和水泥砂浆的强度仅受到轻微影响。但当锶渣含量达到 20% 时,水泥浆体的流动性和强度明显降低。对于含磨细锶渣的水泥,锶渣可提高砂浆抗压能力和抗折强度。锶渣在硫铝酸盐水泥生产中也有应用,掺入适量锶渣代替石灰石和石膏,可提高硫铝酸盐水泥早期和后期的抗压强度[46]。水泥生产量大,将锶渣作为水泥掺合料是回收锶渣的有效途径。

5.7.3.2 环保领域

生活中磷引起的水体富营养化问题亟待解决,现有的除磷方法有很多,主要有吸附法、生物除磷法、化学沉淀法和结晶法等。浸取回收氯化锶后,剩余的二次锶渣含有 Si、Fe、Al 等成分。焙烧后的二次锶渣,有序结构被破坏,表面及内部形成较多的孔隙,比表面积增加,表面活性增强,吸附能力提高,可用于处理含磷废水[47]。

铬的化合物广泛应用于冶金、电镀、制革、油漆和印染等行业,其生产过程会排放大量含铬废水。二次锶渣表面及内部有较多的孔隙,具有很强的吸附能力,也可用于处理含铬废水[47,48]。

5.7.3.3 制备化学品

（1）制备氯化锶

碳酸锶提取过程会产生大量锶渣，其锶含量超过 20%，因此进一步浸出回收锶，能大幅度提高锶矿石中锶的回收率[49]。首先将锶渣磨粉，然后过 100 目筛；往过筛后的锶渣粉末中加入盐酸，其中 1.25mL 盐酸对应 1g 锶渣粉末，然后搅拌，反应 2～4h，锶渣中的锶与盐酸反应生成氯化锶，反应结束后进行过滤，得到清液；往清液中加入硫酸，检测锶渣中的钡含量，根据除钡用硫酸理论值的 1.2～1.5 倍加入硫酸，然后进行搅拌，反应 1～2h；反应结束后，往溶液中加入氢氧化锶，调节溶液 pH 值，使其保持在 6.5～7.5，静置，待完全沉淀后过滤得到滤液；最后加热蒸发，结晶得到氯化锶[50]。

（2）制备高纯氢氧化锶

首先将锶渣研磨并溶解于水中形成浆料，向浆料中加入硫酸和盐酸的混合溶液，调控溶液的 pH 值，使其保持在 0～0.2，加热（温度维持在 80～100℃）后恒温 0.5～2.0h，再过滤分离沉淀物，得到液态的第一溶液；向第一溶液中加入氢氧化钠溶液，调控 pH 值，使其保持在 7.0～9.5，加热（温度维持在 50～75℃）后恒温 0.5～2.0h，再过滤分离沉淀物，得到液态的第二溶液；向第二溶液中加入氢氧化钠溶液，调控溶液的 pH 值，使其保持在 10～12，加热（温度维持在 40～70℃）后恒温 0.5～2.0h，再过滤分离沉淀物，得到的溶液为氯化锶溶液；去离子水稀释后，加入氢氧化钠溶液进行碱析，析出结晶后过滤，得到粗制氢氧化锶晶体；将粗制的氢氧化锶晶体重结晶，得到高纯氢氧化锶晶体[51,52]。

参考文献

[1] 卢烁十. 几种硫酸盐矿物浮选的晶体化学研究. 沈阳：东北大学，2008.

[2] Kamphuis B, Potma A W, Prins W, et al. The reductive decomposition of calcium sulphate—Ⅰ. Kinetics of the apparent solid-solid reaction. Chemical Engineering Science, 1993, 48（1）：105-116.

[3] Robbins L A. Gas Adsorption and polymorphism in the reduetive

[4] 陈雯，朱云，杨慧振. 还原-分解法生产碳酸锶的研究. 昆明理工大学学报，1996，21（6）：86-91.

[5] 张雪梅. 密度泛函方法研究硫酸钙的还原分解机理. 上海：华东理工大学，2012.

[6] Ghardashkhani S, Lindqvist O. Some aspects of calcium sulphite reduction with carbon monoxide. Thermochrmlca Acta, 1991, 190: 307-318.

[7] Ghardashkhani S, Cooper D A. A thermogravimetric study of the reaction between sulfur dioxide and calcium oxide. Thermochimica Acta, 1990, 161(2) 327-337.

[8] 陈思明，段东平，韩宏亮. $SrSO_4$ 含碳球团还原过程的热力学及动力学研究. 湖南科技大学学报（自然科学版），2019，34（1）：16-24.

[9] 陈思明. 天青石矿中 Sr/S 高效分离机制研究. 北京：中国科学院大学，2018.

[10] Erdemoğlu M, Sarıkaya, Canbazoğlu M. Leaching of celestite with sodium sulfide. Journal of Dispersion Science and Technology, 2006, 27: 439-442.

[11] Aydoğan S, Erdemoğlu M, Aras A, et al. Dissolution kinetics of celestite ($SrSO_4$) in HCl solution with $BaCl_2$. Hydrometallurgy, 2006, 84: 239-246.

[12] Suarez-Orduna R. Exchange of SO_4^{2-} ions with F- ions in mineral celestite under hydrothermal conditions. Solid State Ionics, 2004, 172（1-4）: 393-396.

[13] Rendón-Angeles J C, Matamoros-Veloza Z, Matamoros V A, et al. Facile synthesis of perovskite-structured powders using barite-celestite ore under hydrothermal alkaline conditions. Industrial & Engineering Chemistry Research, 2017, 56（36）: 9942-9952.

[14] Rendón-Angeles, J C, Matamoros-Veloza Z, López-Cuevas J, et al. Rapid synthesis of scheelite $SrWO_4$ particles using a natural $SrSO_4$ ore under alkaline hydrothermal conditions. Hydrometallurgy, 2015, 157: 116-126.

[15] Diaz-Algara J, Rendón-Angeles J C, Matamoros-Veloza Z, et al. Single-step synthesis of $SrMoO_4$ particles from $SrSO_4$ and their anti-corrosive activity. Journal of Alloys and Compounds, 2014, 607: 73-84.

[16] Turianicová, E, Obut A, Zorkovská A, et al. The effects of LiOH and NaOH on the carbonation of $SrSO_4$ by dry high-energy milling. Minerals Engineering, 2013, 49: 98-102.

[17] Chen S M, Duan D P, Liu Y, et al. High efficient Sr/S isolation for preparing Sr(OH)$_2$ from celestite (SrSO$_4$) in alkaline solution. J. Cent. South Univ. 2019, 26: 219-228.

[18] 魏坤浩. 氯化锶/膨胀石墨复合吸附剂的优化制备及吸附特性研究. 济南: 山东大学, 2018.

[19] 黄雯, 傅远飞, 张保卫. 锶对骨代谢影响的研究进展. 中国口腔种植学杂志. 2010, 3(15): 153-156.

[20] Schroeder H A, Tipton I H, Nason A P. Trace metals in man: Strontium and barium. Journal of Chronic Diseases, 1972, 25(9): 491-517. DOI: 10.1016/0021-9681(72)90150-6.

[21] Yekta S, Sadeghi M. Investigation of the Sr^{2+} ions removal from contaminated drinking water using novel CaO NPs@ MOF-5 composite adsorbent. Journal of Inorganic and Organometallic Polymers and Materials, 2018, 28(3): 1049-1064. DOI: 10.1007/s10904-017-0765-8.

[22] Morita H, Shimomura S, Kimura A, et al. Interrelationship between the concentration of magnesium, calcium, and strontium in hair of Japanese school children. Sci Total Environ, 1986, 54: 95.

[23] 吴茂江. 锶与人体健康. 微量元素与健康研究, 2012, 5(29): 66-67.

[24] 秦俊法, 华栋, 李增禧. 微量元素与心血管疾病. 广东微量元素科学, 2002, 9(11) 1-15.

[25] 黄胥莱, 高亚男, 张养东, 等. 食品中锶功能的研究进展. 食品科学. https://kns.cnki.net/kcms/detail/11.2206.TS.20220930.1706.008.html.

[26] 陶勇, 徐方. 锶与健康(综述). 卫生研究, 1993, 4: 213-217.

[27] Watts P, Howe P. Strontium and strontium compounds. World Health Organization, 2010.

[28] Chiu C Y, Chiu H C, Liu S H, et al. Prenatal developmental toxicity study of strontium citrate in Sprague Dawley rats. Regulatory Toxicology and Pharmacology, 2019, 101: 196-200. DOI: 10.1016/j.yrtph.2018.12.003.

[29] 康颖, 刘晓梅. 核素[89]锶在骨转移性癌痛治疗中的进展. 实用疼痛医学, 2018, 4(14): 305-308.

[30] 王中, 查显弧, 吴泽, 等. Mn掺杂锶铁氧体SrFe$_{12}$O$_{19}$电子结构及磁性的第一性原理研究. 无机材料学报, 2019, 34(10): 1047-1054.

[31] Gao X Q, Zhao K, Ke H B, et al. High mixing entropy bulk metallic glasses.

Journal of Non-Crystalline Solids，2011，357（21）：3557-3560.

[32] Jiang S，Hu T，Gild J，et al. A new class of high-entropy perovskite oxides. Scripta Materialia，2018，142：116-120.

[33] 曲歌. 锶尾矿对环境的影响及回收锶盐研究. 重庆：重庆大学，2008.

[34] 周国正. 锶锰尾矿对环境的影响及其资源化利用研究. 重庆：重庆大学，2009.

[35] 徐龙君，曲歌，赵庆，等. 锶尾矿和废渣的污染现状及资源化利用进展. 资源环境与工程. 2008，22（2）：222-224.

[36] 韩松昊，税鹏，余超，等. 中国锶资源现状及可持续发展建议. 科技通报，2018，34（1）：2-3.

[37] 韦广林. 锶盐废渣在农村公路基层中的应用研究. 重庆：重庆交通大学，2008.

[38] 李玉龙. 碳酸锶废渣中锶回收利用的工艺研究. 西宁：中国科学院大学，2012.

[39] 乔如陆，马研，盛广宏. 锶渣的性质及其利用方式. 中国资源综合利用，2019，37（11）：169-171.

[40] 张鸣功. 锶渣混凝土性能及在农村公路中的应用研究. 重庆：重庆交通大学，2009.

[41] 司晨浩. 锶渣浸出特性研究及在矿山酸性废水处理中的应用. 马鞍山：安徽工业大学，2017.

[42] 王希尹，杨延梅，杨玉飞，等. 碳酸锶生产中锶盐废渣的危险特性分析. 环境工程技术学报，2018，8（3）：298-300.

[43] 赵美玲. 锶渣水化特性及锶渣水泥砂浆性能研究. 重庆：重庆交通大学，2008.

[44] 程新，常钧，叶正茂，等. 一种锶钡水泥煅烧复合矿化剂. CN200910016215.1. 2012-05-23.

[45] Wang T，Tang B. Utilization of pulverized strontiumslag as the admixture of Portland cement. Journal of Thermal Analysis and Calorimetry，2018，132（1）：1-7.

[46] Tan W J，Chang J，Wu H Z，et al. Researchon calcium strontium sulphoaluminate cement with strontium slag as raw material. The 11th International Conference on Advance in Concrete Technology and Sustainable Development，2011.

[47] 周乐. 二次锶渣处理含磷、铜废水的研究. 重庆：重庆大学，2012.

[48] 杨雪艳，刘成伦. 锶渣处理含铬废水的研究. 无机盐工业，2011，43（10）：54-56.

[49] 孙士坤. 一种回收利用锶盐残渣制备碳酸锶的新方法. 无机盐工业，2015，

47（5）：51-52.

[50] 马文清，汤如赟，王之中，等. 一种利用锶渣制备氯化锶的方法. 中国，CN201410269861. X. 2014-09-24.

[51] 金建华，俞青芬，李磊，等. 一种利用锶渣制备高纯氢氧化锶的方法. 中国，CN201510761420. 6. 2015-11-10.

[52] 邹兴武. 典型锶化合物结晶调控机制研究. 北京：中国科学院大学，2020.

第6章
千"锶"万缕：
锶增强材料与强化机理

6.1 高纯金属锶及其净化机理
6.2 锶增强合金材料的作用与机理
6.3 锶增强磁性材料的作用与机理
6.4 锶增强发光材料的特性与机理
6.5 锶增强介电材料的作用与机理

参考文献

6.1 高纯金属锶及其净化机理

1808 年，Humphry Davy 利用电解法从钾盐中分离出金属锶，命名为 strontium，元素符号用 Sr。锶是一种银白色有光泽的金属，质软、容易传热导电，密度 2.64g/cm³，熔点 777℃，沸点 1377℃；属立方晶系，原子体积 33.3cm³/mol，原子半径 215pm，离子半径 112pm，第一电离能 552kJ/mol，电负性 0.95。锶的标准电极电位为 -2.87V；硬度为 1.5（莫氏硬度），电阻率 $4.2×10^{-6}Ω·cm$，主要氧化数 ±2。见表 6-1。

表 6-1 金属锶性质

物理性质	数值
熔点	1050K（777℃）
密度	2.64g/cm³
沸点	1650K（1377℃）
氧化态	+1，+2
莫氏硬度	1.5
电负性	0.95
磁性	顺磁性
原子半径（经验）	215pm

6.1.1 高纯金属锶的制备方法

金属锶的制备方法主要包括真空还原法和电解法，目前这两种方法制备的产品中仍然存在较高含量的杂质。制备高纯金属锶需要将其中的耐高温金属铁、硅、镍、铜等去除，还要将不耐高温的钙、锌、钾、钠、铅及非金属氧化物有效地去除。高纯金属锶是半导体，是电子工业重要的基础原材料，广泛应用于多种化合物半导体、外延片、二极管、靶材、真空管等器件。高纯锶的纯度是制约其发展的重要因素。

金属锶在高温下具有较高的蒸气压（1600K，35×10⁻³Pa），并随温度升高迅速降低，因此一般采用真空蒸馏的方式，利用熔点和蒸气压差异来提纯金属锶，各种杂质元素的分离效果需要根据其蒸气压、含量与蒸馏温度等工艺参数对比计算获得蒸发速率。高熔点的杂质元素留在熔炼区，通过在冷凝塔中设置不同的冷凝盘使高熔点、低饱和蒸气压的杂质留在冷凝塔底部区域，使低熔点、高饱和蒸气压的杂质冷凝在冷凝塔上部区域，主体金属在冷凝塔中间区域。

金属锶的蒸气压与温度的关系如下：

$$\lg(p/\text{kPa}) = \begin{cases} -9.45\times10^3 T^{-1} - 1.31\lg T + 12.20 & 813\text{K} < T < 1041\text{K} \\ -9.00\times10^3 T^{-1} - 1.31\lg T + 11.76 & 1041\text{K} \leq T < 1623\text{K} \end{cases}$$

6.1.2　金属锶净化合金熔体机理

金属锶与钙有类似的化学性质，在工程中的应用往往和钙有许多相似点。在钢铁生产中，锶可以用于钢液的净化，比铝净化钢更具优势。铝净化钢由于生成高熔点的氧化铝夹杂，容易引起浇口结瘤，恶化连铸条件。而采用锶或钙进行处理，由于其低熔点特性，可以迅速气化分布于钢液中，可以和氧化铝夹杂生成熔点更低的氧化物，将夹杂物改性为液相，同时实现对夹杂物成分和状态的优化处理，因此锶和钙可以用于高品质钢材的精炼和夹杂物控制。在处理改性钢中夹杂物的同时，锶或钙也会和钢液中的 P、S 等元素反应，降低 MnS 等杂质偏析，提高钢材的纯净度。有研究人员发现，锶或钙不仅可以在冶炼过程中改善夹杂，优化铸造组织中的夹杂形貌、减小夹杂尺寸，对钢材组织也有细化晶粒的作用。

无氧铜和紫杂铜的冶炼过程中，会含有氧、硫、锡、碲、铋、铅、铝、铁、锌等杂质。这些杂质易使无氧铜出现晶粒粗大和组织疏松等现象，从而导致无氧铜的导热性、导电性和抗拉强度显著降低，严重时甚至会造成生产过程中铸杆的断裂。氧和硫在铜中会形成 Cu_2O、Cu_2S 脆性夹杂物，降低无氧铜的塑性；铋、铅可与铜生成低熔点共晶化合物，导致铜材轧制开裂。P、

Ca、Sr、Li、Mg、CaC_2、Mg_3B_2、稀土等可作为铜冶炼中的脱氧剂和除杂剂。Sr 在铜中的固溶度极小，与铜中的杂质反应生成高熔点化合物或者金属间化合物，显著提高铜材的纯净度和导电性。为保证铜铸锭不出现晶粒过大的缺陷，可以添加 SrB_6、稀土等复合精炼剂实现提高纯净度和细化晶粒的双重效果。

对于铝合金而言，锶是表面活性元素，是长效变质剂和晶粒细化剂。锶与铝可生成 Al_4Sr、Al_2Sr、Al_7Sr_8 等金属间化合物，锶通过改变初生相和其他金属间化合物的晶体学行为而起到变质和细化晶粒的作用，从而改善铝合金塑性加工性能和产品质量。在 Al-Si 合金中锶作为变质剂应用最为广泛，其变质机理目前公认的有两种：一种是锶在合金中一般溶解度低，凝固过程中会在凝固界面前沿形成成分过冷，促进共晶相的析出，这些相在晶界处析出并长大，阻碍了初晶相的长大，实现了晶粒的细化和成分的均匀化，对材料的强度、韧性、抗腐蚀性等有明显的改善；另一种理论认为锶是表面活性元素，容易吸附在初晶相表面，在固液界面前沿形成锶的吸附膜，导致初晶相不能沿着优势晶面迅速生长，降低生长速率，增加了晶粒形核率，从而实现晶粒细化和初晶相的形貌控制。这些机理在高硅合金中体现明显，添加锶以后，初晶硅相由针状改变为球状且粒度减小，使得变形合金的抗拉强度、屈服强度、延伸率等力学性能显著提升，也改善了加工性能，有利于冷轧和热轧。作为铝合金长效变质剂，相比钠变质剂，锶变质剂无毒、具有长效性、对设备无腐蚀作用，以中间合金形式加入，锶元素回收率高且稳定、添加量小，效果显著。

镁合金密度低，具有比强度高、电磁屏蔽和抗震能力强等优点，在汽车、航空航天及其他领域的应用潜力巨大。镁合金引入比稀土元素更廉价的 Sr 元素，发展了先进的抗蠕变 AJ（Mg-Sr）、AJX（Mg-Sr-Ca）系列镁合金。Sr 在镁基体中的固溶度微乎其微，因此 Sr 元素一般在镁合金中以二元或三元的高熔点第二相形式存在于晶界处，不仅能细化晶粒，还能阻止高温下晶粒长大和晶界滑移，以提高其蠕变性能，例如 AJX 合金的高温蠕变速率甚至低于 Mg-Nd 合金。锶对镁合金的组织调控和耐热性的提升具有显著效果，

Sr 元素也可用于改善 AZ、AM 系镁合金的铸造性能和组织结构，锶在镁合金中的强化机理研究、耐蚀性研究、铸造和变形性能研究等都是当下研究的热点。

6.1.3 金属锶净化气体机理

金属锶的标准电极电位 Sr^{2+}/Sr 是 $-2.87V$，其 Pauling 电负性为 0.95，这代表锶具有极其活泼的化学性质。锶加热到熔点时可以燃烧生成氧化锶（SrO），在加压条件下与氧气化合生成过氧化锶（SrO_2）。锶和卤素、硫、硒等容易化合，常温时可以与氮化合生成氮化锶（Sr_3N_2），加热时与氢化合生成氢化锶（SrH_2），和盐酸、稀硫酸剧烈反应放出氢气。锶在常温下可与水反应生成氢氧化锶和氢气，在空气中表面会被氧化成黄色，应保存在煤油中。

金属锶比大多数金属活泼，因此可以用做冶炼金属的热还原剂，从氧化物、卤化物中制取铬、钍、铀、稀土元素、锆，以及磁性材料钐钴合金、吸氢材料镧镍合金和钛镍合金等。锶与 O、N、P、S 等元素往往优先反应，因此在冶金行业、真空器件等场合有脱氧、除杂、吸气、吸氢等重要作用。

6.2 锶增强合金材料的作用与机理

6.2.1 锶在合金材料中的配位机理

锶在 s 区元素中原子量较大，原子和离子（Sr^{2+}）半径大，在 $SrCd_{11}$、$SrZn_{13}$ 等材料中发现 2～24 各种配位数的金属间化合物，这种情况也在大原子半径的 Ba 原子上出现。据统计实验观测到的 22 种金属元素与 Sr 产生的二元稳定金属间化合物有 98 种（见表 6-2）。除此以外，一些与钙等碱金属结合力弱的有机物分子，和锶容易形成稳定的大配位数化合物。研究人员认为这和锶的大原子尺寸关系密切。

表 6-2 实验观测到的锶的二元金属间化合物

原子	分子式	原子	分子式	原子	分子式	原子	分子式	原子	分子式
H	SrH_2	Zn	$SrZn$	Ag	Sr_3Ag_2	Sn	Sr_5Sn_3	Hg	$SrHg_8$
Li	Sr_3Li_2		$SrZn_5$		Sr_7Ag_3		$SrSn_4$		$Sr_{13}Hg_{58}$
	Sr_6Li_{23}	Ga	$SrGa_4$		$SrAg$	Sb	$SrSb_2$		$SrHg_{11}$
Be	$SrBe_{13}$		$SrGa_2$		$SrAg_5$		Sr_2Sb_3	Tl	$SrTl_2$
Mg	Sr_6Mg_{23}		Sr_8Ga_7	Cd	$SrCd$		$Sr_{11}Sb_{10}$		$SrTl$
	Sr_2Mg_{17}		$SrGa$		$SrCd_{11}$		Sr_5Sb_3		Sr_2Tl_3
	$SrMg$	Ge	Sr_2Ge		$SrCd_2$		Sr_2Sb		Sr_3Tl_5
	$SrMg_2$		$SrGe$		Sr_5Cd_3	Pt	$SrPt_5$	Pb	$SrPb_3$
Al	Sr_5Al_9		Sr_5Ge_3	In	$SrIn_2$		Sr_7Pt_3		Sr_2Pb
	$SrAl_4$		$SrGe_2$		Sr_3In_{11}		$SrPt_2$		$SrPb$
	$SrAl_2$		Sr_7Ge_6		$Sr_{28}In_{11}$		Sr_5Pt_4		Sr_2Pb_3
	Sr_8Al_7		$SrGe_3$		$SrIn$	Au	$SrAu_2$		Sr_5Pb_4
	$SrAl$	Rh	$SrRh_2$		Sr_5In_3		$SrAu$	Bi	$Sr_{11}Bi_{10}$
	Sr_3Al_2		Sr_2Rh		$Sr_{11}In_7$		Sr_7Au_3		Sr_2Bi_3
	Sr_2Al		Sr_8Rh_5		$SrIn_4$		Sr_3Au_2		Sr_5Bi_3
Cu	$SrCu$	Pd	$SrPd_2$		$SrIn_3$		$SrAu_5$		Sr_4Bi_3
	$SrCu_5$		$SrPd_5$	Sn	$SrSn_3$	Hg	$SrHg_3$		$SrBi_3$
Zn	$SrZn_{11}$		Sr_2Pd		Sr_2Sn		$SrHg$		Sr_2Bi
	$SrZn_2$		$SrPd$		$SrSn$		Sr_3Hg_2		
	$SrZn_{13}$	Ag	$SrAg_2$		Sr_3Sn_5		$SrHg_2$		

金属锶属立方晶系,一般认为固态下有两种同素异形体,如表 6-3 所列。α-Sr 常温稳定结构为面心立方结构(fcc),547℃以上转变为 β-Sr 体心立方结构(bcc)。也有一些研究人员发现存在密排六方结构(hcp)的金属锶。由于其常温下主要为面心立方结构,因此金属锶具有很好的加工塑性和延伸率,很容易制备成各种锭、棒、线、颗粒等产品。

表6-3 锶同素异形体晶体结构参数

晶相	晶体结构	特征标记	空间群（编号）	晶格常数/Å	温度/℃
α-Sr	立方晶型	cF4	Fm$\bar{3}$m（225）	6.08	< 547
β-Sr	立方晶型	cI2	Im$\bar{3}$m（229）	4.87	547～769

6.2.2 锶对合金机械性能的强化机理

向镁合金中加入 Sr 元素，可在晶界处形成高熔点相，能阻止高温下晶粒长大和晶界滑移，起到细晶强化的作用，从而提高镁合金的抗蠕变性能。锶还可以和其他元素一起增进效果。

细晶强化是合金材料强化的基本手段之一。根据 Hall-Petch 公式，材料屈服强度和晶粒尺寸的平方根成反比，晶粒越细、强度越高。目前，对镁合金晶粒起到细化作用的元素主要有 C、B、Si、Ca、Sr、Ti、Re、Sb 和 Zr 等元素。但由于镁合金中合金元素化学性质差异大，不同的细化剂只能适用于特定种类和牌号的镁合金，也有研究人员在复合添加细化剂方面开展研究。

研究发现，锶对纯镁和含铝镁合金的晶粒细化作用较为明显，且纯镁的效果好于镁合金。锶对不含铝的镁合金晶粒也有一定的细化作用，例如 Mg-Zn-Zr-Gd、Mg-Zn-Zr-Y、Mg-Zn-Ca、Mg-Zn-Ca-Mn、Mg-Zn、Mg-Sn 等。锶和锆元素复合添加对稀土耐热镁合金的基体晶粒具有显著细化作用，对稀土高温相没有损害，可明显提高合金的强度和抗蠕变性能。

国内外研究人员研究了锶的含量、冷却速率、中间合金种类（Mg-Sr/Al-Sr）和状态（铸造、挤压、轧制、热处理）等对镁合金的影响，发现锶对镁合金组织有较大的影响。锶对镁合金晶粒细化作用的研究工作主要集中在澳大利亚昆士兰大学和重庆大学等单位。

Sr 不仅可以细化镁合金晶粒，而且对镁合金中的合金相具有细化和变质作用。在含硅的镁合金中，由于 Mg_2Si 相呈粗大汉字形状，对镁合金塑性和韧性非常不利，添加微量锶以后可以显著细化 Mg_2Si 相，让其转变为细颗粒状。锶细化 Mg_2Si 相的机理目前普遍认为存在两个方面：一方面是锶在镁合金中固溶度低，凝固时多余的锶富集到 Mg_2Si 相凝固界面前沿，影响了其生长优势面的快速生长，使生长受限，低生长速率使得熔体有更充足的时间产生更多的晶核，最终使晶粒细化，从而改变了初晶相的形状和尺寸；另一方面是锶在凝固界面前沿的富集，增加了液相区的过冷度，促进 Mg_2Si 相迅速大量形核，这一情况在高硅铝合金中也有相似的效果。在 Mg-Sn-Ca 合金中，添加锶可以显著细化初晶相 CaMgSn。在 AZ 系列镁合金中，添加锶可以改变脆性相 Al_2Ca、$Mg_{17}Al_{12}$ 等的组织形貌，通过对粗大第二相的改性，使其从粗大连续状态转变为细小分散状态，从而细化了晶粒，增加了合金相对位错和裂纹的阻碍作用。

镁合金的耐热性能较差，温度升高时，其强度和抗蠕变性能急剧降低，极大地限制了镁合金在汽车、电子和航空航天等领域的广泛应用。锶和镁合金中的元素化合生成的 Al_4Sr、$Mg_{13}Al_3Sr$、$Mg_{17}Sr_2$、$SrSnMg$、$Mg_{11}Zn_4Sr_3$ 等高熔点的金属间化合物，具有热稳定性，能够钉扎晶界，阻止晶界滑移，起到晶界强化的作用，从而提高镁合金的高温力学性能。在稀土镁合金中加入锶不仅可降低其制造成本，对合金的组织有很好的细化效果，还可使第二相含量增加并且在晶界处分布更加均匀，因为锶富集于晶粒表面，在晶界处形成含锶的第二相，对晶格缺陷多、扩散速率高的晶界性质改性，可使晶界强化、稳定，从而提高稀土镁合金抗蠕变性能。锶在耐热合金方面的研究受到大量研究人员的关注，而且研究锶和其他元素复合添加的合金化方法越来越受重视。

6.2.3 锶对合金耐蚀性能的强化机理

金属镁腐蚀电位较低，镁合金中第二相易与镁基体形成微电偶而对其造成严重的腐蚀，且镁合金的表面氧化层疏松多孔，不能有效保护基体。镁合金耐腐蚀性差大大限制了其在工程中的应用，提高耐蚀性是镁合金的重要研究方向之一。

镁合金的成分、相组织、微观组织等都会影响其腐蚀性能，添加合适的合金化元素是改善镁合金耐蚀性的重要方法之一。合金化可以改善镁合金的基体相与合金强化相的化学组成和腐蚀电位（见图 6-1），还可以调节强化相的分布和形貌，从而设计出耐腐蚀的镁合金材料。

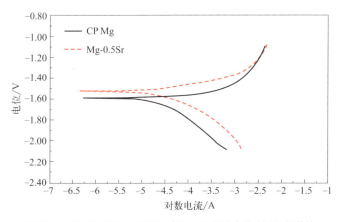

图 6-1　纯 Mg 和 Mg-0.5 Sr 在 Hank 溶液中的腐蚀极化曲线

锶可以通过细化晶粒提高镁合金的成分均匀性，使强化相细化和均匀化，降低其局部阴极作用，从而降低腐蚀。在 Mg-Al-Sr 合金中，不同的 Sr/Al 比会导致不同的相生成，可以通过添加 Sr 调节合金的相比例。Sr/Al 略低于 0.3 时，会形成 Al_4Sr 金属间化合物；若远远小于 0.3，则会形成 $Mg_{17}Al_{12}$ 相；而高于 0.3 时则会生成 MgAlSr 三元合金相，即 Sr 的添加会细化和分解 $Mg_{17}Al_{12}$ 相，形成新相，减轻镁基体和 $Mg_{17}Al_{12}$ 相的微电偶腐蚀。而在不含铝或者铝含量很少的镁合金中，锶与镁生成弱阴极相 $Mg_{17}Sr_2$，少量时腐蚀慢；但随着该相增加，腐蚀也会加快。锶和其他元素（如稀土元素、Sn 等）的复合使用，可以通过调节相的成分和分布起到降低腐蚀速率的作用。

6.3　锶增强磁性材料的作用与机理

6.3.1　锶铁氧体的磁性强化机理

1938 年，北欧晶体学家由天然磁铅石 Pb（$Fe_{7.5}Mn_{3.5}Al_{0.5}Ti_{0.5}$）$O_{19}$ 的晶体结构得到启示，制备了铁氧体材料 $PbFe_{12}O_{19}$、$BaFe_{12}O_{19}$ 和 $SrFe_{12}O_{19}$。这些化合物的晶体结构属于六角晶系（$C6/mmm$），如图 5-10 所示[1]。锶铁氧体具有较高饱和磁化强度、大矫顽力以及高各向异性，这些特性使上述材料作为永磁铁氧体以及磁记录材料得到了广泛研究与应用。

磁铅石的晶体结构非常复杂，其中 O^{2-} 在垂直（001）方向是六角紧密堆积，堆积顺序为 ABABAB……或 ACACAC……，四个连续层每层包含 4 个 O^{2-}，第五层中含有 3 个 O^{2-} 和 1 个 Sr^{2+}，这是由于 O^{2-} 和 Sr^{2+} 的离子半径比较接近。每五层形成 1 个锶铁氧体分子，每两个锶铁氧体分子形成 1 个晶胞。每个分子与上层或是下层分子具有 180° 旋转对称性，对称轴是 c 轴，包含 Sr^{2+} 的 O^{2-} 层为反射平面。半径较小的 Fe^{3+} 只能占据 O^{2-} 和 Sr^{2+} 堆垛后形成的间隙位置。

在 M 型锶铁氧体结构中，Fe^{3+} 占据 5 种不同的晶位，分别是八面体晶位的 $2a$、$4f_2$ 和 $12k$，四面体晶位的 $4f_1$，以及由 5 个 O^{2-} 构成的六面体晶位 $2b$。M 型锶铁氧体是典型的亚铁磁性结构，晶体结构中存在 5 个次晶格，由于磁性离子间的交换作用，使得 $2a$、$2b$ 和 $12k$ 三个次晶格的 Fe^{3+} 磁矩沿着 c 轴平行排列，而 $4f_1$ 和 $4f_2$ 上两个 Fe^{3+} 磁矩与上述 3 个次晶格的 Fe^{3+} 磁矩反平行排列，如表 6-4 所列。所以，锶铁氧体单胞总的分子磁矩可以表示为：

$$M_s = 6\sigma_k(T) - 2\sigma_{f_1}(T) - 2\sigma_{f_2}(T) + \sigma_b(T) + \sigma_a(T) \quad (6\text{-}1)$$

其中 σ_k、σ_{f_1}、σ_{f_2}、σ_b 和 σ_a 表示每个晶位上一个 Fe^{3+} 的磁矩，T 为温度。由于 0K 时每个 Fe^{3+} 的自旋磁矩为 $5\mu_B$，代入式（6-1）得：

$$M_s(0K) = 5\mu_B \times (6-2-2+1+1) = 20\mu_B \quad (6\text{-}2)$$

其中 μ_B 表示玻尔磁子。实验结果表明锶铁氧体单晶颗粒在 0K 时的单胞玻尔磁子数为 $19.7\mu_B$，与理论值（$20\mu_B$）非常接近。

表 6-4　锶铁氧体晶胞中 Fe^{3+} 自旋取向与晶位

晶位种类	$12k$	$2a$	$2b$	$4f_1$	$4f_2$
配位数	6	6	5	4	6
间隙位置	八面体	八面体	六面体	四面体	八面体
Fe^{3+} 数	6	1	1	2	2
自旋取向	↑	↑	↑	↓	↓

各向异性是指磁性晶体沿不同晶轴方向磁化的磁化曲线会有所差别,又称为磁晶各向异性。无外场作用下,具有各向异性的晶体内部磁畴的磁矩倾向于易磁化方向排列,等效于晶体内部存在一个沿易磁化方向的磁场,这种等效场称为磁晶各向异性场,也叫各向异性场,标记为 Ha。六角铁氧体按照磁晶各向异性分布,分为主轴型(单轴各向异性)、平面型(平面各向异性)以及锥面型(锥面各向异性)。锶铁氧体为主轴型各向异性材料,易磁化方向即为 c 轴方向。单轴各向异性铁氧体的各向异性表达式如下。

$$E_K = K_{\mu 1}\sin^2\theta + K_{\mu 2}\sin^4\theta \tag{6-3}$$

式中,θ 为自发磁化强度与 [001] 方向之间的夹角;$K_{\mu 1}$、$K_{\mu 2}$ 为各向异性常数,表征材料磁晶各向异性的高低,表 6-5 为三种各向异性类型六角钡铁氧体对于各向异性常数的要求。

表 6-5 三种各向异性六角钡铁氧体的易磁化轴以及各向异性常数要求

易磁化方向	[001]	在 [001] 面内	$\sin^2\theta = -K_{\mu 1}/2K_{\mu 2}$ 的圆锥面上
$K_{\mu 1}$ 和 $K_{\mu 2}$ 的数值变化	$K_{\mu 1} > 0$ 和 $K_{\mu 1}+K_{\mu 2} > 0$	$0 \leq K_{\mu 1} \leq -K_{\mu 2}$ 或 $K_{\mu 1} < 0, -K_{\mu 1} > 2K_{\mu 2}$	$0 < -K_{\mu 1} < 2K_{\mu 2}$

铁磁共振线宽是衡量铁氧体旋磁损耗的重要参数。由于六角铁氧体磁晶各向异性的弥散性大并且在材料内部存在 Fe^{2+} 和 Fe^{3+},因此材料内部存在电子输运,导致六角铁氧体材料的铁磁共振线宽相对较大。此外,对自偏置旋磁器件应用来说,其器件工作在剩余磁化状态下,对应使用的取向六角铁氧体材料的剩余磁化强度与铁磁共振频率存在以下关系:

$$\omega_r = \gamma M_r \tag{6-4}$$

式中,ω_r 为共振峰频率;γ 为旋磁比;M_r 为材料的剩余磁化强度。

6.3.2 锶铁氧体与常用磁性材料的优劣势分析

磁性是材料固有属性,直观体现为物质间的吸引力或排斥力。从量子力学上解释，这种磁现象是由电流或电子运动产生的原子磁矩引起的。一般来说，原子磁矩分为原子核磁矩和电子磁矩（包括轨道磁矩和自旋磁矩）。由于原子核磁矩很小且经常被忽略，因而核外电子的轨道运动和自旋运动被认为是材料磁性的主要来源。对于固体磁性物质，电子自旋磁矩往往大于轨道磁矩。此外，物质的磁性强弱与磁矩密切相关，这就要求原子内必须具有未填满电子轨道的不成对电子，使得电子总磁矩不为零。因此，对于那些电子壳层未填满的元素，如某些过渡金属元素、稀土元素等常常显示出较强的磁性。

一些基本的磁学参量常被用来表征材料的磁性。居里温度（Curie temperature，T_C）是指磁性材料中自发磁化强度降到零时的温度，是磁性材料的本征物理特性，是铁磁性或亚铁磁性物质转变成顺磁性物质的临界点，也是磁性材料在不同领域应用过程中的一项重要指标。磁化强度（magnetization，M）是用来衡量磁性强弱程度的物理量，它代表了物质单位体积内的磁矩大小。磁场强度（H）是代表施加在物质上的外磁场大小的物理量，通常由电磁铁或永磁体提供。磁化率（χ）是用来表征物质磁化难易的物理量，定义为M/H。铁磁性（$\chi \gg 1$）、亚铁磁性（$\chi \gg 1$）、顺磁性（$\chi > 0$）、抗磁性（$\chi < 0$，无磁矩）和反铁磁性（$\chi \geq 0$）即是按磁化率来划分的，这些材料的晶粒内部可分为许多小区域，在区域内电子磁矩能自发地平行排列，达到磁化饱和。每一个微小的区域都被视为一个磁畴，在退磁场的作用下，磁性材料中不同取向的磁畴会随着退磁能的降低逐渐向单畴结构发展。矫顽力（coercive force）可用来表征磁性材料的保磁能力，在饱和磁化后，当外磁场退回到零时其磁感应强度B并不退到零，只有在原磁化场相反方向加上一定大小的磁场才能使磁感应强度退回到零。在制造变压器的铁芯或电磁铁时，需要选择矫顽力小的材料，而永磁体则需要矫顽力大的材料，以求尽可能保存磁性不使其消失。最大磁能积（HB_{max}）是指磁性材料最大磁感应强度B_{max}与磁场强度H_{max}的乘积，磁能积随B而变化的关系曲线称为磁能曲线，其中一点对应的磁能积有最大值，用来表征两磁极空间所建立的磁能量密度；最大磁能积越大，产生同样效果时所需的磁材料越少。另外，力学性能也是考察磁性材料在制造和使用过程中，能否保证良好形态和长使用寿命的重要性能，其中抗弯强度是主要的力学指标之一。表6-6列出了几种常见的

磁性材料的部分性能参数,因材料的综合性能受化学组分、晶粒大小、烧成温度等参数和工艺的影响较大,磁性能也呈现不同程度范围的浮动。

表6-6 常见磁性材料的部分性能

磁性材料	矫顽力 /(kA/m)	内禀矫顽力 /(kA/m)	居里温度 /℃	最大磁能积 /(kJ/m³)	抗弯强度 /MPa
锶铁氧体	100~300	400~600	400~460	30~80	80~150
钕铁硼	800~1200	1000~2500	320~460	200~400	250~350
钐钴	500~1000	600~1200	700~800	100~240	400~500
Mn-Zn铁氧体	2~15	5~40	120~160	32~80	15~120

钕铁硼作为目前磁能积最高的稀土永磁材料,因其优异的磁性能,从20世纪80年代诞生以来便迅速发展,被广泛应用于航天航海、信息电子、能源、交通、通信、医疗卫生等众多领域,但是由于其易氧化、易腐蚀的特点,导致在制备过程中要对其表面进行电镀处理,复杂的工艺过程限制了其更广泛的应用。而锶铁氧体由于其磁性能与钕铁硼、钐钴等稀土永磁体有较大差距,逐渐被高端市场淘汰。但是,锶铁氧体价格低廉、制作工艺简单且没有腐蚀问题、无需电镀或涂层等表面处理,这些优点使其仍占据了巨大的中低端市场份额。而以Mn-Zn铁氧体为代表的尖晶石铁氧体普遍为软磁材料,通常被用来制作电感器、变压器、滤波器的磁芯、磁头及天线棒,通常也被称为铁氧体磁芯。

6.4 锶增强发光材料的特性与机理

6.4.1 硫化锶长余辉发光机理

发光材料能够把从外界吸收的各种形式的能量转换为非平衡光辐射。光辐射主要有平衡热辐射和非平衡光辐射两种形式,只要物体具有一定的温度都可以进行热平衡辐射(红外辐射、红光),而物体的非平衡辐射则表现为发光。物体发光的两个基本特征:

① 具有一定温度的任何物体都具有平衡热辐射,物体吸收外来能量后,

发出的总辐射超过平衡热辐射而表现为发光。

② 物体受到的外来激发停止后，发光仍然会持续一段时间，这称为余辉。发光时间小于 10^{-8}s 的称为荧光，大于 10^{-8}s 的称为磷光。发光材料的发光类型主要有光致发光、阴极射线发光、电致发光、热释发光、光释发光、辐射发光等，发光材料在紫外光、可见光或红外光激发下发光的现象称为光致发光，它主要由能量吸收、传递和光发射三个阶段组成。

余辉发光材料又被称为蓄光材料，是光致发光的一种，主要有金属硫化物、氧化物与硫氧化物长余辉材料，铝酸盐、硅酸盐和钛酸盐长余辉材料等几个体系。目前，科研工作者不断研究发光强度更强、性能更加稳定的长余辉材料，为其能在光存储、红外探测和生物医药等领域的进一步应用提供了更大的可能性。

硫化物体系长余辉发光材料是以硫化物作为基质材料，以微量的过渡金属元素作为发光中心，在一定温度和氛围下热处理得到的一系列长余辉发光材料。碱土金属硫化物是最具代表性的光激励发光材料，有 SrS：Eu^{2+}，Sm^{3+} 和 CaS：Eu^{2+}，Sm^{3+} 等[2]。其激发光为蓝绿光，激励光在近红波段，发射光为红光。虽然相比于稀土激活的碱土金属铝酸盐发光材料，硫化物长余辉体系荧光强度较低、余辉时间较短，但是其具有探测灵敏度高、良好的可擦除性、读取速度快等优点，同时具有发光颜色从蓝色到红色的多样性特点，发光颜色鲜艳，即使照射光很微弱，仍然可以很快地吸收，是其他发光材料无法比拟的，这使其在光存储和红外探测等方面具有巨大的潜在应用价值。

6.4.2 铝酸锶长余辉发光机理

掺铕铝酸锶（$SrAl_2O_4$：Eu^{2+}）材料最初被作为灯粉或者阴极射线管粉进行研究和使用，直到 1946 年，H.C.Froelich 发现 $SrAl_2O_4$：Eu^{2+} 在光照下可发出波长为 400～500nm 的有色光后[3]，研究人员逐渐对碱土金属的一系列铝酸盐体系发光材料进行了研究。1979 年，伊藤佑敏等从凝聚态物理化学角度系统地研究了碱土铝酸盐（MAl_2O_4，M=Ca，Sr，Ba）间的固溶关系[4]。20 世纪 80 年代至 90 年代初，研究人员集中研究了基质晶体结构对 Eu^{2+} 发光特性的影响，希望通过设计特定晶体结构，达到制备高性能磷光体的目的。

针对铝酸锶长余辉发光材料的发光机理研究起步稍晚，对机理的探索是从 Matsuzawa 电子传输模型（见图 6-2）开始的，该模型解释了 $SrAl_2O_4$：Eu^{2+}，Dy^{3+} 在激发过程中产生 Eu^{2+} 的持久发光现象[5]。Dutczak 等观察到存在多个具有不同能量深度的电子俘获中心，电子从 Eu^{2+} 中被提升到导带，通过导带迁移并被捕获，在氧空位处电子可以被热释放，并有助于形成激发的 Eu^{2+} 中心，该中心可以在高温或低温状态下返回基态，陷阱被认为是由氧空位产生的，能量分布范围很广[6]。

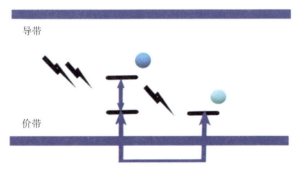

图 6-2　电子传输模型

电子陷阱模型认为长余辉发光主要来源于陷阱中心对电子的俘获和释放作用。以 $BaAl_2Si_3O_4N_4$：Yb^{2+} 的长余辉机理为例（如图 6-3 所示）[7]，在 254nm 紫外光激发下，$4f^{14}$ 基态的电子被激发到导带（过程①），自由电子迁移到导带（过程②）。这些电子被浅陷阱 a 和深陷阱 b 和深陷阱 c 捕获并重新释放到导带中（过程③）。然后，俘获在陷阱中的电子被释放并以非放射性方式返回到 Yb^{2+} 最低激发态 $4f^{13}5d^1$（过程④），电子从 $4f^{13}5d^1$ 的最低激发态辐射到 $4f^{14}$ 的基态，产生宽带长余辉（过程⑤）。最后，在 $BaAl_2Si_3O_4N_4$：Yb^{2+} 中实现了宽带黄色发射长余辉磷光体。

针对 $SrAl_2O_4$：Eu^{2+} 的机理研究发现，在没有自由电子释放的情况下仍然有陷阱释放电子的现象，Clabau 等提出了导带氧空位模型（见图 6-4）[8]。在激发过程中部分 Eu^{2+} 被氧化为 Eu^{3+}，激发态电子被氧空位捕获；关闭激发光源后，存在 O_2 到 Eu^{3+} 的阳离子电荷转移，从而产生了 Eu^{2+} 余辉。该模型解释了大多数 Eu^{2+} 单掺杂余辉发射现象，电子的捕获和释放是直接通过 Eu^{2+} 和氧空位实现的。

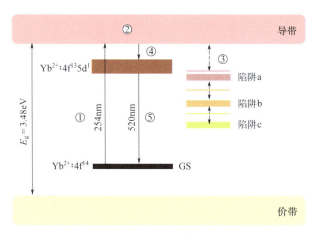

图 6-3　$BaAl_2Si_3O_4N_4$：Yb^{2+} 的长余辉机理

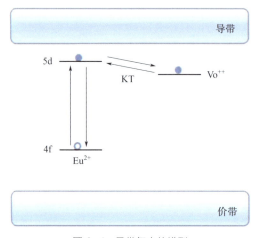

图 6-4　导带氧空位模型

6.4.3　硅酸镁锶长余辉发光机理

硅酸镁锶（$Sr_2MgSi_2O_7$）晶体与镁黄长石结构相同，都属于四方晶系，故硅酸镁锶晶体具有优良的热稳定性能、化学稳定性能以及耐水性能。图 6-5 为硅酸镁锶晶体的晶胞结构，由图可知，2 个 $[SiO_4]^{4-}$ 四面体通过共用 1 个氧原子形成 Si-O-Si 键联结在一起，形成孤立的 $[Si_2O_7]^{6-}$ 基团，$[Si_2O_7]^{6-}$ 基团再通过配位数为 4 的 Mg 原子和配位数为 8 的 Sr 原子结合在一起。Mg 原子位于晶胞的 8 个顶点和上下 2 个面心处，Sr 原子位于晶胞内部，晶胞中共包含 4 个 Sr 原子、2 个 Mg 原子、4 个 Si 原子和 14 个 O 原子，即 1 个晶胞中含有 2 个"$Sr_2MgSi_2O_7$ 分子"[9]。

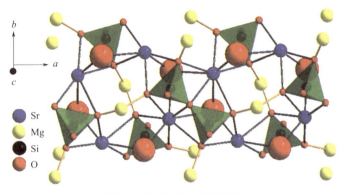

图 6-5　$Sr_2MgSi_2O_7$ 晶胞结构

硅酸镁锶荧光粉在光源撤去后依然可以持续发光，这是因为 Eu^{2+} 和 Dy^{3+} 掺杂到基质晶格中会形成发光中心和陷阱中心。长余辉发光材料的发光机理，本质上就是研究掺杂过程中形成的陷阱中心与发光中心之间是如何进行能量传递的。目前，科学界为大家普遍接受的模型主要是电子-空穴复合模型和位形坐标模型。

① 利用电子-空穴复合模型（见图 6-6）可以解释 $Sr_2MgSi_2O_7$：Eu^{2+}，Dy^{3+} 的发光机理。该模型认为，当 Eu^{2+} 与 Dy^{3+} 共同掺杂到基质 $Sr_2MgSi_2O_7$ 中时，在基质中分别会成为电子俘获中心和空穴俘获中心，硅酸镁锶荧光粉被一定波长的光激发后，Eu^{2+} 吸收一定能量的泵浦光子后，处于基态能级的电子将会跃迁到激发态能级，此时 Eu^{2+} 会转变成 Eu^+，而在基态能级上产生的空穴将会通过热能释放到价带，Dy^{3+} 捕获经过价带的空穴后转变成 Dy^{4+}。受激发停止后，被 Dy^{3+} 所捕获的空穴在热扰动下返回到价带，再通过价带迁移到 Eu^+ 激发态能级附近并被其捕获，这样就出现了电子和空穴的复合[10]。因此，硅酸镁锶荧光粉的发光表现出了长余辉的特点。

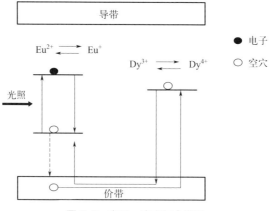

图 6-6 电子 - 空穴复合模型

② 位形坐标模型（如图 6-7 所示）认为，紫外光或可见光激发 $Sr_2MgSi_2O_7$：Eu^{2+}，Dy^{3+} 后，作为发光中心的 Eu^{2+} 将吸收激发光能量，使处于基态 $^8S_{7/2}$ 能级的电子跃迁到 $4f^65d$ 能级的激发态（过程 a），跃迁到该能级上的一部分电子将被 Dy^{3+} 的空穴陷阱能级捕获存储起来（过程 c），另一部分跃迁到该能级上的电子则会返回到基态 $^8S_{7/2}$ 能级，从而产生 Eu^{2+} 的特征发光（过程 b）。当紫外光或可见光激发停止后，Eu^{2+} 特征发光将不存在，而空穴陷阱能级中所存储的电子，有一部分在热扰动作用下会返回到 $4f^65d$ 激发态（过程 d），最后跃迁回到基态 $^8S_{7/2}$ 能级，从而参与 Eu^{2+} 发光，因此硅酸镁锶荧光粉的发光表现出了长余辉的特点[11]。

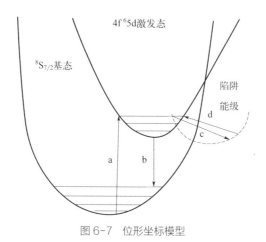

图 6-7 位形坐标模型

6.5 锶增强介电材料的作用与机理

6.5.1 锶在压电陶瓷中的强化机理

钛酸锶钡（$Ba_xSr_{1-x}TiO_3$，BST）是由$SrTiO_3$和$BaTiO_3$所形成的无限固溶体，二者都是典型的钙钛矿结构，它们所形成的BST同样也是钙钛矿结构，晶格结构中Ba和Sr原子在A位随机分布。

$BaTiO_3$室温时为四方铁电相，空间群为P4mm，自发极化方向沿四重轴[12]。在120℃的居里温度T_C以上发生铁电-顺电相变进入立方顺电相，空间群为Pm3m。在5℃时发生铁电-铁电相变进入正交相，空间群为Amm2，自发极化方向沿二重轴。在-90℃时发生另一铁电-铁电相变进入三角相，空间群为R3m，自发极化方向沿三重轴。在$BaTiO_3$均处于铁电相的四方相、正交相和三角相这三种相中，自发极化主要源自Ti离子分别沿四重轴、二重轴和三重轴的偏心位移（如图6-8所示）。纯$BaTiO_3$陶瓷，在晶粒尺寸为20~50μm时，其室温介电常数在1500~2000之间；随着晶粒尺寸减小，其室温介电常数随之增大。当晶粒尺寸在0.8~1.0μm时，室温介电常数出现最大值约为5000；当晶粒尺寸继续减小至0.7μm以下，室温介电常数值将迅速下降，且晶格由四方相转变成立方相[13]。

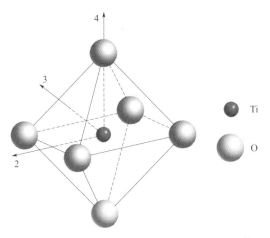

图6-8 Ti-O八面体中的二重轴、三重轴和四重轴

在无应力等外加条件下的纯净 $SrTiO_3$ 是一种先兆型铁电体（incipient ferroelectric），其铁电相变被量子涨落所抑制，在极低的温度（4K）时仍是顺电态，因此也被称为量子顺电体（quantum paraelectric），其低温顺电态只是借助于量子涨落才得以稳定[14]。在 105K 时，$SrTiO_3$ 晶胞中的氧八面体沿原型立方相的四重轴发生一定角度的扭转，相邻两个晶胞的氧八面体的扭转方向正好相反，$SrTiO_3$ 经过这样的反铁电畸变相变（antiferrodistortive phase transition）而进入四方相，相变后的晶胞在三个方向上加倍[15]。虽然 $SrTiO_3$ 在 105K 以下时为四方相，但四方相的晶体结构仍是中心对称，所以相变不产生铁电性[16]。在 4K 左右的极低温度下，量子涨落的作用不足以维持四方相结构的中心对称，Ti 离子向 O 偏移，出现自发极化，具有铁电性，进入四方铁电相。先兆型铁电体的结构与普通铁电体的很相似，因此施加应力或掺杂等易使之成为铁电体，容易由外界条件诱发出铁电性是先兆型铁电体的本质特征之一[17]。通过一定的工艺在 $SrTiO_3$ 上施加应力后，可以极大地提高其居里温度，可以使 $SrTiO_3$ 在室温下具有铁电性[18]。$SrTiO_3$ 单晶的介电常数在室温时约为 300，当温度降至 4.2K 时，介电常数增大到约 24000[19]。

结合 $BaTiO_3$ 和 $SrTiO_3$ 的物理特性可以得到一系列居里温度 T_C 随组分含量 x 而线性变化的 BST 铁电材料，以适应不同的性能要求。图 6-9 是 BST 系列铁电材料实验条件下居里温度随组分含量 x 的变化情况，可见在 BST 体材中，T_C-x 曲线具有很好的线性度；而 BST 薄膜材料在 x 大于 0.6 之后，T_C-x 曲线整体向上平移 70K 左右，即相对于同组分的体材，薄膜 BST 材料的居里温度高于体材。在 $BaTiO_3$ 中发生了类似的情况，$BaTiO_3$ 薄膜的居里温度同样高于其体材单晶。针对外延生长在立方衬底上的铁电薄膜，由相应的真实机械边界条件，热力学理论发展出一种新热力学势，据此预测了体材中相变序列的改变以及相变的抑制[20]。而有实验认为，由于 BST 铁电薄膜中晶粒尺寸为亚微米（0.05～0.08μm），比体材中晶粒的尺寸（5～10μm）小得多，引起发源于晶粒边界的晶粒间应力的增大，这个应力稳定了四方相，阻止了在体材居里温度时应该发生的完全相变，从而导致薄膜 BST 的居里温度比体材要高。

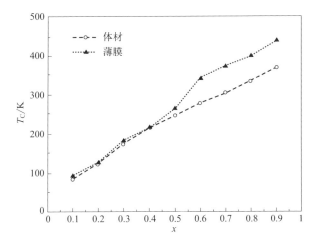

图 6-9　BST 系列铁电材料居里温度随组分含量 x 的变化情况[21]

但是更多的研究认为，在 BST 中，随着晶粒尺寸减小，居里温度是呈现降低的趋势。这通常可以用基于结构变化的模型来解释，因为在实验上观察到纳米尺度上晶粒尺寸减小时四方相变的减弱。Buessem 等[22]在 1966 年提出内应力模型（internal stress model），根据这个模型，细晶陶瓷中的每一个晶粒都会受到来自它周围晶粒取向所决定的内应力。相变点附近，晶粒间这种力的相互作用会抑制晶粒从立方相转变为四方相，使得相变并不完全，表现为相变温度（即居里温度）降低。当 BST 陶瓷材料的晶粒尺寸较大时，由立方相到四方相的相变所产生的内应力会由于 90°电畴的孪生而得以消除，不会引起相变温度的变化。而当晶粒尺寸减小到一定程度时，90°电畴不再形成，内应力抑制相变，使得相变温度降低。这个晶粒尺寸和居里温度之间的内应力模型被广泛接受和应用。因此，在 BST 薄膜和体材中所出现的居里温度变化规律还要考虑更多因素的综合作用，例如 BST 薄膜中存在的外延应力等。

6.5.2　锶在铁电陶瓷中的强化机理

铁电材料具有介电常数非线性，这是指它的介电常数随外加直流偏置电场的非线性变化特性，简称介电非线性（nonlinear dielectric properties），电滞回线可认为是这种非线性的图形描述。介电非线性的强弱一般用电场下铁电材料介电常数的变化率来度量,通常称为可调率(tunability),用来表征铁电材料微波调谐性的大小,用式(6-5)表示[23,24]。

$$可调率 = \frac{\varepsilon_r(0) - \varepsilon_r(E)}{\varepsilon_r(0)} \times 100\% \qquad (6-5)$$

式中,$\varepsilon_r(0)$是无外加直流电场时的介电常数;$\varepsilon_r(E)$是有外加电场时的介电常数。

通常铁电材料处于铁电相时有较大的介电非线性,即较大的微波可调率,但是由于电畴结构的存在,畴壁的运动变化导致较大的介电损耗,不利于实际应用。所以基于移相应用时,铁电材料是工作于顺电相的,尽管在顺电相时微波可调率相对铁电相时要低,但是其介电损耗也较低,且在顺电相时有更好的温度稳定性,更满足实际应用的需求。理论上讲,工作于顺电相的材料中没有铁电相,不会发生介电常数随外加电场变化的现象,也就是说应该没有介电非线性,然而实验上还是可以观察到介电非线性。因此探明其物理诱因,对更好地应用铁电材料的介电非线性这一特性有重要意义。

图6-10给出了BST系列单晶铁电材料的相图[25],其中的x_c是临界浓度(critical concentration)可见在BST材料中高温相都是Pm3m立方顺电相,而且在$x > x_c$时,BST系列材料表现出和$BaTiO_3$一样的相变过程,即从立方顺电相依次到四方、正交和三角铁电相。当$x < x_c$时,在BST材料中只有立方顺电相到四方相的反铁电畸变相变。即在x从0到1的整个区间,BST相图的变化并不是如T_C-x关系一样平稳变化,而是在临界浓度x_c处存在一个突变。x_c作为一个分界,小于x_c部分的BST有着和$SrTiO_3$类似的从立方相到四方相的转变,而大于x_c部分的BST则具有和$BaTiO_3$相同的四种相变过程。

在x=0.39、0.26和0.24这三种组分含量的BST单晶中观察到扩散相变[26],而且这个扩散相变的大小随x减小而增加,外延到x=0时扩散相变的极端情况,正好给出了一个纯$SrTiO_3$中无铁电相的解释。因此认为扩散相变是BST本身所固有的性质是合理的,但是在上述组分BST单晶中观察到的相变扩散并不是由晶体不纯或组分不均匀引起。另外，由 $BaTiO_3/SrTiO_3$ 多层薄膜形成的超结构（superstructures）材料，在总厚度为 400nm 的样品中发现介电性质的频率色散，但是总厚度为 800nm 的样品中观察到的是正常的铁电相变。初步认为表面效应和尺寸效应会阻止长程铁电序的建立，而这就会导致 $BaTiO_3/SrTiO_3$ 超结构的弛豫效应[27]。由此可见，BST 体系性能特点是丰富多变的，可以为基础研究和不同的应用要求都提供广阔的选择空间。

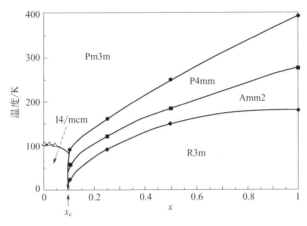

图 6-10　BST 系列单晶铁电材料的相图（x_c=0.094）

6.5.3　锶在热释电陶瓷中的强化机理

　　BST 材料的介电/压电和铁电性能一直备受关注，研究人员从掺杂和微观结构两方面研究了材料的性能。但是到现在为止，关于掺杂和微观结构对材料场致热释放效能的报道较少，目前广泛使用的非制冷热释电红外探测材料多为锆钛酸铅（PZT）、非晶硅和氧化钒，如 FLIR 公司等国外厂家和武汉高德等国内企业均采用的是 PZT、氧化钒和非晶硅红外焦平面阵列。这些材料虽已得到应用，但都有其缺点，如氧化钒作为电阻型辐射热计，其热噪声比 PZT 和 BST 大，而 PZT 材料的热释电系数较 BST 的场致热释电系数要小、灵敏度较低。

　　铁电晶体的原子构型受温度的影响，因此材料的极化率是温度的函数，晶体的这种性质被称为热释电性，也称热电[28]。所有具有自发极化的晶体都具有热释电性，具有热释电性的材料被称作热释电材料。PZT 和 BST 都是典型的热释电材料，它们处于铁电态时，晶体的自发极化率会随温度的变化而改变。通常用热释电系数来表征材料的自发极化率随温度的变化能力，热释电系数与温度的函数关系可由式 $p=dP_s/dT$ 表示，其中 P_s 是材料的自发极化强度。通俗地讲，热释电系数就是用来衡量晶体表面由自发极化引起的电荷随温度发生改变的能力的物理量。

当材料温度接近相变温度时，自发极化率随温度的变化会更加明显。以 PZT 为例，当温度在材料高－低温铁电三方相临界相变点附近发生变化时，其自发极化率会发生显著改变。当极化率发生变化时，材料表面空气中的自由电荷不能在短时间内完全屏蔽并中和掉新产生的束缚电荷，于是晶体表面会有残余的束缚电荷，并在空间内形成电场，引起较大的热释电系数[29]。如果材料两端有金属电极，此时将电极与外部电路相连，则在电路中可形成电流，通过对热释电电流进行处理，可实现对温度及红外信号的探测，这就是热释电材料的重要用途之一[30]。BST 在居里温度附近同样具有较大的热释电系数，但是由于当材料温度高于居里温度时，会出现退极化现象，这使得 BST 很难在传统的热释电使用模式下得到实际应用。然而，BST 在居里温度附近会出现介电反常现象，此时介电常数会随温度的改变急剧变化，即材料的介电常数对温度较为敏感，这一性质使得 BST 具有场致增强热释电效应，可用于制备介电辐射热计材料，用 BST 制作的红外器件同样可实现对温度和红外信号的探测。

美国得州仪器（Texas Instruments，TI）公司利用 BST 材料的场致热释电效应，将其制作成红外敏感元，已应用于海湾战争、阿富汗战争和伊拉克战争，TI 在这个领域处于绝对领先的地位。日本在该领域也有较为系统的研究，大阪大学制作的 BST 单片式红外焦平面阵列，直接制备在带有信号读出电路的集成电路芯片上，阵列信号的提取采用的是微电容检测方式，电路将红外信号转换成电压信号输出。由于红外探测技术被广泛应用于军事领域，美国、日本等国对相关技术实行严格封锁，阵列及器件的报道很少，部分尖端设备不对其他国家出口。我国在该领域的研究起步晚，与美国、日本等国存在较大差距，因此针对相关材料和器件的研究迫在眉睫。

参考文献

[1] Jalli J, Hong Y K, Gee S H, et al. Magnetic and microwave properties of Sm-doped $SrFe_{12}O_{19}$ single crystals. IEEE Transactions on Magnetics, 2008, 44 (11): 2978-2981.

[2] 李松坤, 王小平, 王丽军, 等. 长余辉发光材料研究进展. 材料导报, 2014, 28 (3): 63-67.

[3] Zhang R X, Han G Y, Zhang L W, et al. Gel combustion synthesis and luminescence properties of nanoparticles of monoclinic $SrAl_2O_4$: Eu^{2+}, Dy^{3+}. Matterrials Chemistry and Physics, 2009, 113 (1): 255-259.

[4] Chen X Y, Bao S P, Wu Y C. Controlled synthesis and luminescent properties of Eu^{2+} (Eu^{3+}), Dy^{3+} doped $SrAl_2O_4$ phosphors by hydrothermal treatment and postannealing approach. Journal of Solid State Chemistry, 2010, 183 (9): 2004-2011.

[5] Matsuzawa T, Aoki Y, Takeuchi N, et al. A new long phosphorescent phosphor with high brihtness, $SrAl_2O_4$: $Eu^{2+}Dy^{3+}$. Journal of the Electrochem Society, 1996, 143 (8): 2670-2673.

[6] Dutczak D, Stel J, Ronda C, et al. Eu^{2+} luminescence instrontium aluminates. Physical Chemistry Chemical Physics, 2015, 17 (23): 15236-15249.

[7] Lu L, Hua Y, Chu S, et al. Synthesis and phosphorescence mechanism of yellow-emissive long-afterglow phosphor $BaAl_2Si_3O_4N_4$: Yb^{2+}. Ceramics International, 2021, 47 (19): 26620-26626.

[8] Clabau F, Rocquefelte X, Jobic S, et al. Mechanism of phosphorescence appropriate for the long-lasting phosphors Eu^{2+}-doped $SrAl_2O_4$ with codopants Dy^{3+} and B^{3+}. Chemistry of Materials, 2005, 17 (15): 3904-3912.

[9] 姜洪义, 姬同坤, 李家亮. B 掺杂 $Sr_2MgSi_2O_7$ 电子结构的理论计算. 武汉理工大学学报, 2008, 30 (9): 5-8.

[10] 康桂峦. 铝酸锶型荧光釉的制备研究. 广州: 华南理工大学, 2015.

[11] 蔡进军, 王忆. 稀土掺杂硅酸盐体系长余辉发光材料研究进展. 现代化工, 2009, 29 (8): 26-29.

[12] 钟维烈. 铁电体物理学. 北京: 科学出版社, 2019.

[13] Kinoshita K, Yamaji A. Grain-size effects on dielectric properties in barium titanate ceramics[J]. Journal of Applied Physics, 1976, 47(1): 371-373.

[14] Arlt G, Hennings D, de With G. Dielectric properties of fine-grained barium titanate ceramics[J]. Journal of Applied Physics, 1985, 58(4): 1619-1625.

[15] Müller K A, Burkard H. $SrTiO_3$: An intrinsic quantum paraelectric below 4K. Physical Review B, 1979, 19(7): 3593-3602.

[16] 蔡玉平,韩代朝,宁如云. 钛酸锶($SrTiO_3$)低温时的自发极化. 人工晶体学报, 2005, 34(3): 542-545.

[17] Xi X X, Li H C, Si W D, et al. Oxide thin films for tunable microwave devices. Journal of Electroceramics, 2000, 4(2-3): 393-405.

[18] 王渊旭,苏绚涛,钟维烈. 先兆型铁电体$CaTiO_3$的第一性原理研究. 化学物理学报, 2002, 15(1): 29-32.

[19] Haeni J H, Irvin P, Chang W, et al. Room-temperature ferroelectricity in strained $SrTiO_3$. Nature, 2004, 430: 758-761.

[20] Neville R C, Hoeneisen B, Mead C A. Permittivity of strontium titanate. Journal of Applied Physics, 1972, 43(5): 2124-2131.

[21] Pertsev N A, Zembilgotov A G, Tagantsev A K. Effect of mechanical boundary conditions on phase diagrams of epitaxial ferroelectric thin films. Physical Review Letters, 1998, 80(9): 1988-1991.

[22] Buessem W R, Cross L E, Goswami A K. Phenomenological theory of high permittivity in fine-grained barium titanate. Journal of the American Ceramic Society, 1966, 49(1): 33-36.

[23] Sengupta L C, Ngo E, Stowell S, et al. Investigation of the electronic properties of doped $Ba_{1-x}Sr_xTiO_3$ phase shifting materials. Ferroelectrics, 1994, 153(1): 359-364.

[24] Tagantsev A K, Sherman V O, Astafiev K F, et al. Ferroelectric materials for microwave tunable applications. Journal of Electroceramics, 2003, 11(1-2) 5-66.

[25] Menoret C, Kiat J M, Dkhil B, et al. Structural evolution and polar order in $Sr_{1-x}Ba_xTiO_3$. Physical Review B, 2002, 65(22): 224104.

[26] Benguigui L, Bethe K. Diffused phase transitions in $Ba_xSr_{1-x}TiO_3$ single crystals. Journal of Applied Physics, 1976, 47(7): 2787-2791.

[27] Qu B D, Evstigneev M, Johnson D J, et al. Dielectric properties of $BaTiO_3$/$SrTiO_3$ multilayered thin films prepared by pulsed laser deposition. Applied

Physics Letters, 1998, 72(11): 1394-1396.

[28] Cady W G. Piezoelectricity. New York: McGraw Hill Book Company, 1946.

[29] Glazer A M, Mabud S A, Clarke R. Powder profile refinement of lead zirconate titanate at several temperatures. I. PbZr$_{0.9}$Ti$_{0.1}$O$_3$. Acta Crystallographica Section B, 1978, 34(4): 1060-1070.

[30] Lang S B. Pyroeleetrieity: From ancient curiosity to modern imaging tool. Physics Today, 2005, 58(8): 31-36.

第 7 章
奇"锶"妙想：
钛酸锶功能材料

7.1 钛酸锶的钙钛矿结构与缺陷化学
7.2 钛酸锶的光电效应与机理
7.3 钛酸锶的结构设计与控制合成
7.4 介孔钛酸锶材料
7.5 复合钛酸锶材料
7.6 钛酸锶的新能源领域应用
7.7 钛酸锶的环保领域应用

参考文献

近年来兴起的一类高新材料——量子材料，以其复杂多变的性质和丰富多样的功能而著称；其中，具有钙钛矿结构的钛酸锶（$SrTiO_3$）是这类材料的重要代表之一。被誉为"钛酸锶之父"、高温超导发现人、诺贝尔物理学奖获得者 K.A.Muller 教授称钛酸锶为"固体物理中的果蝇"，因为很多重要的固体物理现象都是首先从钛酸锶材料上发现的，其中包括大量尚未被理解的现象[1]，这为钛酸锶功能材料的研发、应用与基础理论发展打开了新的天地。

7.1 钛酸锶的钙钛矿结构与缺陷化学

7.1.1 钛酸锶钙钛矿结构

室温下，钛酸锶（$SrTiO_3$）晶体属于典型的钙钛矿立方结构晶体，空间群为 Pm3m，晶格参数为 0.3905nm。其晶体结构如图 5-9 所示，Ti^{4+} 被周围的 6 个 O^{2-} 包围，而每个 Sr^{2+} 被 4 个 TiO_6 正八面体包围[2]，因此每个 Sr^{2+} 与周围的 12 个 O^{2-} 配位。在 TiO_6 正八面体内部，因为 Ti^{4+} 被 O^{2-} 包围，出现了能级为 2.4eV 的退化 Ti-3d 态晶体场分裂，这两个分离的能级分别被称为 Ti-3d t_{2g} 和 Ti-3d e_g，典型的无畸变的 TiO_6 正八面体的电子结构中 Ti^{4+} 呈 d^0 电子排布[3]。在能级图谱中，对应着最高占据轨道（HOMO）的价带主要是原子（O_{2s} 和 O_{2p}），而对应着最低占据轨道（LUMO）的导带主要是从空的 d 轨道激发出的离子，价带和导带之间的能量差即 $SrTiO_3$ 的带隙能量（E_g）。$SrTiO_3$ 上的 Sr 位阳离子往往呈现正电性，它往往在电子结构中起着第二重要的作用，其大小可以调节 $SrTiO_3$ 中的 TiO_6 中的连接性，进而影响 $SrTiO_3$ 的电子结构。O-2p 轨道和 Ti-3d 轨道杂化导致生成显著的共价键[3]，Sr^{2+} 和 O^{2-} 拥有离子键的性质，因此 $SrTiO_3$ 具有离子共价键的性质。$SrTiO_3$ 的化学键导致了其结构的独特性，决定了该物质具有很好的电子材料的性能。同时，$SrTiO_3$ 在很多领域都有广泛应用，例如气体传感器[4]、太阳能电池[5]、紫外探测器[6]、电容器[7]与光催化材料[8]。

7.1.2 钛酸锶化学性质

$SrTiO_3$ 的分子量为 183.485，是一种化学稳定性优异的金属氧化物，

$SrTiO_3$ 熔点为 2060℃，密度为 5.12g/cm^3，折射率为 2.409，拓扑分子极性表面积为 63.2。由于 $SrTiO_3$ 具有离子共价键的性质，单晶 $SrTiO_3$ 基底晶格与大多数钙钛矿结构材料都有良好的晶格匹配性，是很多氧化物薄膜和高温超导体外延生长的良好基底。

7.2 钛酸锶的光电效应与机理

$SrTiO_3$ 在光照条件下，电子从基态被光子激发进入导带，形成电子-空穴对，再进一步各向分离，形成光电流完成光电转换过程。电子与空穴的光电转换过程中，光致电子和空穴的复合既可以发生在晶体内部，也可以发生在晶体表面，这个过程发生的速度极快，会大大削减光催化剂中用于光电转换反应的光生载流子的数量，所以光生载流子的复合不利于光催化反应进行。

$SrTiO_3$ 作为一种传统的半导体光催化材料，具有良好的光电转换与载流子输运特性，其中 $SrTiO_3$ 的禁带宽度为 3.2eV（约 3.2eV，导带位置在 -0.84V vs.NHE，pH=0；价带位置在 2.51V vs.NHE，pH=0）[9]。但是正六面体 $SrTiO_3$ 主要吸收波长小于 387nm 的紫外光，使其对于可见光催化的应用受到限制，而对其进行有效的晶体结构与晶面分布调控，可以实现全波段光吸收。另一方面，$SrTiO_3$ 作为典型的钙钛矿型光催化功能材料，具有特殊的晶体结构和良好的热稳定性、化学稳定性，使得它可以通过晶体结构与形貌调控来调节材料的光催化活性而保持自身结构的稳定性。

$SrTiO_3$ 作为一种典型的光催化材料，光催化反应机理同其他半导体光催化机理一致。光催化反应是利用太阳光的能量将物质转化的反应，是物质在光和催化剂共同作用时发生的化学反应。而光催化剂是在光照射下参与物质和光之间的反应，但是光催化反应后本身性质不发生变化的物质。

光催化材料能带结构是由一个充满电子的低能价带和空的高能导带构成。当半导体吸收了能量等于或大于禁带宽度的光时，价带上的电子（e^-）会被激发到导带，同时在价带上产生光生空穴（h^+）。光生空穴具有极强的获得电子能力，可以夺取半导体颗粒表面有机物或水溶液中的电子，羟基离子和催化剂表面的水分子被空穴氧化成羟基自由基（·OH），而导带上的光生电子可以和电子捕获剂 O_2 等反应生成超氧自由基（·O_2^-）。羟基自由基和超氧自由基可以将溶液中吸附于半导体表面的有机物氧化分解为无害物质或者用于分解纯水，这样就完成了光催化反应的基本过程[10]，如图 7-1 所示。

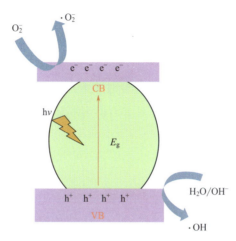

图 7-1　光催化反应基本过程

当半导体光催化剂被光照射时，只有当入射光的能量大于半导体所对应的带隙能量（E_g）时，即满足式（7-1）时才会产生光生电子和空穴，从而进行光催化反应。

$$E = \frac{hc}{\lambda} \geqslant E_g \qquad (7-1)$$

式中，h 为普朗克常数，数值为 4.138×10^{-15} eV·s；c 为真空中的光速，数值为 2.998×10^{17} nm/s；λ 为入射光的波长。

催化剂导带和价带的位置以及带隙宽度决定了能够使半导体催化剂发生光催化反应的波长范围。当半导体催化剂的价带电势远大于 H_2O/O_2 的电势（0.82eV）时，该催化剂具有极强的氧化性能，可以用来氧化有机物以及生产氧气。同时如果半导体催化剂的导带势能小于 $2H^+/H_2$ 势能（-0.41eV），催化剂则具有极强的还原性能，可以用来还原 CO_2 或者制氢气。介于上述两种催化剂中间的 $SrTiO_3$、TiO_2、ZnO 则兼具氧化性能和还原性能，可以用来分解水。

为了对比半导体催化材料的禁带宽度和激发波长，图 7-2 列出了一些常见半导体催化材料的禁带宽度。CdS、Cu_2O 和 WO_3 等半导体催化剂因为禁带宽度小，因而可以在可见光下被激发。但这几类催化剂在实际应用中存在一定的限制，这些催化剂会在可见光下发生阳极腐蚀，产生相应的阳离子，对环境反而是不利的。而 $SrTiO_3$ 和 TiO_2 等半导体催化剂性质稳定，可以用于实际应用。但是六面体 $SrTiO_3$ 禁带宽度能量为 3.2eV，激发波长为 387nm 以下，可见光（400～760nm）不能将其激发，只能使用紫外光进行光催化反应。

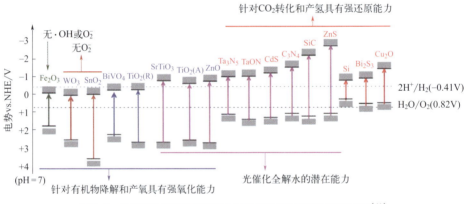

图 7-2 钛酸锶的能带位置以及与其他半导体光催化材料的比较[11]

7.3 钛酸锶的结构设计与控制合成

7.3.1 钛酸锶改性方法

立方体型 $SrTiO_3$ 的禁带宽度为 3.2eV，只能吸收紫外光，可见光利用率很低，很少被用来进行光伏发电和光催化反应。因此，对 $SrTiO_3$ 进行改性以拓宽其光响应范围是目前主要的研究方向，主要改性方式为元素掺杂和复合半导体。新型光催化材料的开发主要集中在两个方面：

① 在原有光催化材料的基础上进行掺杂改性，进行多种半导体复合与染料敏化来扩宽半导体催化剂的光响应范围；

② 通过材料设计的方法开发具有可见光响应特性的光催化材料，并且从晶体结构和能带结构出发，通过理论计算和实验相结合的方法，来研究新的光催化材料。

（1）$SrTiO_3$催化剂组成改性研究

元素掺杂可以通过轨道杂化有效地改变半导体的导带位置，从而使得宽带隙半导体具有可见光响应，主要方法有贵金属表面沉积、金属离子掺杂、非金属离子掺杂和共掺杂等。目前已有报道的In^{3+}、Zr^{4+}、Mg^{2+}、Fe^{3+}、Ru^{3+}、Os^{3+}、V^{3+}、Rh^{3+}、Re^{5+}、Co^{2+}、Cr^{3+}等过渡金属离子的掺杂都可以促进光催化反应，这些具有3d电子轨道的过渡金属可以在$SrTiO_3$半导体的带隙插入一个能减小带隙宽度的金属离子，从而使其获得可见光响应。对于$SrTiO_3$来说，复合半导体主要通过负载金属氧化物以形成异质结。半导体的异质结是一种特殊的PN结 由两层以上不同的半导体材料薄膜依次沉积在同一基座上形成，这些材料具有不同的能带隙，从而可以通过掺杂或者复合的方法降低$SrTiO_3$的带隙宽度来提高$SrTiO_3$的光响应范围和光催化性能。

（2）半导体复合

如利用窄带隙半导体和宽带隙半导体形成异质结可以有效地拓宽光响应范围，如负载金属氧化物NiO后的异质结型$SrTiO_3$在紫外光下分解纯水的速率大大提高[11]。异质结利用内建电场使得载流子传输具有定向性，因此可以有效分离电子和空穴，降低电子-空穴对的复合概率。研究发现$SrTiO_3$负载聚苯胺纳米复合物在可见光下降解亚甲基蓝的光催化降解性能良好[12]。研究者合成了负载了$SrTiO_3$的聚苯胺纳米复合物光催化剂来研究降解亚甲基蓝的光催化性能，结果发现负载了$SrTiO_3$的催化剂催化性能比无负载时的催化性能好，并且找到了最适合的负载比例。

(3)金属离子掺杂

金属离子掺杂也是一种 $SrTiO_3$ 改性的有效方式。负载 AuNPs 在 $SrTiO_3$ 的(100)晶面上,材料显示出更好的光催化效果[13],研究发现能够通过控制 AuNPs 尺寸大小来调节体系的费米能级的位置。当负载的 AuNPs 尺寸从 65nm 减小到 16nm 时,催化剂拥有最好的催化性能,主要是因为:

① 小的 AuNPs 能够窄化带隙、扩大光响应范围,从而具有更高的催化活性;

② 小的颗粒表现出在核等级上更强的迁移,费米能级的迁移使得 AuNPs 离 $SrTiO_3$(100)价带位置更近,同时也能提高体系的电子转移效率;

③ 小的纳米颗粒可以充当电子捕获中心,降低光生电子 - 空穴对的复合。

另外,也可以利用 Au 表面修饰 $SrTiO_3$ 单晶,利用等离子体共振产生的光电子扩散效应,起到增强可见光催化的作用[14]。研究显示,单晶结构能够增强等离子体共振产生光电子的移动性;与此同时,孔的空间约束作用会优化光电子的扩散区域。Rh 掺杂 $SrTiO_3$ 催化剂可以在可见光下降解气态乙醛[15],表现出比纯 $SrTiO_3$ 更强的降解性能。

(4)非金属离子掺杂

非金属掺杂也是一种提升光催化性能的重要手段。掺杂了 N 之后的 $SrTiO_3$ 催化剂因为颗粒尺寸、比表面积和多孔性等的改变在可见光(λ > 400nm)、近紫外光(λ > 290nm)下的催化性能有所提升[16]。该方法得到的光催化材料光捕获能力增强,同时 NO 的去除率也随着 N 掺杂而提升了 3.5 倍(纯六面体 $SrTiO_3$)和 1.4 倍(商业 TiO_2)。此外,用 Ar^+ 离子束溅射 $SrTiO_3$ 样品,发现其在紫外光条件下催化能力明显提高,且催化活性随着溅射量的增加先升高后降低[17]。离子溅射一方面在晶体内引入氧空位缺陷,形成定域缺陷能级作为光生空穴的俘获中心;另一方面,造成表面导电率的升高,利于光生载流子迅速迁移至表面,延长了光生载流子的寿命,从而

提高 $SrTiO_3$ 的催化活性。

（5）共掺杂

密度泛函理论可以用来研究 Sb 和 N 等元素对 $SrTiO_3$ 共掺杂时材料在可见光下的光催化性能。研究发现了（Sb，N）共掺杂使 $SrTiO_3$ 在热力学上与未掺杂系统相比更适合产氢，提出（Sb，N）共掺杂是提高 $SrTiO_3$ 在可见光照射下对水分解的光催化活性的有效方法之一[18]。Kato 等制备的 Sb^{5+}、Cr^{3+} 共掺杂 $SrTiO_3$ 光催化材料在可见光下对分解纯水具有高的催化活性[19]。Miyauchi 等制备的（N，La）共掺杂 $SrTiO_3$ 在可见光下催化分解异丙醇具有高活性[20]。

时间分辨吸收和发射光谱法可用来研究 Ni 和 Ta 负载 $SrTiO_3$ 的光生载流子的动力学。相关研究显示，单金属 Ni/Ta 负载能够加速光生电子 – 空穴对的复合，而如果双金属负载却能够提高光生载流子的寿命（相比于无负载时）。同时，双金属负载的催化剂在可见光下的催化性能有所提高，但是在紫外光下的催化性能却有所降低。因为负载之后电子转移到反应物与复合是相互竞争的关系，所以那些消耗电子的反应起到了钝化的作用[21]。

采用磁控溅射法可制备无定形 $Ba_{0.5}Sr_{0.5}Co_{0.8}Fe_{0.2}O_3$（BSCF）纳米薄膜用于析氧反应[22]。当使用镍片作为基底时，BSCF 纳米膜的质量活性与块状的 BSCF 钙钛矿氧化物相比有了两个数量级的提升。另一方面，导带底（CB）/价带顶（VB）的位置决定了纳米膜的氧化还原能力和可见光的利用能力。合适光催化材料的价带结构（带隙和 CB/VB 的位置）并不能保证优异的催化性能。这是因为催化剂的催化性能由很多影响因素来决定，除了带隙结构，还包括微/纳米尺寸效应、吸附性能、表面和界面的形貌、助催化剂、材料的结晶性和组成等。

7.3.2 纳米钛酸锶单晶

目前，$SrTiO_3$ 单晶颗粒的制备技术主要有高温固相反应法、化学共沉淀法、溶胶凝胶法和水热或溶剂热法等[23]。

7.3.2.1 高温固相法

反应原理如下：

$$SrCO_3 + TiO_2 \longrightarrow SrTiO_3 + CO_2$$

高温固相法设备及工艺简单，便于工业化生产，但反应温度高（1623～1923K）、反应不彻底、容易发生团聚，因此合成的 $SrTiO_3$ 的纯度较低，不利于改善光电性能。

7.3.2.2 共沉淀法

共沉淀法一般是在螯合剂的作用下，使锶源和钛源发生共沉淀反应进而生成前驱体，之后通过洗涤、干燥、煅烧等操作得到 $SrTiO_3$ 粉末。该方法的优点是原料各种组分是在高度分散的原子、分子状态下混合的，而且反应产物均匀、彻底且结构一致，容易控制反应物料的摩尔比，从而可以获得高质量、高活性、稳定性好的 $SrTiO_3$ 粉体。该方法流程紧凑、设备简单、建设费用低，颗粒尺寸在 1μm 左右，不过该方法的粒径尺寸一般只能达到微米级。

7.3.2.3 溶胶凝胶法

溶胶凝胶法一般是以钛纯盐为原料，选择钛酸四丁酯作为螯合物、醇作为溶剂，经过搅拌得到均匀凝胶；然后再经过干燥，在高温条件下煅烧数小时之后便可以得到纳米 $SrTiO_3$ 粉末。该方法反应温度低、过程易于控制，制得的颗粒粒径小、分布均一，但是该方法不能对钛酸锶形貌进行有效调控。

7.3.2.4 水热法

水热法是将锶源和钛源在高温、高压、高碱度条件下的水溶液介质中反应，使难以溶解的物质溶解之后重结晶。具体的反应步骤为：加入一定比例的 TiO_2、$Sr(OH)_2$ 粉末于水中配成溶液，同时加入 NaOH 溶液调节溶液的 pH 值，之后将混合溶液放入聚四氟乙烯的反应釜中，高温 200℃左右反应数小时，最后经过离心、分离、洗涤、干燥，得到 $SrTiO_3$ 样品。水热法制备工艺简单、反应条件温和,便于对晶体形貌进行调控,且制备过程中无高温煅烧,是一种理想的 $SrTiO_3$ 制备技术。

水热法的形成机理通常根据不同的前驱体,分为溶解-结晶机制和原位结晶机制[24]。

(1)溶解-结晶机制(酸碱机制)

以 ZnO 单晶的生长为例[25],晶体的生长分为三个阶段:一是原料的溶解;二是溶解出的锌络合粒子向生长区输送;三是络合粒子在种晶上生长结晶。溶解-结晶机制[26]也可称为"酸碱机制",其反应过程为:

$$Ti(OC_2H_5)_4 + 4H_2O + 2OH^- \longrightarrow Ti(OH)_6^{2-} + 4C_2H_5OH$$

$$Ti(OH)_6^{2-} + Sr^{2+} \longrightarrow SrTiO_3 + 3H_2O$$

(2)原位结晶机制(凝胶机制)

当常温常压下的不溶物如固体粉末、凝胶或沉淀为前驱体时,若结晶相的溶解度与前驱体的差别不大,或溶解-结晶的动力学速度较缓慢,前驱体会通过脱去羟基发生离子原位重排,从而转变为结晶相。原位结晶机制也可称为"凝胶机制",其反应过程为:

$$Ti(OC_4H_9)_4 + 2H_2O \longrightarrow TiO_2(凝胶) + 4C_4H_9OH$$

$$TiO_2(凝胶) + Sr(OH)_2 \longrightarrow SrTiO_3 + H_2O$$

7.3.3 多面体钛酸锶

优化催化材料的结构对提高催化性能是比较重要的。当 $SrTiO_3$ 颗粒比较小时,缩短了光生电子-空穴对从内部迁移到表面的路程,大大地降低了其在体内的复合概率。纳米结构晶体材料的比表面积相对较大,这也是提高光催化性能的一种途径。合成技术的进步使得人们可以在纳米尺度控制材料的性质,例如形貌、结构、尺寸、形状、晶体结构等。目前,$SrTiO_3$ 的晶面和形状对其物理化学性质影响的研究比较少,这很大程度上是因为合成过程中难以控制晶面的形貌。$SrTiO_3$ 晶体颗粒的形貌对于其光电转换性能与光催化性能有至关重要的影响,由于多面体 $SrTiO_3$ 晶体不同晶面方向的电荷分布、电极化性质都有所不同,因此可以实现光电子在晶体中的各向异性分布,完美解决光致电子、空穴复合与半导体光电转换效率低的问题。多项研究证明,多面体 $SrTiO_3$ 晶体颗粒的光电性能远优于立方体 $SrTiO_3$ 晶体。

以十八面体钛酸锶为例,可以用一种比较容易控制晶面和尺寸的合成方法(没有使用模板剂和表面活性剂)合成多晶面的 $SrTiO_3$,合成的 $SrTiO_3$(101)晶面和(111)晶面很明显地暴露在外面。通过催化有机污染物实验发现,这种催化剂的催化效果要比(001)晶面催化剂的催化效果更好,主要是因为(101)和(111)晶面的表面能量高于(001)晶面。研究发现氧空位有利于(101)晶面的形成,而不利于(001)晶面的形成,这也与(101)晶面暴露多的催化剂催化效果好相一致[27]。

$SrTiO_3$ 单晶颗粒的形貌特征和光电性能一直是研究热点,晶体刻面工程是提高光的量子利用率和微/纳米颗粒光催化性能的有效方法,对于拓展 $SrTiO_3$ 的光催化应用起着至关重要的作用。然而,$SrTiO_3$ 单晶的生长是一个复杂的过程,它不仅影响晶面类型,还最终影响晶体颗粒的质量,包括原子排列、晶格畸变、缺陷分布、原子空位等。因此,复合形貌粒子对研究多晶面曝光下 $SrTiO_3$ 的晶格结构和光催化性能具有重要意义,也为研究光生载流子的传输特性提供了理想的平台。

近年来,多面体钙钛矿型 $SrTiO_3$ 在许多光化学反应中表现出优异的性能,包括染料降解、水分解为氢和氧等。由于晶面功函数的不同,$SrTiO_3$ 的不同晶面表现出不同的氧化还原特性。Takata 等[28]使用掺杂铝规则十八面体 $SrTiO_3$ 复合共催化剂光催化颗粒,同时暴露(100)和(110)晶面,在全解水过程中,获得了高达 96% 的外部量子效率(图 7-3)。

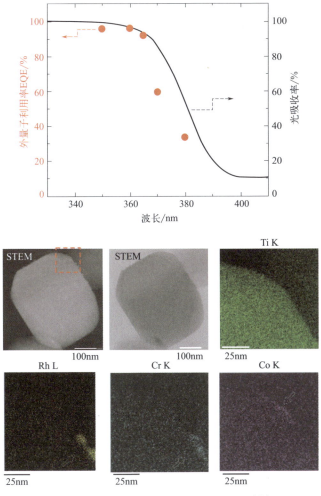

图 7-3　铝掺杂钛酸锶光量子利用率与形貌[28]

7.3.3.1　多面体钛酸锶形成机制

多面体 $SrTiO_3$ 与立方体 $SrTiO_3$ 单晶的制备方式相似，但又有其新特征，提出了新科学问题。段东平研究团队对多面体 $SrTiO_3$ 晶体的制备条件、结晶行为与动力学参数等进行了系统的研究，利用水热法，以廉价易得的锐钛矿二氧化钛为钛源，以八水合氢氧化锶为锶源，对 $SrTiO_3$ 制备工艺进行了优化，通过调节反应温度、反应时间、碱性介质浓度、反应物浓度、Sr/Ti 摩尔比、添加剂种类和含量来调节 $SrTiO_3$ 晶体形貌。通过单因素和多因素正交试验，综合考察各因素对 $SrTiO_3$ 粉体的粒度、晶体结构、形貌、尺寸分布、产率、纯度及团聚的影响，并对 $SrTiO_3$ 的合成机理进行探究，合成出形貌规整、颗粒尺寸分布范围窄、纯度高及分散性好的多面体 SrTiO$_3$ 微纳米颗粒[29]。通过长期的机理研究与技术积累，该团队成功研制了立方体、十八面体、二十六面体等一系列多面体 SrTiO$_3$ 微纳米颗粒［图 7-4（a）～（d）］，是首个掌握 SrTiO$_3$ 从立方体到二十六面体多种形貌制备技术与首个发现笼状 SrTiO$_3$ 单晶颗粒的研究团队。目前，该研究团队可实现立方体与十八面体 SrTiO$_3$ 晶体颗粒的精准调控与规模化批量制备，同时测试并总结了不同形貌 SrTiO$_3$ 晶体颗粒的光电转换性质［图 7-4（e）和（f）］。其中，立方体 SrTiO$_3$ 适用于半导体器件中电子传输的基础材料，十八面体 SrTiO$_3$ 更适用于光电转换。

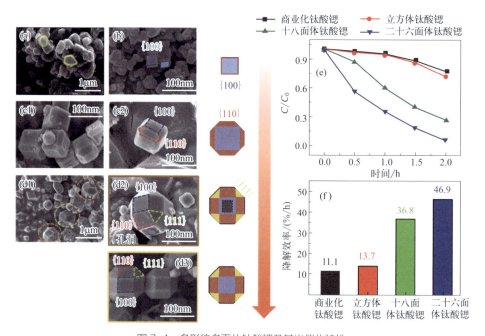

图 7-4　多形貌多面体钛酸锶及其光催化特性

[（a）～（d）多面体钛酸锶 SEM 照片；（e）～（f）多面体钛酸锶光催化性能测试]

7.3.3.2　多面体钛酸锶结构与光电特性

除了十八面体 SrTiO$_3$ 样品，其他多晶面样品也相继被研发出来。段东平团队报道了一种新型二十六面体 SrTiO$_3$ 微纳米晶体，并且深入研究了其在光催化过程中的原子空位与晶面协同效应。研究发现，新型多面体 SrTiO$_3$ 晶体颗粒存在 Sr 和 O 双空位，以及由双空位效应引起的自陷激子（STE）的形成与解离机制。飞秒瞬态吸收光谱探测技术揭示了具有超低结合能

（E_b < 3MeV）的亚稳态电子空穴对以及其各向异性分布特性，得益于此，独特的二十六面体 $SrTiO_3$ 对于 Co^{2+} 具有优异的光氧化性能。这一研究为基于 $SrTiO_3$ 微纳米晶体的高效光催化材料设计提供了理论指导[30]。

（1）多面体 $SrTiO_3$ 缺陷态研究

变温核磁共振技术是研究 $SrTiO_3$ 微纳米颗粒的原子空位与晶格缺陷的形成机理的有效手段。从图 7-5（a）中可以看出，随着系统温度的升高，Sr^{2+}

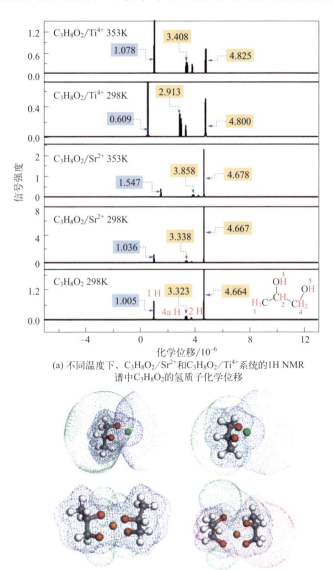

(a) 不同温度下，$C_3H_8O_2/Sr^{2+}$ 和 $C_3H_8O_2/Ti^{4+}$ 系统的 1H NMR 谱中 $C_3H_8O_2$ 的氢质子化学位移

(b) $C_3H_8O_2/Sr^{2+}$(上) 和 $C_3H_8O_2/Ti^{4+}$(下) 体系电子云分布的模拟图

图 7-5

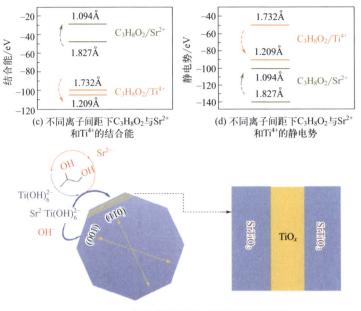

(c) 不同离子间距下 $C_3H_8O_2$ 与 Sr^{2+} 和 Ti^{4+} 的结合能

(d) 不同离子间距下 $C_3H_8O_2$ 与 Sr^{2+} 和 Ti^{4+} 的静电势

(e) 缺陷晶格 TiO_{2-x} 层形成过程示意图

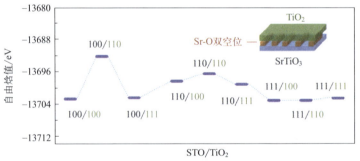

(f) 基于DFT计算的 $SrTiO_3$ 和 TiO_2 混合晶体沿不同晶面方向自由焓值

图7-5 $SrTiO_3$ 缺陷态形成过程的NMR分析

比 Ti^{4+} 产生了更大的氢质子化学位移,这归因于 $C_3H_8O_2$ 和 Sr^{2+} 的氢质子之间的离子相互作用更强。因此,更大的离子相互作用强度差异也存在于453K的水热反应体系中。反应体系中,Ti^{4+} 和 OH^- 在(110)晶面的原子反应组装过程中被丙二醇分子限制,因为部分 Ti^{4+} 在醇分子下不易重新溶解到溶液体系中。同时,进入溶液体的 Sr^{2+} 将通过 OH^- 和 $[Ti(OH)_6^{2-}]$ 的相互作用继续参与 $SrTiO_3$ 的反应结晶过程,形成了 Sr^{2+} 的动态循环反应过程。在这个过程中,来不及反应的 Sr^{2+} 会在(110)方向产生Sr空位[图7-5(e)]。另一方面,为了评估缺陷态 TiO_{2-x} 沿不同晶面方向的含量及其晶体生长取向,基于DFT方法计算了$SrTiO_3$和锐钛矿TiO_2的复合标准生成自由焓。图7-5（f）显示，沿$SrTiO_3$的（100）和（110）方向的复合材料具有比（111）方向相对更小的自由焓值，这表明TiO_{2-x}更容易在这两个晶体平面上生长。通过模拟计算，多面体$SrTiO_3$（100）方向上的TiO_{2-x}晶格缺陷态含量是最多的，因此多面体$SrTiO_3$中缺陷晶体的密度分布具有各向异性特征。

（2）多面体$SrTiO_3$光电特性

紫外可见漫反射光谱法（UV-vis DRS）、光致发光（PL）、瞬态光电流（TPC）与电子顺磁共振（EPR）等检测手段[图7-6（a）~（f）]也证实了多面体$SrTiO_3$中的光催化机理与载流子迁移特性。同时，多面体$SrTiO_3$的光催化性能研究表明，在立方体、十八面体和二十六面体$SrTiO_3$与$Co(NO_3)_2$的分散体系中，经过光照，分别约有53.3%、54.3%和70.3%的Co^{2+}被氧化为Co^{3+}，表明二十六面体$SrTiO_3$具有更强的光氧化能力[图7-6(g)~(i)]。这一结果与基于TPC和EPR等分析的光催化性能预测是一致的，也对应了理论预测的Sr—O双空位效应和激子的超低激子结合能E_b特征。

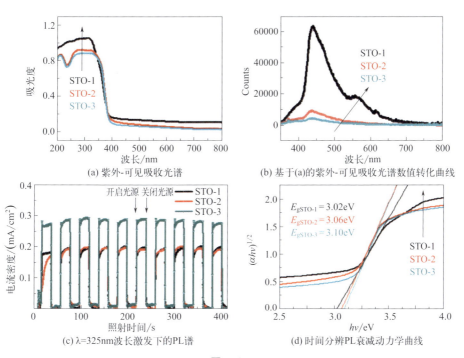

图7-6

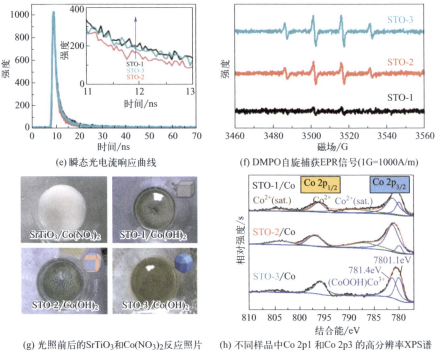

图 7-6 光电性能分析

7.3.4 中空 / 笼状钛酸锶

中空十八面体钛酸锶纳米笼（hollow octadecahedron $SrTiO_3$ nanocage）是最新研发出来的新型多孔钛酸锶单晶颗粒。中空 / 笼状钛酸锶是通过一步水热法合成的，反应以 $TiCl_4$ 为 Ti 源、$SrCl_2$ 为 Sr 源，二者物质的量比为 1∶1，并加入醇作为形貌调节剂，混合后加入含碱的水溶液中，反应在均相反应器中进行。段东平团队对于中空 / 笼状钛酸锶的晶体结构及其光电转换性能进行了系统研究，取得了一系列重要成果[31-35]。

图 7-7 显示了中空钛酸锶与十八面体钛酸锶的透射电镜（TEM）图、能量色散光谱（EDS）图、记录选择区域电子衍射（SAED）图、高分辨率TEM（HRTEM）图像。中空钛酸锶的 TEM 图像显示了颗粒的中空结构，不同于十八面体钛酸锶的实心结构。此外，中空钛酸锶的 SAED 图给出了典型的钛酸锶方形点排列，表明单晶 $SrTiO_3$ 已经成功合成。EDS 分析也证实了这一点，Sr（红色）、Ti（绿色）、O（蓝色）元素映射图可以清楚地看出，中空十八面体 $SrTiO_3$ 纳米笼的组成以 Sr、Ti 和 O 为主。同样地，从中空钛酸锶的高分辨率 TEM 图像，可以观察到晶格条纹间距为 0.2036nm，属于（110）晶面。

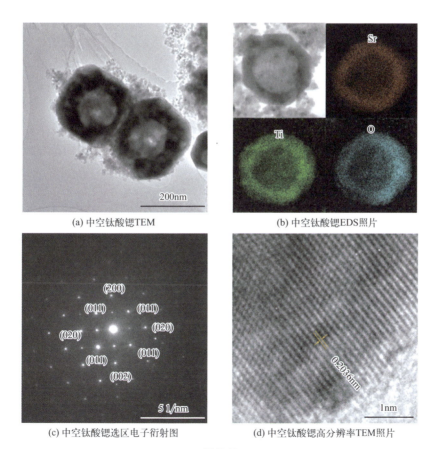

(a) 中空钛酸锶TEM　　　　　(b) 中空钛酸锶EDS照片

(c) 中空钛酸锶选区电子衍射图　　(d) 中空钛酸锶高分辨率TEM照片

图 7-7

(e) 十八面体钛酸锶TEM (f) 十八面体钛酸锶EDS照片

(g) 十八面体钛酸锶选区电子衍射图 (h) 十八面体钛酸锶高分辨率TEM照片

图 7-7　中空钛酸锶与十八面体钛酸锶的透射电镜（TEM）图、能量色散光谱（EDS）图、记录选择区域电子衍射（SAED）图、高分辨率 TEM（HRTEM）图

7.3.4.1　中空/笼状多面体钛酸锶形成机制

中空/笼状多面体 $SrTiO_3$ 反应结晶形成过程研究对于大规模中空/笼状多面体 $SrTiO_3$ 生产具有重要指导意义。十八面体从缺孔到全空心结构的形状演化过程如图 7-8（a）~（d）所示，填充箭头为矩形方孔的演化过程。更重要的是，矩形孔都出现在（100）晶面而不是（110）晶面中。因此，在 $SrTiO_3$ 晶体形成过程中，存在一种各向异性的形成机制，这一现象在 TiO_2 微/纳米粒子合成中报道最多。同时，这也是该领域中首次发现十八面体 $SrTiO_3$ 纳米笼。在水热反应过程中，$SrTiO_3$ 初级颗粒首先通过前驱体间的扩散反应生成，然后在范德华引力作用下聚集形成聚集粒子，从而降低了高表面能。与经典生长模型不同，$SrTiO_3$ 的终止边界是小

面积晶面，其生长机制遵循定向附着机制，最终形成具有6个（100）晶面的立方体固体前驱体。最后，前驱体通过 Ostwald 熟化转化为 $SrTiO_3$ 的单晶，如图 7-8（e）所示。Ostwald 熟化指的是在接近饱和的溶液中粗化和再结晶的过程，该过程通常被用来解释许多二元空心纳米粒子的形成。

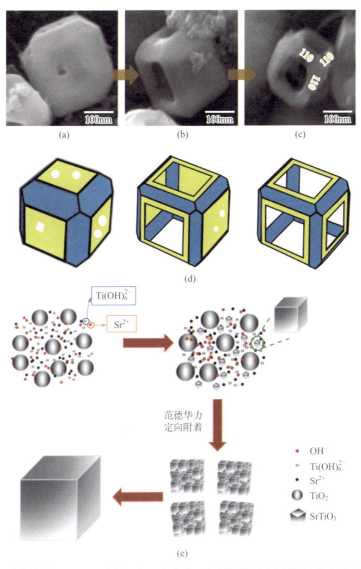

图 7-8 中空钛酸锶 SEM 照片［（a）～（c）］、中空钛酸锶演化过程示意图（d）及钛酸锶单晶形成机制（e）

7.3.4.2 中空/笼状多面体钛酸锶结构特征与光电特性

中空钛酸锶纳米笼的价带最大值（VBM）与费米能级之间的能级差为1.90eV，低于十八面体钛酸锶的价带最大值（2.56eV）。价导带位置是影响氧化还原能力的决定性因素，价带顶越正，氧化能力越强；导带底越负，还原能力越强。在$SrTiO_3$中，价带的变化主要是由于$SrTiO_3$表面形貌和表面结构的变化引起的，氧化与还原反应发生在$SrTiO_3$的不同晶面。有相关文献证实，在十八面体$SrTiO_3$中电子聚集面和空穴聚集面分别是（100）晶面和（110）晶面，即氧化反应发生在（100）晶面，还原反应发生在（110）晶面。而在中空钛酸锶中，由于（100）晶面的解离，导致氧化能力变弱，推测其价带导带的位置将会向还原能力强的方向移动。

紫外-可见漫反射吸收光谱可用来表征$SrTiO_3$的光吸收能力（图7-9）。两种$SrTiO_3$的光吸收能力整体差别不大，但在波长为200～250nm的远

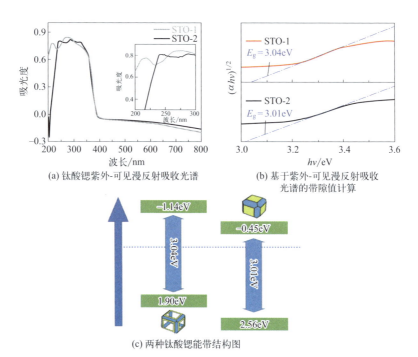

(a) 钛酸锶紫外-可见漫反射吸收光谱

(b) 基于紫外-可见漫反射吸收光谱的带隙值计算

(c) 两种钛酸锶能带结构图

图7-9 钛酸锶紫外-可见漫反射吸收光谱、基于紫外-可见漫反射吸收光谱的带隙值计算及两种钛酸锶能带结构图

紫外范围内，中空钛酸锶的吸光度仍能维持在 0.6～0.8，而十八面体钛酸锶的吸光度则急剧下降至 0 处，这表明中空笼状 $SrTiO_3$ 在远紫外的光吸收能力比十八面体钛酸锶强。此外，中空钛酸锶和十八面体钛酸锶的带隙能分别为 3.04eV 和 3.01eV。因此，结合 VBM 数据和带隙能量，整个能带结构表明，两个 $SrTiO_3$ 的间隙宽度大致相同，而中空钛酸锶的带位整体向上移动，如图 7-9 所示。

在光电材料中，光激发引起的光物理过程是影响光电转换效率的关键因素，诸如载流子产生、热载流子冷却、载流子俘获、能量转移和载流子重组的过程发生在超快的时间尺度上。飞秒瞬态吸收光谱（TA）阐明了十八面体 $SrTiO_3$ 与中空 $SrTiO_3$ 纳米笼的光载流子动力学特性。

$SrTiO_3$ 的光电性能与光生电子和空穴的寿命密切相关，光致发光发射信号是由光致载流子复合产生的。在激发波长为 325nm 的情况下，十八面体 $SrTiO_3$ 和中空 $SrTiO_3$ 纳米笼的荧光光谱（图 7-10）显示，两种 $SrTiO_3$ 在 450nm 处有相似的发射峰，其中中空钛酸锶的发射强度比十八面体钛酸锶的强。此外，中空钛酸锶在 650～800nm 处也有一个宽波长范围和高强度的发射峰，这个具有较大斯托克斯位移的峰可以归因于强载流子-声子耦合引起的激子自俘获（STE），而 450nm 的 PL 带则归因于自由激子（FE）的复合。

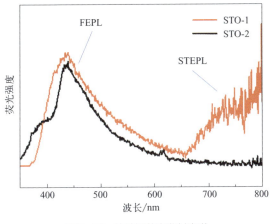

图 7-10　钛酸锶荧光发射光谱

7.4 介孔钛酸锶材料

7.4.1 介孔材料

7.4.1.1 介孔材料特性

根据国际纯粹和应用化学联合会（IUPAC）规定[36]，多孔材料按照其孔径大小可以分为三类：孔径＜2.0nm 为微孔材料（micropore）；孔径在 2.0～50.0nm 为介孔材料（mesopore）；孔径＞50.0nm 为大孔材料（macropore）。另外，通常将孔径小于 0.7nm 的微孔称为超微孔，孔径大于 1μm 的大孔称为宏孔。

介孔也常被称为中孔，介孔材料属于纳米材料领域的范畴。介孔材料是 20 世纪 90 年代初兴起的新型纳米孔结构材料。由于介孔材料具有诸多的优良性质，一出现就受到了世界范围内化学、物理及材料界的广泛重视，成为材料研究领域的热门课题之一。

有序介孔材料是以小分子的超分子聚集体或大分子为模板通过溶胶-凝胶等方法，利用有机物和无机物之间的界面作用组装出具有规则孔道结构且孔径分布窄的无机多孔材料，其结构和性能介于晶体结构的无机多孔材料（如沸石分子筛）和无定形无机多孔材料（如无定形铝硅酸盐）之间，主要性质如下：

① 孔径呈单一分布，并且孔径可在 2.0～50.0nm 范围内进行调控；

② 具有较大的比表面积和孔容；

③ 具有高度有序的孔道结构；

④ 可以具有不同的孔道结构、孔壁组成和孔壁性质；

⑤ 经过优化合成条件或后处理，具有良好的热稳定性和水热稳定性；

⑥ 颗粒具有可控的丰富形貌（微米级），如球形、薄膜、纤维、管状等。

7.4.1.2 介孔材料的合成机理

介孔材料合成过程涉及：用来生长无机孔壁的无机物（前驱物）、在介观结构生成即组装过程中起决定性导向作用的模板剂（如表面活性剂等）和作为反应场所的溶剂（介质）三个主要组分。其中，模板剂与无机物之间的相互作用是能否形成稳定介观结构的关键所在，只有合适类型及强度的相互作用才能促使介观结构固体的形成。研究者们对介孔材料的合成机理进行了一系列研究，具有代表性的是液晶模板机理[37]、协同作用机理和广义液晶模板机理[38]。此外，关于金属氧化物介孔材料的合成机理还有脚手架机理、杂化界面调制机理[39]等。

7.4.2 介孔材料的应用前景和现状

与传统材料相比，介孔材料具有较大的孔容和均一分布的介孔孔道等优点，且介孔材料的介孔孔道结构及其骨架组成可根据需要进行调变。因此，介孔材料在催化、能源、环境、光学、磁学、纳米反应器、生物、医药等领域具有非常广阔的应用前景。其中，应用于环境领域可处理汽车尾气、净化水质等，生物领域可以实现氨基酸、蛋白质酶等的吸附或分离，医学方面能作为酶/蛋白质的固定剂和分离剂、细胞/DNA的分离剂以及缓释药物的载体、生物芯片等，分离领域可作为色谱填充，功能材料方面可作为储能材料、纳米半导体团簇粒子、复合材料模板、发光功能材料、复合发光传感材料、组合功能材料等。除以上所述应用之外，介孔分子筛在色谱方面也具有广泛的应用前景。

介孔材料的研发，不仅具有理论意义，还有显著的经济效益和社会效益。

7.4.3 非硅基介孔材料的合成进展

虽然合成介孔二氧化硅的普遍规律同样适用于其他非硅系介孔材料的合成，但由于其化学性质的不同，每种新材料的合成都需要适当调整合成步骤。更重要的是，硅酸盐和硅铝酸盐都是相对稳定的材料，而其他非硅系化学物更易于发生水解、氧化还原反应或相转化等过程并伴随着结构崩塌（发生在加热过程中），这就对去除模板剂造成比较大的困难。例如，介孔氧化铝分子筛原粉中有时会出现分别对应于（100）、（110）、（200）、（210）晶面的长程有序峰，但在焙烧后（110）、（200）、（210）晶面衍射峰往往消失，XRD谱图中只出现对应于（100）晶面的衍射峰，所合成样品属于短程有序介孔分子筛。

1994年，Huo等[40]首次报道了一系列非硅系介孔材料，但是除去模板剂后却不能得到介孔磷酸氧锆。但这也是非硅基介孔材料得到广泛应用前人们必须正视的问题，一旦这些问题得到解决，非硅基介孔材料会具有较传统硅基介孔材料（诸如MCM-41，FSM-16，SBA-15等）更大的应用潜力，因为非硅系介孔材料在催化剂及其载体的应用上存在巨大潜力。

由于非硅基介孔材料的化学性质较有序介孔硅酸盐和硅酸铝盐更加多样性，因此非硅基介孔材料的合成路线也具有多样性。纵观国内外研究，非硅基介孔材料的典型合成方法主要有软模板合成法[41,42]、硬模板合成法、无模板直接组装合成法。其中，无模板直接组装合成法[43]在整个合成过程中不加入任何表面活性剂，而是加入一种特殊的模板剂——尿素，在盐酸的催化作用下，通过溶胶-凝胶法合成含锆无序介孔氧化钛材料，模板剂尿素可以直接采用萃取的方法除去。研究发现，锆能进入二氧化钛的骨架，并且锆的含量对产物的介孔性、孔结构参数、热稳定性以及水热稳定性都有很大的影响。当Zr/Ti摩尔比较低时，生成产物的晶型为锐钛矿，随着Zr/Ti摩尔比的增大，产物中锐钛矿相的含量逐渐降低，直到Zr/Ti摩尔比为1时合成产物为无定型物种。该法所得材料呈现无序孔道结构，但其孔径分布较窄，集中在2.5~5.1nm。锆的引入提高了产物的热稳定性，但是却降低了水热稳定性。这种非表面活性剂路径合成非硅基介孔材料技术有很好的应用前景。

7.4.4 介孔钛酸锶的应用前景和现状

作为半导体材料，钛酸锶的铁电性、高介电常数相比TiO_2具有更高的导带电位、高稳定性及更多掺杂改性位点，因而被广泛关注，在光催化产氢、太阳电池等领域被大量研究。钛酸锶的物理和化学性质对其光催化性能具有重要影响，例如不同的形貌、晶型、结构、带隙、比表面积、孔径等。

相比普通 STO 材料，介孔 STO 具有更大的比表面积、孔径和孔容，且具有可调控的孔道结构和孔壁性质，可大幅提高光的吸收和利用效率，从而大幅提高其光电性能，具有巨大的潜在价值。

但综观国内外研究成果，关于多孔、介孔 STO 的研究很少，应用更是空白，亟须相关技术研发和攻关。

7.4.5　迷宫型介孔钛酸锶材料

现代科技快速发展，工业文明不断地改变着人们的生活，但随之而来的全球性能源短缺问题和环境问题也越来越严重。开发新型绿色、低碳、低能耗的新能源技术和环保技术，如太阳能光伏发电、光解水制氢、光解有机物治理污水、光催化治理尾气污染等已经成为重要前瞻性课题。

近年来，多项研究成果表明钙钛矿材料在紫外与可见光范围内表现出较高的光吸收率和能量转换效率（PCE= 输出能量 / 输入能量）。由于钙钛矿晶型的钛酸锶晶体及其复合材料有合适的能带结构，在紫外光波段有着极高的光子利用率与光电转换效率，是太阳能光伏发电、光解水制氢材料的理想选择。钛酸锶材料的结构对其光催化性能具有明显影响，比如不同的形貌和结构使得其带隙、比表面积和孔径有所不同，从而影响光电转换过程中光的吸收利用效率以及光生电子的产生速率和扩散速率等，进而影响其光电性能。但同时钛酸锶材料还有一些缺点需要克服，例如光生载流子寿命短、平均扩散长度短、光生电子－空穴对分离效率较低，导致光催化活性低，其性能还不能完全满足实际应用的需求。

迷宫型介孔钛酸锶相对于普通钛酸锶而言，可制备出更大的比表面积、孔径和孔容，且具有可调控的孔道结构和孔壁性质，从而具有更多的活性点位或优势晶面，更重要的优势还在于迷宫型多孔结构具有更丰富的多级孔道和更少的通孔，可大幅提高光的吸收和利用效率，从而大幅提高材料的活性和光电性能。

针对现有技术存在的不足，段东平等[44]提出一种迷宫型多级孔及介孔钛酸锶的制备方法,以廉价易得的无机锶源Sr(OH)$_2$和无机钛源TiO$_2$作为原料,用模板剂调控微观孔结构,通过晶面调节剂设计和控制光电效率高的优势晶面生长,采用水热法一步合成迷宫型多级孔及介孔钛酸锶材料。制备所得的迷宫型介孔钛酸锶材料在结构方面具有多级孔道、表面积大、孔容率高、晶面可控和通孔少等特点,在性能方面具有光利用率高以及光电效率高的优点。该材料可用于环境保护领域、新能源领域、光催化领域、光伏发电领域及光解水制氢等领域,所述制备方法具有绿色低碳、成本低且过程易操控等特点,易于实现产业化应用。

7.4.6 介孔-大孔钛酸锶薄膜

以钛酸丁酯为钛源、乙酸锶为锶源、二乙醇胺(DEA)为络合剂、PEG 2000为模板剂,李胜飞[45]通过溶胶-凝胶法和浸渍提拉法制备介孔-大孔SrTiO$_3$多孔薄膜,制得具有1~10nm介孔和80~400nm大孔的分级孔结构SrTiO$_3$晶粒堆积多孔薄膜材料,其比表面积达121.9m^2/g,其场发射扫描电子显微镜(FESEM)分析如图7-11所示。

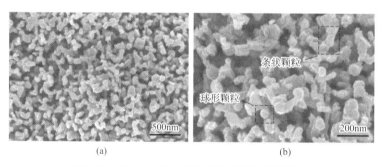

图7-11 介孔-大孔SrTiO$_3$多孔薄膜的FESEM图

从图7-11中可以看出,样品结构为粒子松散堆积而成的多孔网络,这种结构是均匀分散的,且大孔和介孔相互连通。因此,我们把这种结构称为双连续结构,具有这种结构的薄膜称为双连续结构薄膜。大量的条状SrTiO$_3$粒子团聚或叠加在一起形成了约为400nm的大孔[如图7-11(b)],同时还存在一定数量的球形粒子,有利于介孔的形成。需要指出的是,样品多孔薄膜中仅存在少量的球形 $SrTiO_3$ 颗粒，这可能是初始晶核表面能过高而引起高曲率表面消失的缘故。

图 7-12 为介孔－大孔 $SrTiO_3$ 多孔薄膜的 TEM 图。从图中可以看出，$SrTiO_3$ 粒子形状是条状和球形的，这与 FESEM 图片的结果是一致的。介孔－大孔 $SrTiO_3$ 多孔薄膜在 500W 汞灯照射 90min 后对罗丹明 B Rh B 的降解率可达到 99.8%。

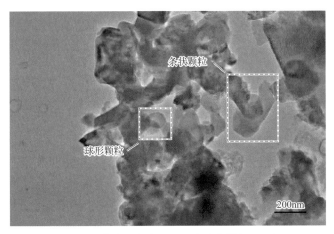

图 7-12　介孔－大孔 $SrTiO_3$ 多孔薄膜的 TEM 图

制得的 Ce 掺杂纳米晶 $SrTiO_3$ 多孔薄膜样品比表面积达 $176.58m^2/g$，在 500W 汞灯照射 90min 后对亚甲基蓝（MB）的降解率为 86.25%，较未掺杂 $SrTiO_3$ 多孔薄膜相应提升了 20.6%，掺杂后薄膜的禁带宽度较未掺杂时降低了 1.38eV。图 7-13 为掺杂 Ce 的介孔－大孔 $SrTiO_3$ 多孔薄膜的 FESEM 图。

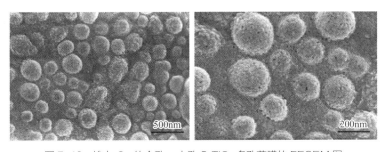

图 7-13　掺杂 Ce 的介孔－大孔 $SrTiO_3$ 多孔薄膜的 FESEM 图

由图 7-13 可见，Ce 的掺杂对薄膜样品表面形貌具有明显影响。样品表面分布着大量馒头状的凸起粒子聚集体，它们大小不一，尺寸在 200～500nm 之间；从高倍图中可见，馒头状凸起是由细小晶粒堆积组成，表面疏松多孔。同时还会发现，薄膜表面上无凸起处也相对疏松多孔。这种结构的形成可能是由于硝酸铈铵的引入，导致薄膜在后续热处理过程中因过多挥发性物质逸出而引起的。疏松多孔馒头状凸起的形貌特点有利于薄膜比表面积的增大，因此该结构能够提供更多与有机污染物接触的活性位点，有利于提高光催化活性。

7.5 复合钛酸锶材料

单晶钛酸锶（$SrTiO_3$，STO）为能带型绝缘体（band insulator），室温下带隙为 3.25eV，称之为氧化物型半导体。STO 受到大于其带隙的光子照射时，表现出由绝缘体转变为金属型导电性，电导率变化高达六个数量级，因此 STO 正广泛用于光电领域。鉴于其较大的带隙值，目前多以异质结及掺杂态复合物形式应用于光电化学体系，以克服其仅对紫外波段光有响应的缺陷。

7.5.1 钛酸锶异质结结构及缺陷工程

光生载流子在界面处可以有效分离，因此异质结结构相比单相半导体，光生载流子利用率大幅度提高[46-48]。对 STO 基异质结的研究包括异质结的加工、相的耦合顺序、生长形态以及异质结中电荷转移的机制等。本书主要介绍研究较广泛的 $LaAlO_3$/STO 与 STO@TiO_2 异质结体系，前者以二维电子（2DEG）著称（图 7-14），后者因理想的能带匹配构成Ⅱ型异质结，具备优异的电荷分离特性。

7.5.1.1 晶面终止与导电行为

STO 基异质结可以做到原子级别控制，关键因素是 STO 的终止晶面组成[49]。2004 年，Ohtomo 与 Hwang 发现 $LaAlO_3$/STO 异质结界面存在高度移动的"电子气"，后来被称作二维电子气（2DEG）。$LaAlO_3$ 与

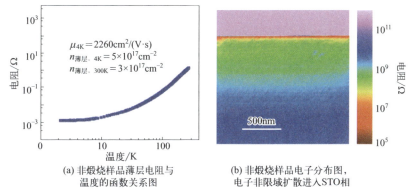

(a) 非煅烧样品薄层电阻与温度的函数关系图 (b) 非煅烧样品电子分布图，电子非限域扩散进入STO相

图 7-14　电导探针原子力显微镜（CT-AFM）探测煅烧与非煅烧 LaAlO$_3$/STO 样品界面的电子分布图

STO 均为能带型绝缘体材料，LaAlO$_3$ 的带隙高达 5.6eV，但二者的界面却出现导体行为。更为重要的是，导电界面的电导率高度依赖 STO 的终止晶面（terminated plane）：TiO$_2$-STO 导电，SrO-STO 不导电、即无 2DEG[50]。2DEG 的产生与 STO 晶面终止端组成有关，因此精确控制异质结界面处 STO 晶面组成至关重要。

高质量的 STO 单晶具有不同的晶体取向，可用于生长几乎所有氧化物包括氧化型钙钛矿薄膜，用于在膜－衬底界面产生 2DEG 以及在其上生长不可预测特性的异质结结构[51-53]。晶胞参数、晶面错切与化学终止是影响异质结结合质量与性能的重要选择标准[54]。晶胞参数的差异导致晶面应力、结构、化学或静电驱动的重建可能发生在界面，从而导致新的性质。所以，晶胞参数通常是选择衬底时首先考虑的标准。STO 的晶胞参数为 3.7×10^{-10}m，使其成为最受欢迎的衬底材料（图 7-15）。

晶面台阶（step）是外延生长过程中原子吸附的优先位置，构成台"面"（terraces）为化学元素矩阵，而"阶"（H）为晶面间距的整数倍，至少一个晶面垂直堆叠。将 STO 晶胞从不同侧面"切开"，可以获得不同化学组成的晶面，即晶面（100）、（110）、（111）等；因组成不同晶面的单元原子矩阵差异，每个晶面"台阶"尺寸以及表面能有所不同（图 7-16）。由电中性的 STO 与 TiO$_2$ 交替堆叠组成的（100）晶面具有最低的晶面能，台阶高度为

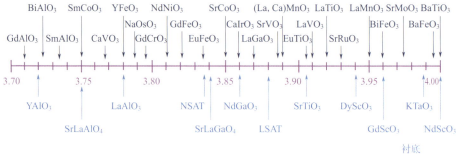

图 7-15 衬底与薄膜材料的晶胞参数（单位：10^{-10}m）

3.905Å，研究最为广泛［图 7-16（a）］，理论计算表明富钛（001）是最稳定的表面化学态[55]。STO（110）晶面由极性 SrTiO^{4+} 与 O$_2^{4-}$ 交替堆叠组成，台阶高度为 2.76Å［图 7-16（b），1Å = 10^{-10}m］，Sr 和 Ti 阳离子出现在同一层，为极性层。STO（111）由带电 SrO$_3^{4-}$ 与 Ti^{4+} 交替堆叠组成［图 7-16（c）］，台阶高度为 2.25Å，具有与（110）晶面类似的极性；但 Sr 和 Ti 阳离子出现在不同层中，表面化学性质与（001）晶面类似。因（110）晶面和（111）晶面是极性面，通常会发生重构或被吸附物覆盖，因此对其表面的探索和控制更具挑战性。例如，有的（111）晶面台阶结构具有局部光阴极性质，而有的却具有光阳极性质[56,57]，可根据需要人为调控STO(111)端面的极性，从而有利于光还原反应或者光氧化反应[58,59]。

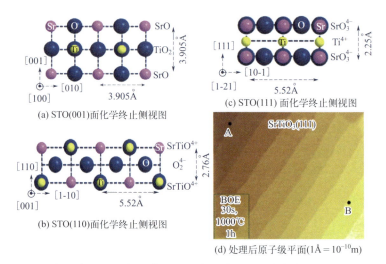

(a) STO(001)面化学终止侧视图
(b) STO(110)面化学终止侧视图
(c) STO(111)面化学终止侧视图
(d) 处理后原子级平面(1Å = 10^{-10}m)

图 7-16 STO（001）、STO（110）、STO（111）面化学终止侧视图及处理后原子级平面

为了以超薄或人工结构形式制造功能性薄膜,化学和结构上相容的衬底是必不可少的[60,61]。具有原子级平坦和化学均匀晶面的衬底,即具有一个晶胞单元(UC)尺寸的台阶高度和单一化学终止的表面,对调节 2D 膜生长(逐层或台阶流动)以及改善 3D 结构生长不稳定性方面起着关键作用。以钙钛矿(001)为例,当所有阶面由 AO 或 BO_2 原子组成单终止晶面时[图 7-17(c)(d)],其平衡取决于其相对表面能;当然,两种终止面组成可以共存。在抛光晶体晶面上,少数相的终止随机分布较易获得[图 7-17(e)];退火等处理方式可以获得沿台阶分布类型[图 7-17(f)]。单终止晶面,可以选择界面处的特定原子堆叠;混合终止晶面,可驱动纳米结构的自组织生长。产生 2DEG 的 TiO_2-STO 终止晶面的梯田状结构对二维电荷传输的影响虽尚未明确,但是该结构确实会增强电子迁移率或者阻碍垂直于阶面的传输[62,63]。

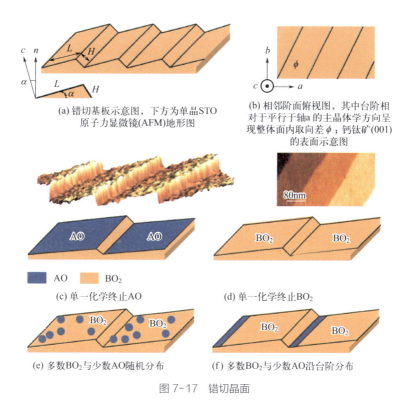

(a) 错切基板示意图,下方为单晶STO 原子力显微镜(AFM)地形图

(b) 相邻阶面俯视图,其中台阶相对于平行于轴a 的主晶体学方向呈现整体面内取向差 ϕ;钙钛矿(001) 的表面示意图

(c) 单一化学终止AO

(d) 单一化学终止BO_2

(e) 多数BO_2与少数AO随机分布

(f) 多数BO_2与少数AO沿台阶分布

图 7-17 错切晶面

STO 晶面终端导致 2DEG 导电率分布和界面超导区域化。2DEG 中的

强电子关联产生了多种激发性质,如磁性、门控超导性、增强的 Rashba 自旋-轨道耦合、可调谐金属-绝缘体跃迁以及新颖的量子霍尔效应[64,65]。2DEG 的存在与否以及其他性能与衬底终止相直接相关。首先,薄膜生长对衬底终止相有标准,以典型 LAO/STO 体系为例,只有在 TiO_2-STO 衬底生长 LAO 才会产生 2DEG,而对 LAO 相无特殊要求[66,67]。其次,TiO_2-STO 晶面上生长 6UC 的 LAO 薄膜,电导率分布呈现条纹化,这是由晶面不同区域的化学终止差异所致。另外,TiO_2 或 SrO 为主导的表面使得表面氧原子数与本体不同,如出现氧空位(Vo)。因此,STO 的表面超结构会影响 1UC FeSe 的超导特性,其超导性与基底形貌具有直接相关性,即使厚度大于 1UC(3~5UC)的薄膜也显示超导行为,证明了超导特性来源于 FeSe/STO 界面的强相互作用[68]。

7.5.1.2　STO 对光电转换的促进作用

STO 对光电转换的促进源于其持续光控电导性、铁电极化致晶格畸变两个特性。首先 STO 对光响应可产生电子-空穴,表现出绝缘体—金属的导电性转换,电导率变化高达六个数量级。Vo 的能带位于 STO 带隙内,可吸收可见光。Vo 的存在使得 STO 具有持续光控导电性(PCC),即在关闭光源时,导电性依然会持续[69,70]。产生 PCC 的原因为:每一个 Vo 理论上需要两个局域电子维持电荷平衡,经小于带隙的光照后,Vo 产生导电载流子,并且在自陷状态下稳定空穴能级,形成内部电场,电导率提高[71],通俗来讲,此时导电性来源于 Vo 贡献的电子。而在 LAO/STO 界面引入光作为强大的外部扰动,可展现出更强的 PCC 效应。类似于 STO 单体,可见光激发出 Vo 的限域电子,在界面处形成 2DEG;紫外光照激发出价带电子,使界面的电子浓度瞬间升高,电阻降至最小,产生高迁移率电子通道(图 7-18)。当紫外光关闭,光生电子因通道关闭无法逾越电位势垒,则与空穴复合,于是电阻升高,但小于初始值,展现 PPC 效应。PPC 效应受氧分压、煅烧温度、LAO 厚度、电荷集流体作用、LAO 相掺杂物种类与浓度等因素影响[72]。

STO 和 TiO_2 的能量组合非常适合形成理想的异质结,不仅广泛用于光催化领域,而且可有效改善光伏性能。不同能带位置半导体组成的界面,最终

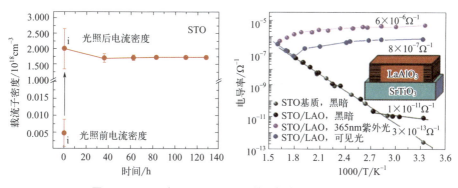

图 7-18 STO 与 LAO/STO 不同处理条件下的 PCC 效应

势必要达成能量平衡态,也就是电子占据概率为 1/2 的虚拟能带—费米能级要一致,这样就导致"能带弯曲"。高费米能级侧贡献电子给低费米能级侧产生内电场,自身带正电、对方带负电。因 STO 的导带(EC)比 TiO$_2$ 的高 0.2eV,因带隙相近,所以价带(EV)高于 TiO$_2$ 价带,这有利于电子流向 TiO$_2$ 相、空穴留在 STO,电场方向[73]是 STO 指向 TiO$_2$ [图 7-19(a)]。按照晶格参数匹配标准,STO 与金红石型二氧化钛(R-TiO$_2$)最适合组成异质结(STO@TiO$_2$);一维结构的垂直取向,可为界面的直接电子和离子扩散提供路径,从而获得极高的能量转换效率。将 STO 颗粒和 R-TiO$_2$ 纳米管耦合[图 7-19(b)],可有效抑制光生电荷复合,是一种有前途的电极体系,被广泛用作染料敏化太阳能电池(DSSC)的光阳极材料以及光解水电极(PEC)[74,75]。在 PEC 系统中,电荷分离效率主要由半导体耗尽区的宽度和幅度决定[76]。STO 壳层提高了电荷分离效率($\eta_{separation}$),而电荷分离效率是决定光电流的主要因素,说明 STO 层改变了 TiO$_2$ 的能带弯曲程度。考虑到 STO 的特性,应为 STO@TiO$_2$ 界面处 STO 的晶格畸变引入的铁电极化(煅烧削弱铁电极化,伴随异质结有效电荷密度下降)[图 7-19(c)左图]所致。以 TiO$_2$(110)晶面与 STO(001)晶面复合为例,TiO$_2$(110)晶面与 TiO$_2$ 的 c 轴平行。同时,STO(001)面的晶格畸变产生了垂直于其表面的自发铁电极化;那么,STO 的铁电极化方向垂直于 TiO$_2$ 的 c 轴,与电荷分离方向一致[图 7-19(c)右图],外场促进电荷进一步分离。因此,STO 铁电极化特性可以改善 STO@TiO$_2$ 的电荷分离和水解产氢性能。

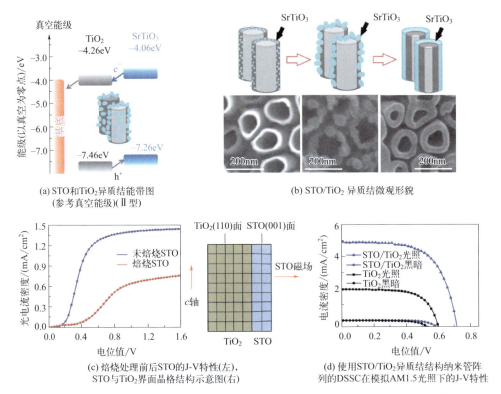

图 7-19 STO 和 TiO₂ 异质结构能带图、STO/TiO₂ 异质结微观形貌、焙烧处理前后 STO 的 J-V 特性及 STO 与 TiO₂ 界面晶格结构示意，以及使用 STO/TiO₂ 异质结构纳米管阵列的 DSSC 在模拟 AM1.5 光照下的 J-V 特性

过去 10 多年的研究数据证实，TiO₂ 和钙钛矿组成的异质结构可以改善光伏性能。STO 和 TiO₂ 的组合有望通过调节界面势垒和改变 STO@TiO₂ 复合材料的费米能级来提高光伏性能。STO-TiO₂ 界面有效的载流子传输可提高光伏电池的短路电流（I_{SC}）、开路电压（V_{OC}）、转换效率（η）[图 7-19（d）]。此外，STO 具有增加光散射的特性，若能够有效提高光的利用率，加上 STO 较高的光、热稳定性，非常适合作光伏材料。

7.5.1.3 缺陷工程与掺杂

钙钛矿 ABO₃ 结构的美妙之处在于，元素周期表中几乎一半的元素都可以容纳在该结构的 A 位或 B 位。此外，即使在相同环境条件（例如压力和温度）下，B 位阳离子也可以呈现不同的价态和配位数，这一事实导致 ABO₃ 钙钛矿的数量几乎无限[77-80]。因此，钙钛矿中存在的元素和结构多样性为基于结构-性质关系探索多种多功能性质提供了巨大的机会。ABO_3 中 A、B 位元素分别发挥维持电荷平衡与构型、确定能带位置的作用，O 与 B 组成的 BO_6 八面体决定了 ABO_3 的能带结构。对于宽带隙型钙钛矿，通常通过 B 位取代或者 O 位电子轨道杂化实现能带位置调控。STO 为带隙型绝缘体，价带主要由 O 2p 轨道组成，而导带主要由 Ti 3d 组成，因此改变带隙的原理是基于对 O 2p、Ti 3d 轨道进行取代或者杂化[81-83]（图 7-20）。掺杂和缺陷均可在导带以下或者价带以上引入中间能带来降低带隙、增加载流子浓度。当杂质原子取代晶格中的 Ti 原子时，若提供除满足共价键配位（+4）以外的多余电子，该类杂质原子称为施主；反之则成为受主。电子数不足以完成配位，则会出现阴离子空位以维持电荷中性，此时就会造成氧空位（Vo）。

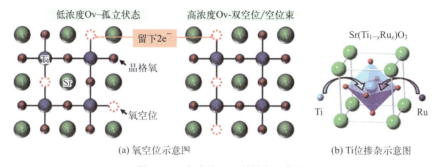

(a) 氧空位示意图　　(b) Ti 位掺杂示意图

图 7-20　氧空位及 Ti 位掺杂示意图

STO 的缺陷主要是来自 Vo 与掺杂元素。满足化学计量比的 STO 不导电，因为 Vo 的存在，赋予 STO 由半导体到金属导电性的转变。对于 Vo，简单来说就是指氧离子从它的晶格中逸出而留下的缺陷 [图 7-20（a）]。Vo 是 STO 中最丰富和研究最多的点缺陷，引入氧空位后，STO 的颜色从透明变为蓝色 [图 7-21（a）]，电导性可提升两个数量级[84,85]，在 LAO/STO 界面以及掺杂 Vo 的 STO 的 2DES 中，通过低温冻结并局域化可以观察到载流子[86,87]。而外观颜色的变化预示光学性能发生改变，Vo 能带位于 STO 的导带下方，相当于引入一个施主能级，减小了其禁带宽度，进而将其光吸收边界延伸到可见光甚至是近红外波段 [图 7-21（b）]。通常金属氧化物的金属原子具有"配位饱和"的特点，无法通过化学吸附来活化氧分子，而 Vo 的存在克服了该缺点，促进了光生电子从氧化物催化剂向氧分子的高效

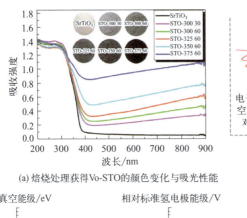
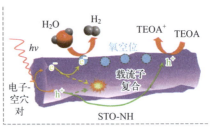

(a) 焙烧处理获得Vo-STO的颜色变化与吸光性能　　(b) Vo作为活化反应物分子

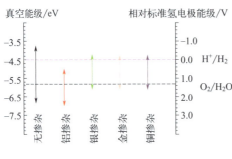
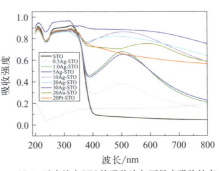

(c) 金属离子掺杂STO的能带结构示意图　　(d) Ag元素掺杂STO的吸收边与可见光吸收效率

图7-21　焙烧处理获得Vo-STO的颜色变化与吸光性能；Vo作为活化反应物分子位点；金属离子掺杂STO的能带结构示意图；Ag元素掺杂STO的吸收边与可见光吸收效率

转移，因此氧空位的存在有利于氧分子的活化。Vo对STO反应性影响很大，在CO氧化、NO还原、CO_2分子活化以及水分解等领域，均发挥不可替代的作用[88,89]。而且，Vo形成能是表面还原性的计算度量参数，可很好地评估催化性能。引入Vo的主要方法有加温氢化法、离子掺杂法、高能粒子轰击法、气氛脱氧法、机械化学力法和化学还原法（如无机物$NaBH_4$、CaH_2有机物咪唑和L-抗坏血酸以及强还原性金属等对其进行"夺氧"处理）。

为拓宽STO的光响应波长范围，有多种改性方式用于STO的光学性能提升，通过掺杂过渡金属离子对半导体材料进行改性已被证实是提高光催化效率的有效途径。已经证明，通过掺杂Al、Cu、Rh等金属元素，STO吸收波长可从紫外区扩展到可见光[90-92]。掺杂元素能替代Sr或Ti位点离子的最重要标准是等效物种的类似离子半径，半径差距过大，会因晶格应力导致晶格畸变。

Sr^{2+}、Ti^{4+} 和 O^{2-} 的离子半径分别为 14.4nm、6.1nm 和 14.0nm。Cu 具有三种氧化态，即 Cu^+、Cu^{2+} 和 Cu^{3+}，离子半径分别为 9.1nm、8.7nm 和 6.8nm，取代 Ti 的可能性很大。因 Cu 的氧化态低于 Ti，所以是受主，掺杂导致在 STO 晶格表面引入高浓度的 Vo，充当光生电荷陷阱，促进电子－空穴分离，从而促进光电导过程。掺杂离子不仅因氧化态差异产生 Vo，还会在禁带中产生缺陷能级[图 7-21（c）]，缺陷能级可以捕获从价带顶部跳到导带底部的电子，提高电子－空穴对分离效率；带隙间出现中间能级，则带隙变窄，吸收边扩至长波区域。如果掺杂元素为具有表面等离子体效应的金属离子，对可见光的吸收效率将进一步提升[图 7-21（d）]。

7.5.2 钛酸锶材料的复合方法及过程机制

目前已有多种技术用于生长 STO 薄膜和相关异质结构。薄膜型异质结制备办法包括原子层沉积（ALD）、脉冲激光沉积（PLD）、分子束外延（MBE）、激光 MBE、混合 MBE 和溅射法。对于粉体型异质结材料主要采用固相反应法与水热法，因固相反应需要的温度高、颗粒与掺杂均匀度不可控，以水热法为主。

STO 衬底层是生长薄膜异质结的关键，STO 衬底制备方法包括固态反应法[93]、火焰熔化[94]和熔剂法等。薄膜异质结结合机制与晶格匹配相关，只要晶格匹配得当，就能较容易地得到结合理想的薄膜异质结。

脉冲激光沉积（PLD）是一种制备氧化物薄膜、界面和异质结构的各种组合的薄膜制造技术，制备系统包括激光源和光学器件、目标材料支架、带有加热器附件的样品支架和用于监测氧化物薄膜生长过程的高压 RHEED 系统。通常，腔室连接到高真空泵，真空水平控制在超高真空（UHV）至大气压的压力范围内，允许精细控制气氛（惰性、氧气和氮气），保证所需的气体环境。在 PLD 工作过程中，激光脉冲照到靶材，靶材料被烧蚀，从而形成等离子体。含有目标材料的原子和离子的等离子体以羽流的形式膨胀到周围的真空中。根据背景气体环境的压力，该羽流以 0.1～10eV 的粒子能量到达基底表面。与其他大多数沉积技术相比，通过使用合适的靶，PLD 可以容易地制备出所需化学计量关系的薄膜。调整激光功率可以触发阳离子偏离化学计量[95,96]。为了得到薄膜形式的 STO 的晶体立方相，需精准控制腔室温度在 550℃ 及以上，可调节生长过程中的氧分压来控制氧空位的浓度[97]。

原子层沉积（ALD）是一种逐层生长模式，其中每层的生长为自限制[98]。这种自限制性质允许在任意大的衬底上生长单层均匀的薄膜。ALD 还具有生长三维和高纵横比薄膜的能力，同时精确控制组成。ALD 法在高 k 电介质制作、光伏[99]和固体氧化物燃料电池[100]等领域应用广泛，可用于沉积多种氧化物基材料。ALD 实施时，衬底暴露于气态前体物质中，前体气体 A 与表面反应，直至所有反应位点被单层覆盖；然后将气体 A 从系统中吹扫；引入另一前体气体 B，并与气体 A 形成的新表面反应；吹扫气体 B，可多次重复该序列。利用 ALD 和合适的前体，可制作各种 STO 基异质结结构，包括 Ru 衬底上生长 STO 膜[101]、无定形 LAO/STO[102]、晶体 LAO/STO[103]、STO 缓冲 Si（001）上获得的部分无定形 LAO/STO[104]。

分子束外延（MBE）是一种外延生长技术，可以获得高质量薄膜[105]。首先，渗出池用于升华固体源材料，以产生"分子束"，该分子束在中线向衬底移动；在高或超高真空低至（10 ~ 12mbar，1mbar = 100Pa）环境中发生升华，所以杂质含量非常低，MBE 是以非常低的生长速率实现薄膜覆盖的。为避免氧的存在有可能破坏分子束，可通过泵送处理氧气来解决。使用 Sr、La 和 Al 与分子氧在约 4×10^{-5}Pa 下，在商品的 TiO_2-STO 上生长 LAO 膜。

水热法可以合成高纯的精细粉体材料，无需焙烧步骤，且易于控制颗粒的尺寸与形貌。此过程的控制因素包括水热温度、反应时间、前体浓度、调节剂浓度等。水热法合成 STO，过程机理可用奥斯瓦尔德效应进行解释[106]。首先，矿化剂（强碱）溶解 TiO_2 形成羟基钛配合物 $Ti(OH)_x^{4-x}$，然后 Sr^{2+} 进入 $Ti(OH)_x^{4-x}$ 网络，形成 $Sr_3Ti_2O_7$ 等中间产物，离子反应形成 STO 核之前的阶段[107]；然后，生成不可见的小 STO 纳米颗粒，随着反应进行，溶解-沉淀作用促使初始小颗粒在 TiO_2 纳米管或者颗粒表面形成覆盖层；最后，颗粒尺寸增长，直至完全覆盖 TiO_2 表面。随着 Ti 元素消耗，TiO_2 相被侵蚀，STO@TiO_2 复合相形成。通过观测不同合成时间获得 STO 的形貌，可以证实该生长机制。

7.6 钛酸锶的新能源领域应用

钛酸锶作为一种极具应用潜力且用途广泛的半导体材料,在光解水制氢、光伏发电、热电材料等新能源领域有着广泛的应用潜力。

7.6.1 钛酸锶在制氢领域中的应用

氢气因其燃烧产物为水,故被称为最具潜力的绿色环保型清洁燃料。近几年在"碳中和"背景下,我国也出台了多项鼓励政策以加快氢能源的发展,在政策的指导下我国氢能源体系正在快速建立和发展。

众所周知,常温常压下水的物化性能极其稳定,在没有外界条件的情况下无法实现自身分解。1972 年 Fujishima 和 Honda 发现水可以在紫外光照射下的二氧化钛电极上被分解产生氢气,这一发现让科学家找到了将太阳能转换为氢能的手段,并致力于发展半导体光催化分解水产氢技术[108]。常用的无机半导体材料有 TiO_2、CdS、WO_3、CeO_2、ABO_3 等,但这些催化剂的光催化性能受到光腐蚀、太阳光吸收范围有限、能带结构不合适以及光生电子-空穴复合效率过高等问题的限制[109],产氢效率不理想。

分解水需要的吉布斯自由能为 $\Delta G=273kJ/mol$,要求参与催化反应的光能量不能低于 1.23eV。在光催化系统中,光生电子有较强的还原能力,可以与水中 H^+ 反应生成 H_2;空穴有氧化能力,可以与水溶液中的牺牲剂反应生成无机小分子氧化物。光催化分解水制氢时,在水中添加牺牲剂用来捕获空穴也是阻止催化系统中逆反应(光生电子、空穴复合)发生的有效途径之一。因此,催化剂的导带底只有比 H^+/H_2 的还原电位更负的时候才能发生分解水制氢的反应[110]。

钛酸锶具有典型的 ABO_3 钙钛矿型结构,且禁带宽(-3.2eV)、物化性能稳定、光催化活性高、高介电低损耗、热稳定性好,非常适用于光解水制氢。在钛酸锶光催化剂的研究应用中发现,影响钛酸锶催化活性的因素有很多,如光能利用率低、光生载流子分离效率较低、催化剂表面活性位点较少等。对于光催化剂来说，较低的光催化效率会严重限制光催化剂的规模化应用，因此针对这种局限，该领域的研究者进行了一系列的探究，并不断报道出新的手段以提升钛酸锶的光催化性能。例如，对半导体催化剂的能带进行调控，将催化剂颗粒低维化、纳米化，进行金属沉积、元素掺杂、或者与其他半导体复合等手段，从而使光催化剂更高效、更经济。

助催化剂在光催化完全分解水反应中的作用非常重要，可通过负载氧化、还原双助催化剂，同时产生氢气和氧气。如通过逐步光沉积法选择性地在 $SrTiO_3$：Al 颗粒上负载高活性的产氢反应（HER）和产氧反应（OER）助催化剂，可实现光催化完全分解水，且其外部量子效率（EQE）在紫外光条件下（350～360nm）能达到 95.9%[111]；在钛酸锶中掺杂 Rh、Cr、Ta、Co 等贵金属元素，可以提高其可见光吸收效率和产氢效率[112-114]。

随着研究的不断深入，人们发现使用两种或两种以上半导体构建复合材料可促进光生电荷的有效分离，光催化性能更高。例如掺杂 Cr 的 $SrTiO_3$/TiO_2 纳米管，可大大提高太阳光的利用率[115]；$SrTiO_3$/CdSe 纳米复合材料能有效地捕获太阳光并分解水，对产氢具有很高的光催化活性；$NaBH_4$ 与 $SrTiO_3$ 通过可控固相反应制备的含有氧空位缺陷的 $SrTiO_3$，可通过调节合成过程中的反应时间和温度来调控氧空位的浓度，其光催化产氢的活性达到 2.2mmol/（h·g），是原始 $SrTiO_3$ 的 2.3 倍左右。也可将 La 和 Rh 共掺杂的 $SrTiO_3$ 与 Au 负载的 Mo 掺杂 $BiVO_4$ 组成异质结，再负载助催化剂 Ru 和 RuO_x，或在 $SrTiO_3$：Al 的光催化剂负载助催化剂 $RhCrO_x$ 以提高太阳能转换效率和表观量子效率[116-120]。

目前，钛酸锶光催化水解制氢技术仍然停留在理论研究阶段，依旧面临着太阳光利用率低、电子和空穴迁移速率慢等问题，想要实现工业化，还需进一步改进现有的技术和手段，以提高太阳光利用率和产氢效率。

7.6.2　钛酸锶在光伏发电领域中的应用

法国科学家 Alexandre Edmond Becquerel 在 1839 年首次发现了光

生伏特效应，即光照下半导体材料的不同部位能够产生电位差的现象，这是光电转换的核心原理。光伏电池是一种利用光生伏特效应直接将太阳能转换为电能的装置。近几十年来，光伏电池经历了多次更新换代，如第一代硅基光伏电池、第二代薄膜光伏电池以及以钙钛矿光伏电池、有机光伏电池和染料敏化光伏电池为代表的第三代新型光伏电池。

在众多的光伏电池中，钙钛矿光伏电池因其制造工艺简单、材料成本低、能与柔性基底相容、光电转换效率高等优点，被认为是当今最有前途的光伏技术之一。单结钙钛矿光伏电池理论效率为33%，高于晶硅的29.4%，双结/三结理论效率高达45%/49%，进一步打开了效率天花板。现阶段钙钛矿室内光伏电池在1000lux U30光源照射下光电转换效率达到了44.72%，为钙钛矿的产业化提供了新契机[121]。

钙钛矿基光伏材料制备方式简单、成本低，可制成多种形态的光伏面板，包括柔性光伏材料。钛酸锶作为一种典型钙钛矿结构的金属氧化物，具有良好的光电转换与载流子输运特性，可以作为光伏材料的电子-空穴激发层，是柔性光伏材料的理想基材，具有传统硅基固定光伏电池面板无可比拟的便捷性（如图7-22所示）。采用多面体 $SrTiO_3$ 微纳米单晶颗粒作为电子-空穴激发材料，通过复合电子传输层氧化锌（ZnO）颗粒与空穴传输层氧化亚镍（NiO），可制备柔性光伏组件，相比传统的固定式光伏面板，可应用于临时能源收集的柔性帐篷光伏太阳电池、便携式单兵应急太阳能板、船舶太阳能储能系统与可穿戴电子设备等军事以及民用领域。

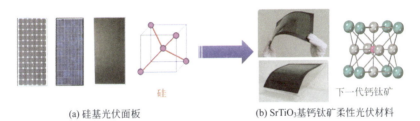

(a) 硅基光伏面板　　(b) $SrTiO_3$ 基钙钛矿柔性光伏材料

图7-22　硅基光伏面板与 $SrTiO_3$ 基钙钛矿柔性光伏材料

7.6.3 钛酸锶在热电材料中的应用

热电材料是一种具有热电效应、可将热能与电能直接转换的功能性材料。其一端受热时,受热端的电子具有较高温度,受热电子会转移到温度较低的一端,电子在迁移过程中产生电流,使得材料两端产生电荷堆积,形成电势差。基于热电效应,我们可以制备热电制冷和热电发电器件,具有无污染、无噪声以及体积小等优点,且能量获取来源广泛,只要存在温度差即可,如太阳能、潮汐能、工业废热、汽车尾气废热、锅炉余热等热源均可成为热电材料的热量来源。

热电材料具有许多优点和广阔的应用前景,但目前它的能量转换效率不高,这限制了热电材料的实际应用。因此,如何提高热电材料的热电性能和热电效率,成了科研工作者的研究重点。好的热电材料,其塞贝克系数和电导率要很大,同时热导率应保持较小。大的塞贝克系数可以保证热电效应,低的热导率可以使热量保持在两端使其具有温度差,降低材料的热导率是提高热电材料性能的最有效途径之一。

传统的热电材料主要有 Bi_2Te_3 类、PbTe 类和 SiGe 合金材料等,均属于合金型热电材料,发展比较成熟、工业制备工艺完善,在温差发电机和热电制冷机上已经大量使用。但这些材料具有明显的缺点,如原材料昂贵、污染环境、制造工艺成本昂贵等,限制了它们的大规模使用。因此,发展廉价的、环境友好的、可大规模使用的新型热电材料是各国学者的研究重点。随着材料科学的不断发展,有越来越多的新型热电材料被研究,如低维热电材料、电子晶体-声子玻璃热材料、纳米超晶格热电材料、功能梯度热电材料、准经热电材料以及氧化物热电材料等。其中,氧化物热电材料因其成本低、毒性低、能抗氧化等特点,得到了广泛的关注。

$SrTiO_3$ 作为一种具有高介电常数、高稳定性以及超导性的材料,在高温热电领域具有很大的应用潜力。纯净的 $SrTiO_3$ 热电性质很差,难以测量,但在实际制备中 $SrTiO_3$ 极易形成大量的本征氧空位缺陷,使其具有金属性质,这相当于在 $SrTiO_3$ 晶格结构中引入电子,对应于 n 型半导体掺杂。因此,如何进行稀土元素掺杂,以提高 $SrTiO_3$ 基材料的热点性能成了学者研究的重点。其中，在 Sr 位常见的掺杂元素有 Y、La、Na、Ce、Mn、Bi、Nd 等；在 Ti 位常见的掺杂元素有 Nb、Ta、Sc、V、Cr、Fe、Co、Ni、In、Sb、Mg、Ru、Al 等；在 O 位常用 N 掺杂。如在 Sr 位掺杂 Ca^{2+}、Ba^{2+}，可以有效减小 $SrTiO_3$ 的热导率[122]；在 Ti 位掺杂 Nb 元素，可提高 $SrTiO_3$ 基材料的热电优值（ZT 值）[123]。但是，目前在掺杂研究过程中，钛酸锶基材料的塞贝克系数、电导率和热导率 3 个因素很难同时优化，热电优值的提高不能单纯地提高某一个因素，而是需要寻找到 3 个因素间的最佳量值。如在 Sr 位上掺杂 La，$SrTiO_3$ 基体的电导率会得到大幅提升，但同时也具有较高的热导率，并不适用于热电设备[124]。因此，在制备钛酸锶基热电材料时，需同时平衡材料的塞贝克系数、电导率和热导率 3 个因素，使热电材料热电效率达到最优。

7.7 钛酸锶的环保领域应用

目前钛酸锶光催化材料的应用领域主要为能源和环境，在治理环境污染方面的应用主要包括净化空气和水处理，其中钛酸锶在难降解有机物废水处理上值得期待。

7.7.1 钛酸锶在净化空气中的应用

化石燃料燃烧和汽车尾气释放的大量氮氧化物（如 NO、NO_2 等）和硫化物，会引发严重的光化学烟雾、霾以及酸雨等环境问题。光催化技术可有效降解或者完全矿化很多气相污染物，且不产生二次污染。钛酸锶复合催化剂对空气中的氮氧化物有较好的去除效果。例如，将合成的 $LaFeO_3$ 微球与 $SrTiO_3$ 纳米管耦合后，用于气体中 NO 的处理，去除效率比原始的 $LaFeO_3$ 和 $SrTiO_3$ 分别提高了 3.1 倍和 4.5 倍[125]；通过对石英砂雾封层车辙板试件表面负载纳米 $SrTiO_3$ 来研究对 NO 的降解性能，发现经过 90min 后 NO 的累计降解量达到 43%，降解 150min 后 NO 可减少约 60%[126]。

7.7.2 钛酸锶在水处理中的应用

钛酸锶在水处理中的应用主要是对难降解有机物的处理，利用钛酸锶在反应体系中产生的活性自由基与有机污染物之间的加合、取代、电子转移等过程来完成污染物的降解，最终分解成二氧化碳和水等无机小分子，过程中不会产生有毒的中间产物，避免了二次污染。钛酸锶光催化降解有机物的过程，是通过光能与化学能之间的转换实现的，当钛酸锶光催化剂受到大于自身禁带能量的照射之后，价带电子发生跃迁至导带，然后在导带上留下等量带正电的空穴，利用光生载流子的氧化还原特性，完成有机物的降解。有学者对钛酸锶进行铝掺杂改性设计，制备出高活性的铝掺杂钛酸锶光催化剂，用以降解罗丹明B（RhB），30min便能将10mg/L的RhB溶液降解92.47%[127]；借助表面油基的高亲和力和表面活性剂二氧化硅作为模板，使用水热法制备介孔$SrTiO_3$，纳米复合材料表现出对亚甲基蓝的高光催化活性[128]；也可通过负载La和Cr到$SrTiO_3$中，增强$SrTiO_3$的可见光吸收，同时避免了补偿缺陷，增强了$SrTiO_3$的光催化活性[129]；或使用超声混合法、溶胶-凝胶法等方法制备$SrTiO_3/g-C_3N_4$、$SrFe_{12}O_{19}/SrTiO_3$等复合材料，可大大增强纯催化剂的光催化活性，且材料稳定，并利于分离以及完全回收[130-132]。

参考文献

[1] Hong C Y, Zou W J, Ran P X, et al. Anomalous intense coherent secondary photoemission from a perovskite oxide. Nature，2023，DOI10. 1038/s41586-023-05900-4.

[2] 孙仲玉. 表面量子阱效应钛酸银纳米立方体的制备及其光催化性能研究. 济南：山东大学，2018.

[3] Leapman R D, Grunes L A, Fejes P L. Study of the L23 edges in the 3d transition metals and their oxides by electron-energy-loss spectroscopy with comparisons to theory. Physical Review B，1982，26（2）：614-635.

[4] Schultz A M, Brown T D, Buric M P, et al. High temperature fiber-optic evanescent wave hydrogen sensors using La-doped $SrTiO_3$ for SOFC

applications. Sensors and Actuators B-Chemical, 2015, 221 (12): 1307-1313.

[5] Jayabal P, Sasirekha V, Mayandi J, et al. A facile hydrothermal synthesis of SrTiO$_3$ for dye sensitized solar cell application. Journal of Alloys and Compounds, 2014, 586 (2): 456-461.

[6] Jing F, Zhang D, Li F, et al. High performance ultraviolet detector based on SrTiO$_3$/TiO$_2$ heterostructure fabricated by two steps in situ hydrothermal method. Journal of Alloys and Compounds, 2015, 650 (11): 97-101.

[7] Zhang Y B, Zhong L, Duan D P. Single-step hydrothermal synthesis of strontium titanate nanoparticles from crystalline anatase titanium dioxide. Ceramics International, 2015, 41 (10): 13516-13524.

[8] He G L, Zhong Y H, Chen M J, et al. One-pot hydrothermal synthesis of SrTiO$_3$-reduced graphene oxide composites with enhanced photocatalytic activity for hydrogen production. Journal of Molecular Catalysis A: Chemical, 2016, 423 (11): 70-76.

[9] Wagner F T, Somorjai G A. Photocatalytic hydrogen production from water on Pt-free SrTiO$_3$ in alkali hydroxide solutions. Nature, 1980, 285 (6): 559-560.

[10] Domen K, Naito S, Soma M, et al. Photocatalytic decomposition of water vapour on an NiO–SrTiO$_3$ catalyst. Journal of the Chemical Society D: Chemical Communications, 1980 (12): 543-544.

[11] Li X, Shen R C, Ma S, et al. Graphene-based heterojunction photocatalysts. Applied Surface Science, 2018, 430 (2): 53-107.

[12] Shahabuddin S, Sarih N M, Mohamad S, et al. SrTiO$_3$ nanocube-doped polyaniline nanocomposites with enhanced photocatalytic degradation of methylene blue under visible light. Polymers, 2016, 8 (2): 27-43.

[13] Tan K H, Lee H W, Chen J W, et al. Self-assembled heteroepitaxial AuNPs/SrTiO$_3$: Influence of AuNPs size on SrTiO$_3$ band gap tuning for visible light-driven photocatalyst. Journal of Physical Chemistry C, 2017, 121 (25): 13487-13495.

[14] Lu D, Ouyang S, Xu H, et al. Designing Au surface-modified nanoporous-single-crystalline SrTiO$_3$ to optimize diffusion of surface plasmon resonance-induce photoelectron toward enhanced visible-Light photoactivity. ACS Appl Mater Interfaces, 2016, 8 (14): 9506-9513.

[15] Yamaguchi Y, Terashima C, Sakai H, et al. Photocatalytic degradation of gaseous acetaldehyde over Rh-doped SrTiO$_3$ under visible light irradiation. Chemistry Letters, 2016, 45(1): 42-44.

[16] Wang J, Yin S, Komatsu M, et al. Preparation and characterization of nitrogen doped SrTiO$_3$ photocatalyst. Journal of Photochemistry and Photobiology A: Chemistry, 2004, 165(1-3): 149-156.

[17] Li Z H, Sun H T, Xie Z Q, et al. Modulation of the photoluminescence of SrTiO$_3$(001) by means of fluorhydric acid etching combined with Ar$^+$ ion bombardment. Nanotechnology, 2007, 18(16): 165703-165707.

[18] Modak B, Srinivasu K, Ghosh S K. Improving photocatalytic properties of SrTiO$_3$ through (Sb, N) codoping: A hybrid density functional study. RSC Advanced, 2014, 4(86): 45703-45709.

[19] Kato H, Kudo A. Visible-light-response and photocatalytic activities of TiO$_2$ and SrTiO$_3$ photocatalysts codoped with antimony and chromium. The Journal of Physical Chemistry B, 2002, 106(19): 5029-5034.

[20] Miyauchi M, Takashio M, Tobimatsu H. Photocatalytic activity of SrTiO$_3$ codoped with nitrogen and lanthanum under visible light illumination. Langmuir, 2004, 20(1): 232-236.

[21] Yamakata A, Kawaguchi M, Murachi R, et al. Dynamics of photogenerated charge carriers on Ni and Ta-Doped SrTiO$_3$ photocatalysts studied by time-resolved absorption and emission spectroscopy. The Journal of Physical Chemistry C, 2016, 120(15): 7997-8004.

[22] Chen G, Zhou W, Guan D, et al. Two orders of magnitude enhancement in oxygen evolution reactivity on amorphous Ba$_{0.5}$Sr$_{0.5}$Co$_{0.8}$Fe$_{0.2}$O$_3$-delta nanofilms with tunable oxidation state. Science Advances, 2017, 3(6): 1603206-1603214.

[23] 张娜. 水热法合成钛酸锶工艺优化及其机理研究. 北京: 中国科学院大学(中国科学院过程工程研究所), 2019.

[24] Eckert Jr J O, Hung-Houston C C, Gersten B L, et al. Kinetics and mechanisms of hydrothermal synthesis of barium titanate. Journal of the American Ceramic Society, 1996, 79(11): 2929-2939.

[25] Demianets L N, Kostomarov D V. Mechanism of zinc oxide single crystal growth under hydrothermal conditions. Annales de Chimie Science des

Matériaux, 2001, 26 (1): 193-198.

[26] Canu G, Buscaglia V. Hydrothermal synthesis of strontium titanate: thermodynamic considerations, morphology control and crystallisation mechanisms. CrystEngComm, 2017, 19 (28): 3867-3891.

[27] Li J, Bai H, W Yi, Liu J, et al. Synthesis and facet-dependent photocatalytic activity of strontium titanate polyhedron nanocrystals. Nano Research, 2016, 9 (5): 1523-1531.

[28] Takata T., Jiang J Z, Sakata Y, et al. Photocatalytic water splitting with a quantum efficiency of almost unity, Nature, 2020, 581 (5): 411-414.

[29] Jia Q, Liu J, Zhong L, et al. Preparation of the regular polyhedral single-crystalline $SrTiO_3$ particles with exposing different crystal facets. Materials Letters, 2021, 288 (4): 129338-129341.

[30] Jia Q B, Wang C Y, Liu J, et al. Synergistic effect of Sr-O divacancy and exposing facets in $SrTiO_3$ micro/nano particle: Accelerating exciton formation and splitting, highly efficient Co^{2+} photooxidation. Small, 2022, 18 (44): 2202659-2202665.

[31] Wang C Y, Liu J, Cai X J, et al. Perovskite micro-nano cage $SrTiO_3$: Formation mechanism, vacancy analysis, and exciton dynamics. Journal of Physical Chemistry C, 2022, 126 (37): 15962-15970.

[32] Jia Q B, Wang C Y, Liu J, et al. Strong synergistic effect of the (110) and (100) facets of the $SrTiO_3$ perovskite micro/nanocrystal: Decreasing the binding energy of exciton and superb photooxidation capability for Co^{2+}. Nanoscale, 2022, 14: 12875.

[33] Liu J, Wang C Y, Chen S M, et al. A novel strontium carbonate/strontium sulfate/strontium titanate composite with core shell structure for photocatalytic degradation of dyes[J]. Materials Letters, 2022, 315: 131759-131764.

[34] Jia Q B, Li Y, Zhong L, et al. The role of phase transfer catalysts on properties of polyamide thin-film composite forward osmosis membranes[J]. Chemical Engineering Journal, 2021, 426: 128989.

[35] Jia Q B, Li Y, Liu Y, et al. Layer-controlled synthesis of a silanol–graphene oxide nanosheet composite forward osmosis membrane by surface self-assembly[J]. Langmuir, 2021, 37 (27); 8095-8106.

[36] Sing K S W, Everett D H, Haul R A W, et al. Reporting physisorption

[37] Corma A. From microporous to mesoporous molecular sieve materials and their use in catalysis. Chemical Reviews, 1997, 97（6）: 2373-2419.

[38] Huo Q S, Margolese D I, Ciesla U, et al. Organizationg of organic-molecules with inorganic molecular-species into nanocomposite biphase arrays. Chemistry of Materials, 1994, 6（8）: 1176-1191.

[39] Yu C Z, Tian B Z, Zhao D Y. Recent advances in the synthesis of non-siliceous mesoporous materials. Current Opinion in Solid State & Materials Science, 2003, 7（3）: 191-197.

[40] Huo Q S, Margolese D I, Feng P Y, et al. Generalized synthesis of periodic surfactant inorganic composite-amterials. Nature, 1994, 368（6469）: 317-321.

[41] Li Zhong, Yifei Zhang, Yi Zhang. Cleaner synthesis of mesoporous alumina from sodium aluminate solution. Green chemistry, 2011, 13（9）: 2525-2530.

[42] Li Zhong, Yifei Zhang, Fangfang Chen, et al. Synthesis of mesoporous alumina using a recyclable methylcellulose template. Microporous and Mesoporous Materials, 2011, 142: 740-744.

[43] Zhao H T, Nagy K L, Waples J S, et al. Surfactant-templated mesoporous silicate materials as sorbents for organic pollutants in water. Environmental Science & Technology, 2000, 34（22）: 4822-4827.

[44] 段东平, 钟莉, 李焱, 等. 一种迷宫型多级孔结构钛酸锶及其制备方法与应用. 中国, CN202211691241.6.

[45] 李胜飞. 介孔-大孔钛酸锶薄膜材料的制备及改性研究. 沈阳：沈阳工业大学, 2020.

[46] Nakata K, Fujishima A. TiO_2 photocatalysis: Design and applications. Journal of Photochemistry and Photobiology, C. Photochemistry Reviews, 2012, 13（3）169-189.

[47] Schneider J, Matsuoka, M, Takeuchi M Z, et. al. Understanding TiO_2 Photocatalysis: Mechanisms and Materials [J]. Chemical Reviews, 2014, 114（19）: 9919-9986.

[48] Zhao J, Li X W, Wang C, et. al. Pre-chirping management of a self-

[49] Kawasaki M, Takahashi M, Maeda T, et al. Atomic control of the $SrTiO_3$ crystal surface. Science, 1994, 266 (5190): 1540-1542.

[50] Ohtomo A, Hwang H Y. A high-mobility electron gas at the $LaAlO_3/SrTiO_3$ heterointerface. Nature, 2004, 427 (6973): 423-426.

[51] Chen L Q, Pan X, Ramesh R, et al. Elastic strain engineering of ferroic oxides. MRS Bulletin, 2014.

[52] Herranz G, Sanchez F, Dix N, et al. High mobility conduction at (110) and (111) $LaAlO_3/SrTiO_3$ interfaces. Sciience Report, 2012, 758 (2): 1-5.

[53] Annadi A, Zhang Q, Wang X R, et al. Unexpected Anisotropic two-dimensional electron gas at the $LaAlO_3/SrTiO_3$ (110) interface. Nature Communication, 2013 (4): 1838.

[54] Tsukazaki A, Ohtomo A, Kita T, et al. Quantum Hall Effect in Polar Oxide Heterostructures. Science, 2007, 315: 1388-1391.

[55] Warschkow O, Asta M, Erdman N, et al. TiO_2-rich reconstructions of $SrTiO_3$ (001): A theoretical study of structural patterns[J]. Surface Science Amsterdam, 2004 (573): 446-456.

[56] Ferrer S, Somorjai, G A. UPS and XPS Studies of Chemisorption of O_2, H_2, and H_2O on Reduced and Stoichiometric $SrTiO_3$ (111) Surfaces; the Effects of Illumination. Surface Science, 1980, 94 (1): 41-56.

[57] Nagarkar P V, Searson P C, Gealy F D. Effect of surface-treatment on $SrTiO_3$—an X-Ray photoelectron spectroscopic study. Journal of Appllied Physics, 1991, 69: 459-462.

[58] Giocondi J L, Rohrer G S. Structure sensitivity of photochemical oxidation and reduction reactions on $SrTiO_3$ surfaces. Journal of the American Ceramic Society, 2003, 86 (7): 1182-1189.

[59] Zhu Y, Salvador P A, Rohrer G S. Controlling the relative areas of photocathodic and photoanodic terraces on the $SrTiO_3$ (111) Surface. Chemistry of Material, 2016, 28 (14): 5155-5162.

[60] Schlom D G, Chen L Q, Pan X, et. al. A thin film approach to engineering functionality into oxides. Journal of the American Ceramic Society, 2008, 91 (8) 2429-2454.

[61] Damodaran A R, Agar J C, Pandya S, et. al. New modalities of strain-control of ferroelectric thin films. Journal of Physics Condensed Matter, 2016, 28.

[62] Fix T, Schoofs F, Bi Z, Chen A, et. al. Influence of $SrTiO_3$ substrate miscut angle on the transport properties of $LaAlO_3/SrTiO_3$ interfaces. Applied Physics Letters, 2011, 99(2): 022103-1-022103-3.

[63] Brinks P, Siemons W, Kleibeuker J E, et al. Anisotropic electrical transport properties of a two-dimensional electron gas at $SrTiO_3$-$LaAlO_3$ interfaces. Applied Physics Letters, 2011, 98(24): 2904-1-242904-3.

[64] Biswas A, Rossen P B, Yang C H, et al. Universal Ti-rich termination of atomically flat $SrTiO_3$ (001), (110), and (111) surfaces. Applied Physics Letters, 2011(98): 051904.

[65] Saghayezhian M, Chen L, Wang G, et al. Polar compensation at the surface of $SrTiO_3$ (111). Physical Review, B, 2016, 93(12): 5408-5412.

[66] Basletic M, Maurice J L, Carretero C, et al. Mapping the spatial distribution of charge carriers in $LaAlO_3/SrTiO_3$ heterostructures. Nature Material, 2018(7): 621-625.

[67] Nakagawa N, Hwang H Y, Muller D A. Why some interfaces cannot be sharp. Nature Material, 2006, 5: 204-209.

[68] Tanaka T, Ichinokura S, Pedersen A, et al. Monolayer FeSe films grown on $SrTiO_3$ with controlled surface superstructures studied by scanning probes: Evidence for interface superconductivity. Japanese Journal of Applied Physics, 2021, 60(SE): SE0801.

[69] Jin K X, Luo B C, Li Y F, et al. Photoinduced phase transition and relaxation in bare $SrTiO_3$ single crystals. Journal of Applied Physics, 2013, 114(3): 1527.

[70] Poole V M, Mccluskey M D. Large persistent photoconductivity in strontium titanate single crystals. Oxide-based Materials & Devices VII. Oxide-based Materials and Devices VII, 2016.

[71] Kan D, Terashima T, Kanda R, et al. Blue-light emission at room temperature from Ar^+-irradiated $SrTiO_3$. Nature Materials, 2005, 4(11): 816-819.

[72] 闫虹,张兆亭,王拴虎,等. Review of photoresponsive properties at $SrTiO_3$-

based heterointerfaces. Chinese Physics B, 2018, 27 (11): 230-238.

[73] Baker D R, Kamat P V. Photosensitization of TiO_2 nanostructures with Cds quantum dots: Particulate versus tubular support architectures. Advanced Materials for Optics and Electronics, 2009, 19: 805-811.

[74] Hou C, Wang J, Zhang W, et al. Interfacial superassembly of grape-like MnO-Ni@C frameworks for superior lithium storage. ACS Appllied Material & Interface, 2020, 12 (12): 13770-13780.

[75] Zhang X, Huo K, Hu L, et al. Synthesis and photocatalytic activity of highly ordered TiO_2 and $SrTiO_3/TiO_2$ nano-tube arrays on Ti substrates. Journal of the American Ceramic Society, 2010, 93 (9): 2771-2778.

[76] Dotan H, Sivula K, Graetzel M, et al. Probing the photoelectrochemical properties of hematite ($\alpha\text{-}Fe_2O_3$) electrodes using hydrogen peroxide as a hole scavenger. Energy & Environmental Science, 2011, 4 (3): 958-964.

[77] Johnsson M, Lemmens P. Perovskites and thin films-crystallography and chemistry. Journal of Physics: Condensed Matter, 2008, 20 (26): 264001.

[78] Jiang L Q, Guo J K, Liu H B, et al. Prediction of lattice constant in cubic perovskites. Journal of Physical Chemistry Solids, 2006 (67): 1531-1536.

[79] Verma A S, V. K. Jindal V K. Lattice constant of cubic perovskite. Journal of Alloys Compounds, 2009 (485): 514-518.

[80] Kumar A, Verma A S. Lattice constant of orthorhombic perovskite solids. Journal of Alloys Compounds, 2009, 480: 650-657.

[81] Van Benthem K, Elsässer C, French R H. Bulk electronic structure of $SrTiO_3$: Experiment and theory. Journal of Appllied Physics, 2001, 90 (12): 6156-6164.

[82] Piskunov S, Heifets E, Eglitis R I, et al. Bulk properties and electronic structure of $SrTiO_3$, $BaTiO_3$, $PbTiO_3$ perovskites: an ab initio HF/DFT study. Computational Materials Science, 2004, 29 (2): 165-178.

[83] Köppel H, Yarkony D R, Barentzen H. The Jahn-Teller effect: fundamentals and implications for physics and chemistry. Springer Series in Chemical Physics, 2009: 97.

[84] Blanc J, Staebler D L. Electrocoloration in SrTiO$_3$: Vacancy drift and oxidation-reduction of transition metals. Physical Review B, 1971, 4(10): 3548-3557.

[85] Tarun M C, Selim F A, Mccluskey M D. Persistent photoconductivity in strontium titanate. Physical Review Letters, 2013, 111(18): 187403.

[86] Liu Z Q, Leusink D P, Zhao Y L, et al. Metal-insulator transition in SrTiO$_{3-x}$ thin films induced by frozen-out carriers. Physical Review Letters, 2011, 107: 146802.

[87] Liu Z Q, Lu W M, Wang X, et al. Magnetic-field induced resistivity minimum with in-plane linear magnetoresistance of the Fermi liquid in SrTiO$_{3-x}$ single crystals. Physical Review B, 2012, 85(15): 155144.

[88] Sca B. The role of the dopant and structural defects on the water absorption and on the H$_2$ formation in the Al, Co and Cu doped SrTiO$_3$ perovskite steps-ScienceDirect. Applied Surface Science, 2020, 527: 146850-146850.

[89] Wang C Y, Li Y, Cai X J, et al. A unique octadecahedron SrTiO$_3$ perovskite oxide with a nano step-shaped facet structure for enhanced photoredox and hydrogen evolution performance. Journal of Materials Chemistry A, 2023, 11: 21046-21057.

[90] Cui J, Yang X, Yang Z, et al. Zr-Al co-doped SrTiO$_3$ with suppressed charge recombination for efficient photocatalytic overall water splitting. Chemical communications (Cambridge, England), 2021, 57(81): 10640-10643.

[91] Shinoda T, Yuichi Y, Kudo A, et al. In situ photoacoustic analysis of near-infrared absorption of rhodium-doped strontium titanate photocatalyst powder. Chemical Communications, 2020, 56(91): 14255-14258.

[92] Li B F H, Ai J H, Hu Y J, et al. Visible-near-infrared-light-driven selective oxidation of alcohols over nanostructured Cu doped SrTiO$_3$ in water under mild condition. Journal of Catalysis, 2021, 399(1): 1-8.

[93] Zou Q, Meng Z. Microstructure and grain boundary structure of Na$^+$-diffused (Sr, Ca)TiO$_3$ capacitor-varistor ceramics. Journal of American Ceramic Society, 1995, 78: 58-64.

[94] Bednorz J G, Scheel H J. Flame-fusion growth of SrTiO$_3$. Journal of Crystal Growth, 1977, 41(1): 5-12.

[95] Ohnishi T, Shibuya K, Yamamoto T, et al. Defects and transport in complex oxide thin films. Journal of Applied Physics, 2008, 103(10): 103703.

[96] Liu G Z. Stoichiometry of $SrTiO_3$ films grown by pulsed laser deposition. Applied Physics Letters, 2012, 100(20): 619.

[97] Muller D A, Nakagawa N, Ohtomo A, et al. Atomic-scale imaging of nanoengineered oxygen vacancy profiles in $SrTiO_3$. Nature, 2004, 430: 657-661.

[98] George S M. 2010 Atomic layer deposition: An overview. Chemical Review, 2010, 110: 111-131.

[99] Bakke J R, Pickrahn K L, Brennan T P, et al. Nanoengineering and interfacial engineering of photovoltaics by atomic layer deposition. Nanoscale, 2011, 3: 3482-3508.

[100] Cassir M, Ringuede A, Niinisto L. Input of atomic layer deposition for solid oxide fuel cell applications. Journal of Material Chemistry, 2010, 208987-208993.

[101] Lee S W, Han J H, Han S, et al. Atomic layer deposition of $SrTiO_3$ thin films with highly enhanced growth rate for ultrahigh density capacitors. Chemistry of Material, 2010, 23: 2227-2236.

[102] Dong L, Liu YQ, Xu M, et al. Atomic-layer-deposited $LaAlO_3$/$SrTiO_3$ all oxide field-effect transistors. Electron Devices Meeting, 2010, 26: 1-4.

[103] Sbrockey N M, Luong M, Gallo E M, et al. $LaAlO_3$/$SrTiO_3$ Epitaxial heterostructures by atomic layer deposition. Journal of Electronic Materials, 2012, 41: 819-823.

[104] Ngo T Q, Posadas A, McDaniel M D, et al. Epitaxial growth of $LaAlO_3$ on $SrTiO_3$-buffered Si(001) substrates by atomic layer deposition. Journal of Crystal Growth, 2013, 363(1): 150-157.

[105] Pfeiffer L, West K W. The role of MBE in recent quantum Hall effect physics discoveries. Physica E: Low-dimensional systems and nanostructures, 2003, 20(1-2): 57-64.

[106] Cao T, Li Y, Wang C, et al. A Facile in situ hydrothermal method to $SrTiO_3$/TiO_2 nanofiber heterostructures with high photocatalytic activity. Langmuir the Acs Journal of Surfaces & Colloids, 2011, 27(6): 2946-2952.

[107] Rahman M Y A, Samsuri S A M, Umar A A. TiO_2-$SrTiO_3$ composite

photoanode：Effect of strontium precursor concentration on the performance of dye-sensitized solar cells. Appllied Physics A，2019，59：125.

[108] Fujishima A，Honda K. Electrochemical photolysis of water at a semiconductor electrode. Nature，1972，238（5358）：37-38.

[109] 陈佳乐. $SrTiO_3$ 吸光性能调控及其光催化产氢性能研究. 南昌：江西师范大学，2021.

[110] 孙仲玉. 表面量子阱效应钛酸锶纳米立方体的制备及其光催化性能研究. 济南：山东大学，2018.

[111] Tsuyoshi T，Jiang J Z，Yoshihisa S，et al. Photocatalytic water splitting with a quantum efficiency of almost unity. Nature，2020，581（7809）：411-414.

[112] Niishiro R，Tanka S，Kudo A，et al. Hydrothermal-synthesized $SrTiO_3$ photocatalyst codoped with rhodium and antimony with visible-light response for sacrificial H_2 and O_2 evolution and application to overall water splitting. Applied Catalysis B Environmental，2014，151：187-196.

[113] Furuhashi K，Jia Q X，Kudo A，et al. Time-resolved infrared absorption study of $SrTiO_3$ photocatalysts codoped with rhodium and antimony. Journal of Physical Chemistry C，2013，117：19101-19106.

[114] Ishii T，Kato H，Kudo A，et al. H_2 evolution from an aqueous methanol solution on $SrTiO_3$ photocatalysts codoped with chromium and tantalum ions under visible light irradiation. Journal of Photochemistry and Photobiology A：Chemistry，2004，163（1-2）：181-186.

[115] Jiao Z B，Chen T，Xiong J Y，et al，Visible-light-driven photoelectrochemical and photocatalytic performances of Cr-doped $SrTiO_3/TiO_2$ heterostructured nanotube arrays. Scientific Reports，2013，3：1-6.

[116] Han J S，Dai F X，Liu Y，et al. Synthesis of $CdSe/SrTiO_3$ nanocomposites with enhanced photocatalytic hydrogen production activity. Applied Surface Science，2019，467-468：1033-1039.

[117] Sreedhar G，Sivanantham A，Venkatewaran S，et al. Enhanced photoelectrochemical performance of CdSe quantum dot sensitized $SrTiO_3$. Journal of Materials Chemistry A，2015，3（25）：13476-13482.

[118] Tan H，Zhao Z，Zhu W B，et al. Oxygen vacancy enhanced photocatalytic activity of pervoskite $SrTiO_3$. ACS Applied Materials & Interfaces，2014，6（21）：19184-19190.

[119] Wang Q, Hisatomi T, Jia Q, et al, Scalable water splitting on particulate photocatalyst sheets with a solar-to-hydrogen energy conversion efficiency exceeding. Nature Materials, 2016, 15 (6): 611-615.

[120] Chiang T H, Lyu H, Hisatomi T, et al. Efficient photocatalytic water splitting using Al-doped $SrTiO_3$ coloaded with molybdenum oxide and rhodium-chromium oxide. ACS Catalysis, 2018, 8 (4): 2782-2788.

[121] 郑远方. 44.72%！钙钛矿电池效率再破纪录　行业设备交付潮涌动. 科创板日报, 2023.

[122] Muta H, Ieda A, Kurosaki K, et al. Substitution effect on the thermoelectric properties of alkaline earth titanate. Materials Letters, 2004, 58 (30): 3868-3871.

[123] 太田慎吾, 太田裕道, 河本邦仁. Grain size dependence of thermoelectric performance of Nb-doped $SrTiO_3$ polycrystals. Journal of the Ceramic Society of Japan, 2006, 114 (1325): 102-105.

[124] Okuda T, Nakanishi K, Miyasaka S, et al. Large thermoelectric response of metallic perovskites: $Sr_{1-x}La_xTiO_3$ ($0 \leq x \leq 0.1$). Physical Review B, 2001, 63 (11): 113104.

[125] Zhang Q, Huang Y, Peng S, et al. Perovskite $LaFeO_3$-$SrTiO_3$ composite for synergistically enhanced NO removal under visible light excitation. Appl. Catal. B: Environ, 2017, 204: 346-357.

[126] 李尧. 纳米材料雾封层 NO 降解性能研究. 长沙: 长沙理工大学, 2015.

[127] 任金秋. 铝掺杂钛酸锶光催化剂的合成及处理模拟放射性废水的研究. 成都: 成都理工大学, 2020.

[128] Katagiri K, Miyoshi Y, Inumaru K. Preparation and photocatalytic activity of strontium titanate nanocube-dispersed mesoporous silica. J. Colloid Interf. Sci, 2013, 407: 282-286.

[129] Comes R B, Smolin S Y, Kaspar T C, et al. Visible light carrier generation in co-doped epitaxial titanate films. Appl. Phys. Lett, 2015, 106 (9): 1-5.

[130] Konstas P, Konstantinou I, Petrakis D, et al. Synthesis, characterization of $g-C_3N_4$/$SrTiO_3$ heterojunctions and photocatalytic activity for organic pollutants degradation. Catalysts, 2018, 8 (11): 554.

[131] Chen X, Tan P, Zhou B, et al. A green and facile strategy for preparation of novel and stable Cr-doped $SrTiO_3$/$g-C_3N_4$ hybrid nanocomposites with

enhanced visible light photocatalytic activity. Alloys Compd, 2015, 647: 456-462.

[132] Liu C, Wang Y, Yang J, et al. Structure and catalytic activity of magnetic composite photocatalyst $SrFe_{12}O_{19}/SrTiO_3$. Materials Technology, 2017, 32 (2): 96-100.

第 8 章
打造"世界锶都"——
结语与展望

8.1 我国重庆大足锶资源优势与产业基础

8.2 创新开拓锶平台型产品

8.3 研发拓展高端锶产品

8.4 重点研发高端锶功能材料

8.5 锶高端产品关键技术与重大成果展望

8.6 锶行业未来发展战略转型

8.7 致力打造锶资源成为中国的"第二个稀土"

8.8 建设世界级锶产业中心

2023年是贯彻落实党的二十大精神的开局起步之年。习近平总书记在党的二十大报告中强调，建设现代化产业体系，必须"巩固优势产业领先地位，在关系安全发展的领域加快补齐短板，提升战略性资源供应保障能力。推动战略性新兴产业融合集群发展，构建新一代信息技术、人工智能、生物技术、新能源、新材料、高端装备、绿色环保等一批新的增长引擎。"这是对我国化工行业高质量发展的极大鼓舞，也带来全新的发展机遇和巨大的发展空间。

如今，中国已经成为世界化学工业第一大国，是全球化学工业关注和竞争的焦点。中国化学工业的崛起引人注目，是中华民族的骄傲。全球化工龙头企业巴斯夫公司预测，到2030年，中国国内化工市场规模将占到全球化工市场的50%以上，这充分说明了中国超大规模的国内化工市场以及跨国公司对中国化工市场发展的信心。中国化学工业强劲增长的势头和巨大的发展潜力，使中国化学工业散发出令世界瞩目的青春气息。

相比之下，我国锶化工产品仅占全化工行业产能约1%、产值约占0.5%，发展空间巨大。"十四五"时期，我国发展仍然处于重要战略机遇期，化工行业的高质量发展面临着新的全球性挑战，锶化工更是如此。

我国是锶矿储量极为丰富的国家之一，已探明储量居世界首位。我国锶资源和锶产品产能占世界主导地位。然而，目前我国锶产品存在种类少、产量低、品质不高等问题，主要生产以工业级碳酸锶和工业级氯化锶等锶化合物为主的低端产品，高端锶化合物大部分需要从国外进口，难以应对国内外市场对高端锶产品的市场需求，锶产业整体发展面临困境。未来十年乃至二十年是我国锶产业发展的关键时期，大力推动我国的锶科学技术，重视发展锶高技术及其产业，是振兴锶产业、跻身于世界先进行列和掌握锶国际话语权的必然选择。

8.1 我国重庆大足锶资源优势与产业基础

首先，我国重庆大足区具有得天独厚的锶资源优势。锶矿（天青石）在世界范围储量较小，已探明储量约 14275 万吨；我国已探明锶矿储量 8225 万吨。其中，重庆市大足区内赋存锶矿，南起黄家岩、北至铜梁玉峡口，绵延 4.2km，目前已探明储量达 3807 万吨，占世界总储量的 26.67%、国内储量的 46.28%，为亚洲最大的锶矿床。检测分析表明，大足锶矿硫酸锶平均品位在 60% 左右、金属钡含量较低（碳酸钡含量＜0.8%），为国内碳酸锶生产企业首选矿石。

其次，重庆大足区具有较强的锶矿开采能力。全世界锶矿（天青石）开采产能约为 109 万吨，中国开采产能约为 59 万吨；其中大足区的开采设计产能为 45 万吨，占国内产能的 76.3%，占全球产能的 41.3%。

同时，重庆市大足区具有较为雄厚的产业发展基础。重庆市大足区是锶盐加工开发时间较早、技术较成熟、品种较齐全的地区，已拥有红蝶锶业、元和精细化工两大全国知名锶盐生产企业。其中，红蝶锶业以天青石为原料，生产工业碳酸锶、高纯碳酸锶、硝酸锶、氯化锶、硫黄等材料，可年产各类锶盐产品 6.8 万吨，是目前世界产能大、品种全、质量优的细分行业龙头；2021 年实现生产碳酸锶 23000 吨、高纯碳酸锶 1500 吨，实现销售收入 3 亿元、税金 3000 余万元。元和精细化工以菱锶矿为原料，生产氯化锶、硝酸锶、无水氯化锶等材料，是国内较大的锶盐深加工企业,可年产各类锶盐产品 1.85 万吨，产品远销韩国等国家，出口率达 60% 以上；2021 年实现生产氯化锶 10000 吨、无水氯化锶 2000 吨、氢氧化锶 2000 吨、硝酸锶 3000 吨，并于 2022 年 8 月入选工信部第四批专精特新"小巨人"企业。

综上，我国重庆市大足区具备支撑全国乃至全球锶产业发展的资源保障能力和建设"世界锶都"的雄厚基础条件。

8.2　创新开拓锶平台型产品

推进锶产业技术升级换代速度，针对原有锶产品生产过程中工艺缺点，着力推动锶产品生产过程的平台型产品由原有碳酸锶向氢氧化锶转变，以有效突破碳酸锶制备过程中反应效率低、能耗高、环境污染严重等生产瓶颈。同时，该工艺的推广应用有效地扩大了天青石的适用范围，使低品位的天青石矿亦可得到有效的利用。生产所得的氢氧化锶直接经过重结晶方式可得到高纯产品，再以高纯氢氧化锶产品为基础，进一步建立生产其他各类高纯锶化合物的生产平台，形成系列高纯锶产品的成套工艺及装备，在生产过程中实现锶产品低杂质含量水平稳定控制，且使新工艺较现有工艺具有流程短、成本低廉的优点，为后续锶功能材料的生产提供物质基础。

8.3 研发拓展高端锶产品

锶的各类产品性能优异、应用广泛，在电子、液晶显示、汽车、航天、军工、食品医药、建筑材料、医用材料等行业有着广阔的应用前景，日益成为工业发展必不可少的"工业味精"。特别是随着智能、5G等产业的发展，大量的磁微电机被采用，锶铁氧体磁性材料等市场需求量日益加大。随着现代物流、新能源汽车等产业的发展，以锶铝合金为代表的金属材料等应用场景日益增多；随着国家第六阶段机动车污染物排放标准的推行、固态氨汽车尾气后处理技术加快应用，作为固体氨主要载体的锶化合物将会大量使用。同时，锶可以降低陶瓷胚体变形率、提高陶瓷白度、增加陶瓷耐磨性和坚韧性等，目前广泛应用于高端陶瓷釉料。锶还作为制作储能式新型发光材料的主要原材料，广泛应用于夜间应急照明、公共指示标牌等产品。锶作为锶康养产业的重要原料，也将广泛应用于医疗器械、保健食品等领域。

目前我国锶产品种类过少、产品低端，仍以工业碳酸锶为最大宗产品，这使得我国虽有优势锶资源，却没有世界锶产业话语权。因此重庆市大足区联合国内专业锶资源开发团队，从高纯氢氧化锶产品出发，将陆续开发出具有不同形貌、粒径和性能的锶化合物合成路线，丰富锶产品种类，提高锶产品品质，推动我国锶产品生产向着精细化、高纯化方向发展。

8.4　重点研发高端锶功能材料

锶产业发展的一个主要瓶颈是其应用领域尚未完全打开，为此重庆市大足区决心与国内专业科研院所合作，开展锶功能材料性能及潜在应用领域的全面研发，努力拓展锶功能材料在汽车及轨道交通设备零部件、合金材料、荧光材料等领域的需求量，实现锶功能材料的产地利用。同时，大足区还要着力发展锶材料在医疗、电子信息、相变蓄能、环保设备、新能源等领域的应用，扩大锶材料的应用范围；并深入研究锶材料在航空、军工、核工业、精密电子等行业的特殊性用途，深化锶资源的战略资源属性。

8.5　锶高端产品关键技术与重大成果展望

① 医用锶同位素（锶89、锶90）治疗骨癌药剂的稳定批量生产与临床应用；

② 医用锶同位素（锶89、锶90）于普适性癌症的预防与治疗应用；

③ 石墨烯-钛酸锶光催化降解材料在生态水体治理领域的应用与示范；

④ 耐海水腐蚀镁铝锶合金腐蚀机理和制备研究，成功应用在海洋舰艇和海上架构等领域；

⑤ 基于氧化锶为原料的金属锶电解制备及其产业化技术，显著提高锶利用率、增加产能、减少污染、降低成本，拓展锶在金属材料领域的应用；

⑥ 掺杂钙钛矿复合氧化物/钛酸锶单晶等在新能源领域的成功应用；

⑦ 锶保健品、锶支架材料等锶健康材料的生产与临床应用；

⑧ 吸附式制冷系统氯化锶复合吸附剂、锶环保领域技术突破与应用；

⑨ 锶化学与构效关系特性方面的基础研究的重大突破；

⑩ 锶光电复合材料的晶体构效关系在太阳能应用探索方面的突破。

8.6 锶行业未来发展战略转型

锶化工行业大转型是发展方式的根本要求，大重构是面对百年未有之大变局、新发展阶段高质量发展的必然选择，"促转型"是锶行业面向未来高质量发展的一场硬仗。新发展阶段全行业发展方式的转变，必须要在增长方式上由"规模速度型"向"结构效益型"转变，创新方式上由"追随型"向"引领型"转变，管理方式上由"传统管理型"向"信息智能型"转变。

锶行业未来发展战略转型，应该集中体现在以下 5 个方面。

（1）将创新引领作为锶化工行业未来发展的主要支柱

党的二十大报告强调：科技是第一生产力、人才是第一资源、创新是第一动力，三个"第一"充分体现了创新领先是高质量发展的发动机。

习近平总书记在视察万华化学时强调，要坚持走自主创新之路，要有这么一股劲，要有这样的坚定信念和追求，不断在关键核心技术研发上取得新突破。我们要认真学习领会习近平总书记的重要指示精神，铭记"核心技术靠买是买不来的"这一事实，坚定信心、保持定力，努力营造有利于创新的政策和市场环境，扎扎实实推进技术创新。

锶行业也要从根本上改变过去的规模速度型、追随模仿型和传统管理型，通过全面加强自主研发，提升原始创新、集成创新能力，提高创新对经济增长的贡献，开创创新引领发展的新局面。把未来发展集中在供应缺口突出的新能源、新材料、高端专用化学品和生命健康产品等领域，这部分缺口主要是由技术瓶颈造成的。要重点解决产业链、供应链掣肘的瓶颈，必须大力推进科技创新，通过技术创新解决行业短板，在创新中开发新的增长点，培育行业未来发展的新支柱。

（2）将产业结构优化作为锶化工行业未来发展的有力抓手

结构性矛盾是锶化工行业最突出的全局性矛盾，产业结构层次低下、产品结构雷同、资源矛盾制约突出，已经成为全行业高质量发展的根本性制约。发达国家早已完成产业转型,以发展高技术含量、高附加值的化工新材料、高端专用化学品等高端产品为主,并通过技术壁垒对我国产业发展空间进行挤压。发达国家的战略围堵为我们敲响了警钟,也给我们的产业升级带来巨大挑战。

目前,我国锶化工产业规模、技术水平、产品质量等方面与发达国家仍存较大差距,不少高端化工新材料仍未实现规模化生产,部分产品虽已国产化,但技术不成熟、成品率低,质量与进口差距较大,无材可用、有材不好用、好材不敢用现象仍十分突出。尤其是在当前以技术为核心的安全、绿色等贸易壁垒下,国内企业处于竞争劣势。

"十四五"时期,锶化工行业的发展战略转型需要重点做好淘汰落后产能、加速战略性新兴产业成长、增强产业结构竞争优势,做好"补短板"的大文章。关注锶化工新材料和锶高端精细化学品是"补短板"的两个重点,以开创出锶化工产业技术升级、结构优化、韧性增强、竞争力提升、经济效益改善的全新局面。

(3)将低碳绿色发展方式作为锶化工行业未来发展的主流方向

近年来,我国政府已逐步认识到发展绿色供应链的重要性,不断通过法律、政策等手段,营造适合企业发展绿色供应链的环境,先后出台了《中华人民共和国循环经济促进法》《中华人民共和国清洁生产促进法》等法律和《工业绿色发展规划(2016—2020)》《绿色制造工程实施指南(2016—2020)》《绿色制造标准体系建设指南》等文件,将绿色供应链作为工业绿色发展的重点工作。

"十四五"规划更是明确提出,"降低碳排放强度,支持有条件的地方率先达到碳排放峰值,制定二〇三〇年前碳排放达峰行动方案",这是一项艰巨而紧迫的战略任务。锶行业必须主动顺应这种新形势、新要求,把绿色低碳发展作为行业未来增长的主流方向,将锶化工的发展方式由粗放型增长转变为质量效益型增长,并将绿色低碳发展列入优先地位,把节约能源资源放在首位,加强绿色低碳技术创新和生产高端化学品的创新能力和技术水平,扎实推进能源结构清洁低碳化革命。要全面提升全行业绿色低碳发展的质量和水平，扎扎实实从降低能源资源消耗、强化污染防治攻坚、加快绿色制造体系建设等工作入手，全面推进循环经济。

（4）经济效率作为衡量锶化工行业未来发展的主要标尺

经济效率和经济效益是高质量发展的最根本标志和最核心检验。锶化工行业要高度重视企业生产效率的提升，充分利用新一代信息技术推进数字化、智能化改造，充分挖掘企业生产效率增长潜力，通过效率提升实现行业的高质量发展。相信在党的二十大的强劲东风激励下，在习近平新时代中国特色社会主义思想指引下，在实现中华民族伟大复兴的崭新征程中，中国锶化工行业能够得到高质量和可持续发展，为全面建成社会主义现代化强国做出新的更大贡献。

（5）将新材料作为锶化工行业未来发展的主要突破点

新材料产业是国民经济的先导性产业，也是制造强国及国防工业发展的关键保障。在全球新一轮科技和产业革命背景下，世界主要国家都在抢占这一战略制高点。我国高度重视新材料产业的发展，国务院成立了国家新材料产业发展领导小组，相关部门陆续发布了《工业强基工程实施指南（2016—2020）》《"十三五"国家战略性新兴产业发展规划》《新材料产业发展指南》《"十三五"材料领域科技创新专项规划》《重点新材料首批次应用示范指导目录》《新材料标准领航行动计划》等一系列产业政策，聚集多种要素资源，大力推动我国新材料产业快速发展。

化工新材料是当今世界高速发展最根本的物质基础，也是人类衣、住、行以及日常生活用品的最重要原料。不少化工新材料产品虽已国产化但产品质量与进口产品差距仍较大，只能满足中低端需求。有些化工新材料的生产装置运行情况不理想，产品不能稳定供应，加快实现关键化工新材料国产化、提升重点化工新材料自给能力仍是我们当前非常急迫的首要任务。

"补短板"技术是解决化工行业"卡脖子"的关键环节。现阶段我国化工行业"补短板"技术突出体现在以下3个方面。

① 高端新材料技术。高端新材料技术的创新突破，是化工大国和跨国公司都在拼命争夺的制高点。国外专家讲，世界上最先进的超音速飞机，发动机技术已经突破，关键是防噪声的机身材料还未突破；国内专家讲，轮轨高铁技术已突破500km/h的速度，但关键的机车减振材料还未找到，未来航空、航天、机车、高端制造的高新材料将是衡量我们创新能力的一大竞争焦点。

② 电子化学品技术。电子信息技术正在飞快发展，也正在改变我们生产、生活的方方面面，而电子信息技术的发展必须要有电子化学品的配套，在这些技术上我国化工行业不仅有差距，而且差距还很大。

③ 生命科学和高端医药技术，这方面我们同国外发达国家的差距更大。

8.7 致力打造锶资源成为中国的"第二个稀土"

全球第一个锶产业园区及锶产业研究院，将由中国科学院过程工程研究所段东平科研团队发起，依托国家、地方政府与金融机构支持，创建一个混合所有制研究类机构。锶产业研究院以国家"十三五"规划中七大战略性新兴产业之一和《中国制造2025》重点发展的十大领域之一的锶产业为研究方向，瞄准我国锶资源开发及精深加工过程中普遍存在的基础科学问题、应用技术难题、高端产品选题、产业策划命题等，进行深度研究和专题研发，以医用锶和工业锶及配套产业为主要研究领域，以解决中国研发高端材料用锶和癌症治疗用锶等领域核心技术问题为目标，致力于高科技锶光电产品研发与制造，打造世界一流的锶产业科技库、数据库、人才库和产品库，打造百亿级规模的锶产业聚集区，引领我国锶产业的发展，力争把锶资源打造成为我国的"第二个稀土"！

8.8 建设世界级锶产业中心

基于锶战略资源的重要性以及目前我国锶产业面临的困境，中国科学院过程工程研究所段东平科研团队经过近十年持续研究、攻坚克难，打造了一支全球领先的锶科学基础研究与产业技术研究团队，研发了一批锶产品新技术，形成了一批可规模产业化的高水平锶产业项目；规划在我国重庆大足区率先建立全球第一个锶产业园区和锶产业工业基地，以"打造锶盐产业集群，完善集开采、研发、加工、销售于一体的全产业链，建设中国优质锶原料供应中心、世界锶盐新材料生产基地"为方向，把重庆市大足区打造成为"世界锶都"、把中国建设成为世界锶产业中心。

期望在全球引领未来的创新大潮中，我国锶化工行业能面向经济主战场、面向国家重点需求、面向人民生命健康，加强超前部署，构建先发优势，在更多关键技术上努力实现自主研发、自主创新，集中力量组织一批行业高端前沿的重点创新技术攻关，努力形成一批具有自主知识产权的国际领先的原创核心技术，特别是在我们具备优势的能源新技术、新能源技术、化工新材料技术、绿色化学和循环经济技术精准供给技术等领域，率先取得一批高端前沿的突破，建设具有全球竞争力的核心技术新高地，增强我国锶产业在全国乃至世界范围内的话语权，为中国现代化强国建设贡献力量！

附录

附录 1　专有名词缩写与符号表
附录 2　锶领域相关标准规范节选

附录 1　专有名词缩写与符号表

^{84}Sr	锶 84（自然界存在的锶偶同位素）
^{86}Sr	锶 86（自然界存在的锶偶同位素）
^{87}Sr	锶 87（自然界存在的锶奇同位素）
^{88}Sr	锶 88（自然界存在的锶偶同位素）
^{85}Sr	锶 85（人造锶放射性同位素）
^{89}Sr	锶 89（人造锶放射性同位素）
^{90}Sr	锶 90（人造锶放射性同位素）
STO	钛酸锶
NPL	英国国家物理实验室
NRC	加拿大国家研究院
LNE-SYRTE	法国巴黎天文台
JILA	美国实验天体物理联合研究所
NIMJ	日本国家计量研究院
VNIIFTRI	俄罗斯国家物理技术和无线电测量科学研究院
PDH	边带稳频技术
TEM	透射电子显微镜
XRF	X 射线荧光光谱分析
FTIR	傅里叶变换红外吸收光谱仪
XPS	X 射线光电子能谱
TG-DSC	热重与同步热分析仪
EDX	能量散射 X 射线分析
XRD	X 射线衍射仪
SEM	扫描电子显微镜
EDS	能谱仪
ICP-OES	电感耦合等离子体原子发射光谱
E_g	半导体所对应的带隙能量
UV-vis DRS	紫外可见漫反射光谱仪
TPC	瞬态光电流

EPR	电子顺磁共振
RHEED	反射高能电子衍射
PLD	脉冲激光沉积
ALD	原子层沉积
MBE	分子束外延
HER	产氢反应
OER	产氧反应
EQE	外部量子效率

附录2 锶领域相关标准规范节选

附录2.1 《锶盐行业绿色工厂评价要求》（T/CPCIF 0215—2022）节选

ICS 13.020.01
CCS Z 04

CPCIF

中国石油和化学工业联合会团体标准

T/CPCIF 0215—2022

锶盐行业绿色工厂评价要求

Requirements for assessment of green factory
in strontium salt industry

2022-07-21 发布　　　　　　　　　　　　2022-10-20 实施

中国石油和化学工业联合会　发布

前 言

本文件按照 GB/T 1.1—2020《标准化工作导则 第 1 部分：标准化文件的结构和起草规则》的规定起草。

请注意本文件的某些内容可能涉及专利。本文件的发布机构不承担识别专利的责任。

本文件由中国石油和化学工业联合会提出。

本文件由中国石油和化学工业联合会标准化工作委员会归口。

本文件起草单位：重庆庆龙精细锶盐化工有限公司、重庆大足红蝶锶业有限责任公司、南京金焰锶业有限公司、中国科学院过程工程研究所、河北辛集化工集团有限责任公司、山东信科环化有限责任公司、重庆元和精细化工有限公司、深州嘉信化工有限公司、中海油天津化工研究设计院有限公司。

本文件主要起草人：王永范、陈仲、邱为农、段东平、于之贺、王经镇、黄向、赵勇、吴卫东、赵鹏兴、汪吉亮、张康兵、陈思明、段正富、陈小鸿、孙跃荣、杨裴、郭永欣、范国强。

锶盐行业绿色工厂评价要求

1 范围

本文件规定了锶盐行业绿色工厂评价的总则、评价指标及要求、评价程序、评价报告。

本文件适用于锶盐行业中生产碳酸锶、硝酸锶、氯化锶的绿色工厂评价。

2 规范性引用文件

下列文件中的内容通过文中的规范性引用而构成本文件必不可少的条款。其中，注日期的引用文件，仅该日期对应的版本适用于本文件；不注日期的引用文件，其最新版本（包括所有的修改单）适用于本文件。

GB/T 2589 综合能耗计算通则

GB/T 3836.1 爆炸性环境 第1部分：设备 通用要求

GB/T 7119 节水型企业评价导则

GB 12348 工业企业厂界环境噪声排放标准

GB/T 12497 三相异步电动机经济运行

GB/T 13462 电力变压器经济运行

GB/T 13466 交流电气传动风机（泵类、空气压缩机）系统经济运行通则

GB 17167 用能单位能源计量器具配备和管理通则

GB 18218 危险化学品重大危险源辨识

GB 18597 危险废物贮存污染控制标准

GB 18599 一般工业固体废物贮存和填埋污染控制标准

GB/T 19001 质量管理体系 要求

GB/T 21367 化工企业能源计量器具配备和管理要求

GB/T 23331 能源管理体系 要求及使用指南

GB/T 24001 环境管理体系 要求及使用指南

GB/T 24256 产品生态设计通则

GB 24789 用水单位水计量器具配备和管理通则

GB/T 29115 工业企业节约原材料评价导则

GB/T 29304 爆炸危险场所防爆安全导则

GB 31573 无机化学工业污染物排放标准

GB/T 32150 工业企业温室气体排放核算和报告通则

GB/T 32151.10 温室气体排放核算与报告要求 第10部分：化工生产企业

GB/T 32161 生态设计产品评价通则

GB/T 33635 绿色制造 制造企业绿色供应链管理 导则

GB/T 36001 社会责任报告编写指南

GB/T 36132—2018　绿色工厂评价通则
GB/T 45001　职业健康安全管理体系　要求及使用指南
GB 50016　建筑设计防火规范
GB 50034　建筑照明设计标准
GB/T 50353　建筑工程建筑面积计算规范
AQ 3035　危险化学品重大危险源安全监控通用技术规范
AQ 3036　危险化学品重大危险源　罐区　现场安全监控装备设置规范
HG/T 5972　石油和化工行业绿色工厂评价导则
HJ 2025　危险废物收集、贮存、运输技术规范
JB/T 6750　厂用防爆照明开关

3　术语和定义

GB/T 36132 中界定的术语和定义适用于本文件。

4　总则

4.1　评价原则

4.1.1　一致性原则

锶盐行业绿色工厂评价要求总体结构与 GB/T 36132 和 HG/T 5972 提出的相关评价指标体系和要求保持一致。包括基本要求、基础设施、管理体系、能源与资源投入、产品、环境排放和绩效共 7 个一级指标，二级指标是一级指标的细化。

锶盐行业绿色工厂评价体系框架见图 1。

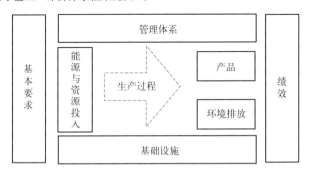

图 1　锶盐行业绿色工厂评价体系框架

4.1.2　定性和定量结合原则

锶盐行业绿色工厂评价应采用定性评价和定量评价相结合的原则。定性评价指标主要

根据国家有关推行绿色生产的产业发展和技术进步政策、资源环境保护政策规定以及行业发展规划选取。定量评价指标主要选取有代表性的节能、降耗、减污、增效等反映工厂绿色特性的指标。

4.2 评价方法

锶盐行业绿色工厂评价方法：
——评价指标采用指标加权综合评分的方式，各指标加权综合评分总分为 100 分；
——评价指标分为必选指标和可选指标，必选指标以能愿动词"应"表述，可选指标以能愿动词"宜"表述；
——必选指标满足要求得满分，不满足要求不得分；
——可选指标全部满足要求得满分，不满足要求应依据符合程度在 0 分和满分之间取值。

4.3 权重系数和指标分数

4.3.1 锶盐行业绿色工厂评价一级指标的权重系数分别为：

a) 基本要求（见 5.1）采取一票否决制，应全部满足；
b) 基础设施（见 5.2）20%；
c) 管理体系（见 5.3）15%；
d) 能源与资源投入（见 5.4）15%；
e) 产品（见 5.5）10%；
f) 环境排放（见 5.6）10%；
g) 绩效（见 5.7）30%。

4.3.2 二级指标的具体评价要求分别计分，其中绩效指标采用分级计分模式。

5 评价指标及要求

5.1 基本要求

5.1.1 基础合规性要求

5.1.1.1 工厂应依法设立。
5.1.1.2 工厂在建设和生产过程中应遵守有关法律、法规、政策，并满足相关标准的要求。
5.1.1.3 工厂近 3 年（含成立不足 3 年）应无较大及以上安全事故和突发环境事件。
5.1.1.4 工厂应依法取得安全生产许可证、排污许可证。
5.1.1.5 工厂应按《企业环境信息依法披露管理办法》的规定公开其环境信息。

5.1.1.6 工厂应未列入严重违法失信企业名单。

5.1.2 基础管理职责

5.1.2.1 最高管理者在绿色工厂方面的领导作用和承诺应满足 GB/T 36132—2018 中 4.3.1a）的要求。

5.1.2.2 最高管理者应确保在工厂内部分配并沟通与绿色工厂相关角色的职责和权限，且满足 GB/T 36132—2018 中 4.3.1b）的有关要求。

5.1.2.3 工厂应符合如下要求：

a）应设有绿色工厂管理机构，负责有关绿色工厂的制度建设、实施、考核及奖励工作，建立目标责任制；

b）应有开展绿色工厂建设的中长期规划及年度目标、指标和实施方案，指标应明确且可量化；

c）应传播绿色制造的概念和知识，定期为员工提供绿色制造相关知识的教育、培训，并对教育和培训的结果进行考评；

d）应按照《危险化学品安全管理条例》的有关要求对危险化学品生产、贮存、使用、经营、运输进行管理；

e）应按照 GB 18218 对储罐区、生产装置区进行重大危险源辨识；

f）应按照 GB 18597、GB 18599、HJ 2025 等的相关要求对固体废物收集、贮存、运输进行管理。

5.2 基础设施

5.2.1 建筑

5.2.1.1 工厂的建筑应满足 GB 50016 等国家或地方相关法律法规及标准的要求，并从建筑材料、建筑结构、采光照明、场地、再生资源及能源利用等方面进行建筑的节材、节能、节水、节地、无害化及可再生能源利用。

5.2.1.2 危险品仓库、危险废物仓库、固体废物暂存间等应按有关要求设置。

5.2.1.3 生产车间地面应进行硬化处理，并按照要求在生产、贮存的相关区域进行防腐、防渗处理。

5.2.1.4 工厂的厂房宜采用钢架结构、砌体结构等建筑结构形式。

5.2.2 照明

5.2.2.1 厂区及各房间或场所的建筑照明应符合 GB 50034 的规定。

5.2.2.2 厂区内可能出现爆炸性环境的场所如有照明需求，应按 GB/T 3836.1、JB/T 6750 等的有关要求配置防爆照明设备。

5.2.2.3 不同场所的照明应进行分级设计。
5.2.2.4 公共场所的照明宜采取分区、分组与定时调光等措施。
5.2.2.5 厂区及各房间或场所的照明宜根据情况尽量利用自然光。
5.2.2.6 工艺适用时，宜使用节能型照明设备。

5.2.3 工艺及设施

5.2.3.1 工艺路线应符合国家产业政策要求，并优先采用国家鼓励和推荐的节能环保先进技术。不采用淘汰落后工艺。
5.2.3.2 本文件涉及产品的生产工艺应包括：
    a）以天青石和原料煤为原料，经焙烧、浸取、除钙或钡、碳化、分离、干燥、粉碎等工序制得的碳酸锶；
    b）以工业碳酸锶为原料，与硝酸反应，经除杂、压滤、浓缩、结晶、干燥等工序制得的硝酸锶；
    c）以菱锶矿或锶钙废渣为原料，与盐酸反应，经除杂、过滤、浓缩、结晶、分离、烘干等工序制得的六水氯化锶；
    d）以菱锶矿为原料，与盐酸反应，经除杂、过滤、造粒、分离、烘干等工序制得的无水氯化锶。
5.2.3.3 设计时应根据原料组成、性质选择生产工艺、设备及技术路线，满足对工艺节能、安全、环保、职业卫生、消防的要求。
5.2.3.4 生产过程中应严格按照工艺控制要求操作，并采取有效措施，保证生产装置（单元）稳定运行，避免或减少非计划停工。应定期对生产装置、设备进行检查维修，杜绝事故隐患，确保安全生产。
5.2.3.5 应对生产过程中产生的反应热、余热进行回收利用，包括：
    a）碳酸锶生产过程中的回转窑烟道气余热和副产硫磺生产过程中的反应热、余热等；
    b）氯化锶、硝酸锶生产过程中浓缩蒸发产生的蒸汽及余热等。
5.2.3.6 依据 GB 18218 对硝酸罐区、硫化氢气柜、碳酸锶碳化塔、硫磺回收车间等生产单元和贮存单元的辨识结果，对属于重大危险源的，应根据《危险化学品重大危险源监督管理暂行规定》以及 AQ 3035 和 AQ 3036 等的相关规定进行管理，并采取相应的安全控制措施（如设置紧急停车系统、紧急切断装置等）。
5.2.3.7 应减少生产过程中污染物（废水、废气、固体废弃物等）的产生。
5.2.3.8 宜采用《石化绿色低碳工艺名录》中的绿色工艺。

5.2.4 通用、专用设备

5.2.4.1 工厂使用的通用设备应达到相关标准中能效限定值的强制性要求。已明令禁止生产、使用的和能耗高、效率低的设备应限期淘汰更新。
5.2.4.2 应根据生产工艺路线、能源利用水平等选择先进、成熟、可靠的生产设备。

5.2.4.3 使用的设备或系统的实际运行效率或主要运行参数应符合该设备经济运行的要求。对电动机的经济运行管理应符合 GB/T 12497 的规定；对风机、泵类和压缩机等的经济运行管理应符合 GB/T 13466 的规定；对电力变压器的经济运行管理应符合 GB/T 13462 的规定。

5.2.4.4 应根据《特种设备安全监察条例》对压力容器、管道等特种设备进行管理。

5.2.4.5 可能出现爆炸性环境的场所内使用的设备和防护系统防爆要求应符合 GB/T 29304、GB/T 3836.1 等的规定。

5.2.4.6 应根据生产装置区不同区域特点及相关规范设置可燃、有毒气体报警和火灾报警装置。

5.2.4.7 对涉及重大危险源的储罐区（如硝酸储罐、硫化氢气柜等），生产装置区（如锶盐生产装置区、硫磺回收装置等）以及其他安全生产重点监控设备设施、装置和相关区域，应建立视频监控系统。对重大危险源的相关电子监控信息（含各种工艺参数信息、视频监控信息）能满足规定的存储时长要求。

5.2.4.8 生产装置应采用确保人员和工艺系统安全的自动化控制系统和安全仪表系统（DCS 和 SIS），并设置不间断电源，确保有效运行。

5.2.4.9 碳酸锶生产所用的回转窑和干燥设备以及氯化锶、硝酸锶生产所用的蒸发釜、蒸发器等设备应降低能源消耗，减少污染物排放。

5.2.4.10 应根据生产工艺设置能源回收设备装置，包括但不限于：

　　a）碳酸锶生产回转窑余热回收装置、副产硫磺装置的余热锅炉及冷凝器带蒸汽包的余热回收等；

　　b）硝酸锶蒸汽加热余热回收装置，氯化锶浓缩二次蒸汽回收装置、锅炉尾气循环加热装置、蒸汽冷凝水回收装置、锅炉余热利用装置等。

5.2.4.11 应建立设备操作规程、管理维护保养、更新及报废制度。

5.2.4.12 宜选用国家鼓励的先进适用的符合节能技术装备要求的生产设备。

5.2.5 计量设备

5.2.5.1 应依据 GB 17167、GB/T 21367、GB 24789 的要求配备、使用和管理能源、水以及其他资源的计量器具和装置。

5.2.5.2 计量仪器应按照相关标准的要求进行定期检定或校准。

5.2.5.3 应建立计量管理制度,设有专人负责计量器具的管理工作(配备、使用、检定、维修、报废等）。

5.2.5.4 应建立计量设备管理台账（包括计量设备检定信息、计量器具档案等）。

5.2.5.5 能源及资源使用的类型不同时，应进行分类计量。

5.2.6 污染物处理设备设施

5.2.6.1 应设置污染物处理设备设施，污染物处理设备设施的处理能力应与生产排放相适应，确保污染物排放达到相关法律法规及标准的要求。

5.2.6.2 应建有环保设施管理制度，定期开展环保设施运行状况和效果评估工作。应将环保设施与生产装置同等管理。

5.2.6.3 碳酸锶生产中的焙烧工序、浸取工序和碳化工序副产硫磺过程应设置尾气吸收装置；硝酸锶、氯化锶生产中的化料工序应设置尾气吸收装置。

5.2.6.4 矿石、煤的粉碎工序、浸取工序以及产品粉碎工序等生产过程应设置收尘、除尘装置。

5.2.6.5 应设置收集池及相关设施，对锶盐生产过程中产生的工艺废水进行收集处理，并全部回用。

5.2.6.6 宜设置相关设施对锶盐生产过程中产生的含锶废渣进行收集回用。

5.2.6.7 污染物或废弃物处理设备宜选用高效、节能、环保设备。

5.3 管理体系

5.3.1 质量管理体系

5.3.1.1 工厂应建立、实施并保持质量管理体系，质量管理体系应满足 GB/T 19001 的要求。

5.3.1.2 质量管理体系宜通过第三方机构认证。

5.3.2 职业健康安全管理体系

5.3.2.1 工厂应建立、实施并保持职业健康安全管理体系，职业健康安全管理体系应满足 GB/T 45001 的要求。

5.3.2.2 职业健康安全管理体系宜通过第三方机构认证。

5.3.3 环境管理体系

5.3.3.1 工厂应建立、实施并保持环境管理体系，环境管理体系应满足 GB/T 24001 的要求。

5.3.3.2 环境管理体系宜通过第三方机构认证。

5.3.4 能源管理体系

5.3.4.1 工厂应建立、实施并保持能源管理体系，能源管理体系应满足 GB/T 23331 的要求。

5.3.4.2 能源管理体系宜通过第三方机构认证。

5.3.5 社会责任

企业宜定期发布社会责任报告，说明履行利益相关方责任的情况，特别是环境社会责任的履行情况。

社会责任报告应符合 GB/T 36001 的要求,并公开可获得。

5.4 能源与资源投入

5.4.1 能源投入

5.4.1.1 应根据现有情况优化用能结构,在保证安全、质量的前提下减少不可再生能源投入,提高能源利用效率。

5.4.1.2 应提高锅炉供热、供汽效率。

5.4.1.3 碳酸锶生产所用原料煤应满足反应所需碳源要求,燃料煤的煤质应满足反应所需能量要求。

5.4.1.4 对生产过程中产生的余热(如回转窑烟道气,硫磺回收装置中余热,氯化锶、硝酸锶浓缩蒸发产生的蒸汽及余热等)、冷量(如液体二氧化碳汽化产生的冷量等)进行综合利用。加强管道保温保冷措施,降低热冷损失。

5.4.1.5 宜根据生产情况,定期进行能源审计。

5.4.1.6 宜优先选用天然气等清洁能源。

5.4.1.7 宜加强对太阳能等可再生能源的利用,提高可再生能源应用占比。

5.4.2 资源投入

5.4.2.1 工厂应按照 GB/T 7119 的要求开展节水评价。

5.4.2.2 应建立全厂用水平衡,减少新鲜水用量。

5.4.2.3 应避免出现水、蒸汽等的跑冒滴漏现象。

5.4.2.4 应开展废水回收利用,合理利用非常规水源(雨水),减少水资源的消耗。锶盐生产过程中产生的工艺废水全部回用。

5.4.2.5 应对碳酸锶生产焙烧工序产生的含二氧化硫尾气、碳化工序产生的含硫化氢尾气进行回收利用;对氯化锶生产化料工序产生的含氯化氢尾气进行回收利用;对硝酸锶生产化料工序产生的含氮氧化物尾气进行回收利用。

5.4.2.6 工厂应按照 GB/T 29115 的要求对主要原材料使用量进行评价。

5.4.2.7 应建立原辅料管理、计量制度和原辅料品质检验台账。

5.4.2.8 对重点投入物料应进行全流程消耗分析,监控物料流失重点部位,提高物料利用率。

5.4.2.9 应对可再次进入生产环节的不合格品、废弃物等进行回收回用。工厂自身无法回用的废弃物料(如副产硫磺生产过程中产生的废催化剂等)应建立废弃物料台账。

5.4.2.10 应对锶盐生产过程中产生的煤渣以及其他废渣进行收集,满足相关资源化要求后进行资源化利用。

5.4.2.11 宜对锶盐生产过程中产生的含锶废渣回收利用,进一步提取锶资源。

5.4.3 采购

5.4.3.1 应制定并实施包括节能、节水、环保要求的选择、评价和重新评价供方的准则。

5.4.3.2 应对采购的物料开展并实施检验或其他必要的活动,确保采购的物料满足规定的采购要求。

5.4.3.3 工厂能源及原辅料采购宜加大新能源与无害化、低毒、可降解等原辅料的采购比例。

5.4.3.4 宜满足 GB/T 33635 有关绿色供应链评价要求。

5.5 产品

5.5.1 一般要求

工厂宜生产符合绿色产品要求的产品。

5.5.2 生态设计

5.5.2.1 宜按照 GB/T 24256 对生产的产品进行生态设计。

5.5.2.2 宜依据 GB/T 32161 开展产品生态设计评价。

5.5.3 有害物质使用

工厂生产的产品应减少有害物质的使用,避免有害物质的泄漏。

5.5.4 减碳

工厂宜采用适用的标准或规范对产品进行碳足迹核算或核查,并利用核算或核查结果对其产品的碳足迹进行改善。

核算或核查结果宜对外公布。

5.6 环境排放

5.6.1 一般要求

5.6.1.1 污染物排放口应按要求设置采样口和标识牌。

5.6.1.2 污染物排放监测点位、频次及因子应满足国家和地方要求。

5.6.1.3 应建立污染物排放台账,开展自行监测和监控,保存原始监测和监控记录。

5.6.1.4 污染物排放总量应满足国家和地方要求。

5.6.2 大气污染物

大气污染物的排放应符合 GB 31573 及相关国家标准、地方标准的要求，并满足排污许可的排放控制要求。

5.6.3 水污染物

5.6.3.1 水污染物的排放主要是雨水和生活污水，其排放应符合 GB 31573 及相关国家标准、地方标准的要求，或在满足要求的前提下委托具备相应能力和资质的处理厂进行处理，并满足排污许可的排放控制要求。锶盐生产过程中产生的工艺废水不外排。

5.6.3.2 废水应清污分流、分类收集、分质处理。

5.6.4 固体废物

5.6.4.1 固体废物收集、贮存、运输、处置、利用应符合国家和地方相关法律法规的规定，并满足 GB 18597、GB 18599、HJ 2025 等相关标准的要求。

5.6.4.2 一般固体废物应优先考虑综合利用或妥善处理，无法自行处理的一般固体废物和危险废物应转交给具备相应能力和资质的单位进行处理。

5.6.4.3 应落实工业固体废物申报登记制度和管理台账制度，实现工业固体废物可追溯；严格实施分类、收集管理，制定危险废物管理计划。

5.6.4.4 工厂产生危险废物并外委处置的，应依法取得转移批准，委托有危险废物经营许可证且具备处置能力的单位处置，按规定填写转移联单。

5.6.4.5 工业固体废物安全处置率应达到 100%。

5.6.4.6 工业固体废物宜优先考虑综合回收利用（如碳酸锶浸取废渣用于生产氯化锶的原料等），或经处理后减少固体废物数量，回收再利用过程避免二次污染。

5.6.5 噪声

5.6.5.1 工厂的厂界噪声排放应符合 GB 12348 及地方标准的要求。

5.6.5.2 应对重点噪声产生设备进行减震、降噪处理。

5.6.6 温室气体

5.6.6.1 工厂宜采用 GB/T 32150、GB/T 32151.10 对其厂界范围内的温室气体排放进行核算和报告。

5.6.6.2 宜利用核算结果对温室气体排放进行改善。

5.6.7 土壤及地下水

5.6.7.1 应开展土壤地下水环境现状调查。
5.6.7.2 锶渣场应按要求做防渗处理。
5.6.7.3 应定期开展土壤和地下水监测,并制定风险防控方案。

5.6.8 环境风险管理

5.6.8.1 应按照国家有关规定制定突发环境事件的应急预案,报地方环境保护主管部门备案,定期开展演练,完善环境风险防控措施。
5.6.8.2 应开展环境应急能力评估,完善应急装备配备、物资储备和应急队伍建设。

5.7 绩效

5.7.1 一般要求

5.7.1.1 工厂应依据本文件附录 A 提供的方法计算或评估其绩效,并利用结果进行绩效改善。
5.7.1.2 绩效统计和计算应选取和覆盖能够反映工厂绩效水平的完整周期,至少包括评价前一自然年度的连续的 12 个月(成立不足 1 年的可根据实际情况调整)。
5.7.1.3 锶盐企业按照生产锶盐产品的种类不同分别计算绩效分值,存在多种类锶盐产品的生产企业绩效分值采用加和方式计算。

锶盐生产企业的绩效以 J 计,按公式(1)计算:

$$J = \sum \frac{Q_i}{Q} J_i \qquad \cdots\cdots\cdots(1)$$

式中:
Q_i——统计期内生产企业单一锶盐产品的产量的数值,单位为吨(t);
Q——统计期内生产企业锶盐产品(碳酸锶、硝酸锶、氯化锶)的总产量的数值,单位为吨(t);
J_i——单 J 一锶盐产品按照本文件附录 B 统计得到的绩效分值。

5.7.2 用地集约化

5.7.2.1 在保证生产安全的前提下,应增大工厂容积率和建筑密度,计算方法见附录 A.1 ~ A.2。
5.7.2.2 工厂的单位用地面积产值应高于行业平均水平,计算方法见附录 A.3。

5.7.3 原料无害化

工厂应识别并统计计算绿色物料的使用情况,适用时提高绿色物料的使用率。绿色物料使用率计算方法见附录 A.4。

注:绿色物料选自省级以上政府相关部门发布的资源综合利用产品目录、有毒有害原料(产品)替代目录等,或利用再生资源及产业废弃物等作为原料;使用量根据物料台账测算。

5.7.4 生产洁净化

5.7.4.1 生产洁净化指标包括大气污染物、水污染物指标。大气污染物指标是指废气中污染物排放浓度,水污染物指标是指单位产品废水排放量。

5.7.4.2 生产洁净化指标要求碳酸锶见表1、硝酸锶见表2、六水氯化锶和无水氯化锶见表3。

表 1 碳酸锶生产洁净化指标要求

项目	指标	单位	指标方向	基准值	先进值	领先值
大气污染物排放(生产设施排气筒)	废气中颗粒物排放浓度	mg/m^3	≤	25	10	8
	废气中二氧化硫排放浓度	mg/m^3	≤	200	100	70
	废气中硫化氢排放浓度	mg/m^3	≤	9	5	3
	废气中氮氧化物排放浓度	mg/m^3	≤	150	100	70
水污染物排放	单位产品工艺废水排放量	m^3/t	=	0		

表 2 硝酸锶生产洁净化指标要求

项目	指标	单位	指标方向	基准值	先进值	领先值
大气污染物排放(生产设施排气筒)	废气中颗粒物排放浓度	mg/m^3	≤	20	10	8
	废气中氮氧化物排放浓度	mg/m^3	≤	150	100	60
水污染物排放	单位产品工艺废水排放量	m^3/t	=	0		

表 3 六水氯化锶、无水氯化锶生产洁净化指标要求

项目	指标	单位	指标方向	基准值	先进值	领先值
大气污染物排放(生产设施排气筒)	废气中颗粒物的排放浓度	mg/m^3	≤	20	10	8
	废气中氯化氢的排放浓度	mg/m^3	≤	18	15	12
水污染物排放	单位产品工艺废水排放量	m^3/t	=	0		

5.7.5 废物资源化

5.7.5.1 废物资源化指标包括单位产品原料消耗量、工业用水重复利用率、单位产品新鲜水消耗量、工业固体废物安全处置率，计算方法见附录 A.5 ～ A.8。

5.7.5.2 废物资源化指标要求碳酸锶见表 4、硝酸锶见表 5、六水氯化锶见表 6、无水氯化锶见表 7。

表 4 碳酸锶废物资源化指标要求

序号	指标	单位	指标方向	基准值	先进值	领先值
1	单位产品天青石消耗量（硫酸锶折百计算）	t/t	≤	2.0	1.9	1.8
2	单位产品原料煤消耗量（以固定碳计）	kg/t	≤	700	650	580
3	工业用水重复利用率	%	≥	68	75	80
4	单位产品新鲜水消耗量	m³/t	≤	4.0	3.5	2.5
5	工业固体废物安全处置率	%	=	100		

表 5 硝酸锶废物资源化指标要求

序号	指标	单位	指标方向	基准值	先进值	领先值
1	单位产品碳酸锶消耗量	kg/t	≤	730	720	712
2	单位产品硝酸消耗量（折百计算）	kg/t	≤	650	630	625
3	工业用水重复利用率	%	≥	80	85	90
4	单位产品新鲜水消耗量	m³/t	≤	2.5	2.2	2.1
5	工业固体废物安全处置率	%	=	100		

表 6 六水氯化锶废物资源化指标要求

序号	指标		单位	指标方向	基准值	先进值	领先值
1	单位产品锶原料消耗量（以碳酸锶折百计）	以锶渣为原料	kg/t	≤	1400	1200	1100
		以菱锶矿为原料			750	720	680
2	单位产品盐酸消耗量（以31%盐酸计）	以锶渣为原料	kg/t	≤	2750	2580	2500
		以菱锶矿为原料			2500	2450	2350
3	单位产品新鲜水消耗量	以锶渣为原料	m³/t	≤	1.8	1.5	1.3
		以菱锶矿为原料			2.2	2.0	1.8
4	工业固体废物安全处置率		%	=	100		

表7 无水氯化锶废物资源化指标要求

序号	指标	单位	指标方向	基准值	先进值	领先值
1	单位产品菱锶的消耗量（以碳酸锶折百计算）	kg/t	≤	1280	1230	1200
2	单位产品盐酸消耗量（以31%盐酸计）	kg/t	≤	1800	1700	1600
3	单位产品新鲜水消耗量	m³/t	≤	5.8	5.5	5.2
4	工业固体废物安全处置率	%	=	100		

5.7.6 能源低碳化

5.7.6.1 能源低碳化指标指锶盐单位产品综合能耗，计算方法见附录 A.9，按照 GB/T 2589 进行统计计算。

5.7.6.2 能源低碳化指标要求碳酸锶见表8、硝酸锶见表9、六水氯化锶见表10、无水氯化锶见表11。

表8 碳酸锶能源低碳化指标要求

指标	单位	指标方向	基准值	先进值	领先值
单位产品综合能耗	kgce/t	≤	750	600	480

表9 硝酸锶能源低碳化指标要求

指标	单位	指标方向	基准值	先进值	领先值
单位产品综合能耗	kgce/t	≤	550	480	400

表10 六水氯化锶能源低碳化指标要求

序号	指标	单位	指标方向	基准值	先进值	领先值
1	以锶渣为原料单位产品综合能耗	kgce/t	≤	260	248	230
2	以菱锶矿为原料单位产品综合能耗	kgce/t	≤	250	240	225

表11 无水氯化锶能源低碳化指标要求

指标	单位	指标方向	基准值	先进值	领先值
单位产品综合能耗	kgce/t	≤	800	750	725

6 评价程序

锶盐行业绿色工厂评价程序包括企业自评价和第三方评价，绿色工厂评价程序如图2

所示。

开展锶盐行业绿色工厂评价的组织应查看报告文件、统计报表、原始记录，并根据实际情况开展对相关人员的座谈；采用实地调查、抽样核查等方式收集评价证据，并确保证据的完整性和准确性。

锶盐行业绿色工厂评价指标见附录 B。

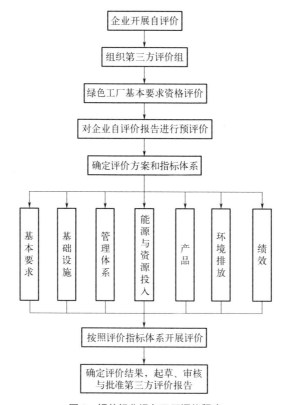

图 2　锶盐行业绿色工厂评价程序

7　评价报告

7.1　绿色工厂自评价报告

《锶盐行业绿色工厂自评价报告》内容包括但不限于：

a）工厂名称、地址、行业、法定代表人、简介等基本信息，发展现状、工业产业和生产经营情况；

b）工厂在绿色发展方面开展的重点工作及取得的成绩，下一步拟开展的重点工作等；

c）工厂的建筑、装置规模、工艺路线、主要耗能设备、计量设备、照明配置情况，以及相关标准的执行情况；

　　d）工厂各项管理体系建设情况；

　　e）工厂能源投入、资源投入、采购等方面的现状，以及目前正实施的节约能源资源项目；

　　f）工厂生产锶盐的生态设计、能效、有害物质限制使用等情况，以及相关标准的落实情况；

　　g）工厂主要污染物处理设备配置及运行情况，大气污染物、水污染物、固体废物、噪声的排放及管理等现状，以及相关标准的落实情况；

　　h）依据工厂情况和本文件开展绿色工厂自评价；

　　i）其他支持证明材料。

7.2 绿色工厂第三方评价报告

　　《锶盐行业绿色工厂第三方评价报告》内容包括但不限于：

　　a）绿色工厂评价的目的、范围及准则；

　　b）绿色工厂评价过程，主要包括评价组织安排、文件评审情况、现场评估情况、核查报告编写及内部技术复核情况；

　　c）对申报工厂的基本要求、基础设施、管理体系、能源与资源投入、产品、环境排放、绩效等方面进行描述，并对工厂自评价报告中的相关内容进行核实；

　　d）核实数据真实性、计算范围及计算方法，检测相关计量设备和相关标准的执行等情况；

　　e）对企业自评价所出现的问题情况进行描述；

　　f）对申报工厂是否符合绿色工厂要求进行评价，说明各评价指标值是否符合评价要求情况，描述主要创建做法及工作亮点等；

　　g）对持续创建绿色工厂的下一步工作提出建议；

　　h）评价支持材料。

附录2.2 《牙膏用氯化锶》（HG/T 5211—2017）

ICS 71.060.50
G 12
备案号：60525—2018

HG
中华人民共和国化工行业标准

HG/T 5211—2017

牙膏用氯化锶

Strontium chloride for toothpaste use

2017-11-07 发布　　　　　　　　　　2018-04-01 实施

中华人民共和国工业和信息化部　　发布

前 言

本标准按照 GB/T 1.1—2009 给出的规则起草。

本标准由中国石油和化学工业联合会提出。

本标准由全国化学标准化技术委员会无机化工分技术委员会（SAC/TC63/SC1）归口。

本标准起草单位：重庆登康口腔护理用品股份有限公司、重庆元和精细化工股份有限公司、重庆新申新材料股份有限公司、江苏雪豹日化有限公司、广州立白企业集团有限公司、重庆新玉峡精细化工有限公司、中国科学院青海盐湖研究所、中海油天津化工研究设计院有限公司。

本标准主要起草人：宫敬禹、黄向、王强、徐志良、刘都树、陈小鸿、段东平、蒋玮、李波、郭永欣、杨裴、范国强。

牙膏用氯化锶

1 范围

本标准规定了牙膏用氯化锶（又名牙膏用氯化锶六水合物）的要求、试验方法、检验规则以及标志、标签、包装、运输、贮存。

本标准适用于牙膏用氯化锶，该产品主要用作牙膏脱敏剂。

2 规范性引用文件

下列文件对于本文件的应用是必不可少的。凡是注日期的引用文件，仅注日期的版本适用于本文件。凡是不注日期的引用文件，其最新版本（包括所有的修改单）适用于本文件。

GB/T 191—2008　包装储运图示标志

GB/T 3049—2006　工业用化工产品　铁含量测定的通用方法 1,10-菲啰啉分光光度法

GB 5009.76—2014　食品安全国家标准　食品添加剂中砷的测定

GB/T 6678　化工产品采样总则

GB/T 6682—2008　分析实验室用水规格和试验方法

GB/T 8170　数值修约规则与极限数值的表示和判定

GB/T 8946　塑料编织袋通用技术要求

HG/T 3696.1　无机化工产品　化学分析用标准溶液、制剂及制品的制备　第1部分：标准滴定溶液的制备

HG/T 3696.2　无机化工产品　化学分析用标准溶液、制剂及制品的制备　第2部分：杂质标准溶液的制备

HG/T 3696.3　无机化工产品　化学分析用标准溶液、制剂及制品的制备　第3部分：制剂及制品的制备

3 分子式和相对分子质量

分子式：$SrCl_2 \cdot 6H_2O$

相对分子质量：266.61（按2016年国际相对原子质量）

4 要求

4.1　外观：白色晶体。

4.2　牙膏用氯化锶按本标准规定的试验方法检测应符合表1的规定。

表1 技术要求

项目		指标
锶钙钡合量（以 $SrCl_2 \cdot 6H_2O$ 计）w/%	≥	99.0 ~ 101.0
钡（Ba）w/%	≤	0.03
钙（Ca）w/%	≤	0.15
铁（Fe）w/%	≤	0.0005
砷（As）w/%	≤	0.0003
重金属（以 Pb 计）w/%	≤	0.001
水不溶物 w/%	≤	0.05
pH（5% 溶液）		5 ~ 7

5 试验方法

5.1 警示

本试验方法中使用的部分试剂具有腐蚀性，操作时应小心谨慎！如溅到皮肤上应立即用水冲洗，严重者应立即就医。

5.2 一般规定

本标准所用的试剂和水，在没有注明其他要求时，均指分析纯试剂和 GB/T 6682—2008 中规定的三级水。试验中所用的标准滴定溶液、杂质标准溶液、制剂和制品，在没有注明其他规定时，均按 HG/T 3696.1、HG/T 3696.2、HG/T 3696.3 的规定制备。

5.3 外观检验

在自然光下，于白色衬底的表面皿或白瓷板上用目视法判定外观。

5.4 锶钙钡合量（以 $SrCl_2 \cdot 6H_2O$ 计）的测定

5.4.1 原理

试样经水溶解后，在碱性条件下，采用邻甲苯酚酞络合指示剂-萘酚绿 B 混合指示剂，用乙二胺四乙酸二钠标准滴定溶液滴定，根据乙二胺四乙酸二钠标准滴定溶液消耗量计算得到锶钙钡合量（以 $SrCl_2 \cdot 6H_2O$ 计）。

5.4.2 试剂或材料

5.4.2.1 95% 乙醇。
5.4.2.2 氨水溶液：1+1。
5.4.2.3 乙二胺四乙酸二钠标准滴定溶液：c（EDTA）≈ 0.02mol/L。
5.4.2.4 邻甲苯酚酞络合指示剂 - 萘酚绿 B 混合指示剂。

5.4.3 试验步骤

称取约 1.5g 试样，精确至 0.0002g。置于 100mL 烧杯中，加入 20mL 水溶解试样，将溶液全部转移至 250mL 容量瓶中，用水稀释至刻度，摇匀。用移液管移取 25mL 该溶液，置于 250mL 锥形瓶中，用乙二胺四乙酸二钠标准滴定溶液滴定约 20mL，加入 15mL 氨水溶液、20mL 95% 乙醇，加入适量的邻甲苯酚酞络合指示剂 - 萘酚绿 B 混合指示剂，用乙二胺四乙酸二钠标准滴定溶液滴定至溶液呈亮绿色即为终点。

同时进行空白试验。空白试验溶液除不加试样外，其他操作和加入的试剂与试验溶液相同。

5.4.4 试验数据处理

锶钙钡合量以氯化锶（$SrCl_2·6H_2O$）质量分数 w_1 计，按公式（1）计算：

$$w_1 = \frac{(V_1 - V_0)cM \times 10^{-3}}{m \times 25/250} \times 100\% \quad \cdots\cdots\cdots（1）$$

式中：

V_0——滴定空白试验溶液所消耗的乙二胺四乙酸二钠标准滴定溶液的体积的数值，单位为毫升（mL）；

V_1——滴定试验溶液所消耗的乙二胺四乙酸二钠标准滴定溶液的体积的数值，单位为毫升（mL）；

c——乙二胺四乙酸二钠标准滴定溶液的浓度的准确数值，单位为摩尔每升（mol/L）；

m——试样的质量的数值，单位为克（g）；

M——氯化锶的摩尔质量的数值，单位为克每摩尔（g/mol）（M=266.61）。

取平行测定结果的算术平均值为测定结果，两次平行测定结果的绝对差值不大于 0.30%。

5.5 钡含量的测定

5.5.1 原子吸收氧化亚氮 - 乙炔法（仲裁法）

5.5.1.1 原理

试样用水溶解。在原子吸收分光光度计上，于波长 553.5nm 处，使用氧化亚氮 - 乙炔火焰，采用标准加入法测定试样中钡含量。

5.5.1.2 试剂或材料

5.5.1.2.1 盐酸溶液：1+1。

5.5.1.2.2 氯化钾溶液：1mL 溶液含钾（K）50mg。

准确称取 9.53g 氯化钾（优级纯），加水溶解后，用水稀释至 100mL。贮存于聚乙烯瓶中。

5.5.1.2.3 钡标准溶液：1mL 溶液含钡（Ba）0.10mg。

用移液管移取 10mL 按 HG/T 3696.2 配制的钡标准溶液，置于 100mL 容量瓶中，用二级水稀释至刻度，摇匀。

5.5.1.2.4 二级水：符合 GB/T 6682—2008 中的规定。

5.5.1.3 仪器设备

原子吸收分光光度计：采用氧化亚氮-乙炔火焰，配有钡空心阴极灯。

5.5.1.4 试验步骤

5.5.1.4.1 试验溶液 A 的制备

称取约 2.0g 试样，精确至 0.0002g。置于 100mL 烧杯中，加入 20mL 水溶解，将溶液全部移入 100mL 容量瓶中，用二级水稀释至刻度，摇匀。用中速定量滤纸干过滤，得试验溶液 A。保留此试验溶液用于钡含量和钙含量的测定。

5.5.1.4.2 试验

在一系列 50mL 容量瓶中，各移入 5mL 试验溶液 A，加入 2mL 盐酸溶液，再分别加入 0mL、0.50mL、1.00mL、2.00mL 钡标准溶液和 5mL 氯化钾溶液，用二级水稀释至刻度，摇匀。

在原子吸收分光光度计上，于波长 553.5nm 处，使用氧化亚氮-乙炔火焰，选择最佳仪器工作条件，以二级水调零，测定其吸光度。以加入的钡标准溶液的质量浓度为横坐标、对应的吸光度为纵坐标绘制工作曲线，将曲线反向延长与横坐标相交处，即为试验溶液中钡的质量浓度。

5.5.1.5 试验数据处理

钡含量以钡（Ba）的质量分数 w_2 计，按公式（2）计算：

$$w_2 = \frac{\rho \times 50 \times 10^{-6}}{m \times 5/100} \times 100\% \qquad \cdots\cdots\cdots(2)$$

式中：

ρ——从工作曲线上查出的试验溶液中钡的质量浓度的数值，单位为毫克每升（mg/L）；

m——试样的质量数值，单位为克（g）。

取平行测定结果的算术平均值为测定结果，两次平行测定结果的绝对差值不大于 0.005%。

5.5.2 原子吸收加氧空气-乙炔法

5.5.2.1 原理

试样用水溶解。在原子吸收分光光度计上，于波长 553.5nm 处，使用加氧空气-乙炔火焰，采用标准加入法测定试样中钡含量。

5.5.2.2 试剂或材料

5.5.2.2.1 盐酸溶液：1+1。

5.5.2.2.2 钡标准溶液：1mL 溶液含钡（Ba）0.10mg。

用移液管移取 10mL 按 HG/T 3696.2 配制的钡标准溶液，置于 100mL 容量瓶中，用二级水稀释至刻度，摇匀。

5.5.2.2.3 二级水：符合 GB/T 6682—2008 中的规定。

5.5.2.3 仪器设备

原子吸收分光光度计：采用加氧空气-乙炔火焰，配有钡空心阴极灯。

5.5.2.4 试验步骤

在一系列 50mL 容量瓶中，用移液管各移入 5mL 试验溶液 A（见 5.5.1.4.1）、2mL 盐酸溶液，再分别加入 0mL、0.50mL、1.00mL、2.00mL 钡标准溶液，用二级水稀释至刻度，摇匀。

在原子吸收分光光度计上，于波长 553.5nm 处，使用加氧空气-乙炔火焰，选择最佳仪器工作条件，以二级水调零，测定其吸光度。以加入的钡标准溶液的质量浓度为横坐标，对应的吸光度为纵坐标绘制工作曲线，将曲线反向延长与横坐标相交处，即为试验溶液中钡的质量浓度。

5.5.2.5 试验数据处理

钡含量以钡（Ba）的质量分数 w_2 计，按公式（3）计算：

$$w_2 = \frac{\rho \times 50 \times 10^{-6}}{m \times 5/100} \times 100\% \quad \cdots\cdots\cdots(3)$$

式中：

ρ——从工作曲线上查出的试验溶液中钡的质量浓度的数值，单位为毫克每升（mg/L）；

m——试样（见 5.5.1.4.1）的质量的数值，单位为克（g）。

取平行测定结果的算术平均值为测定结果，两次平行测定结果的绝对差值不大于 0.005%。

5.6 钙含量的测定

5.6.1 原理

试样用水溶解。在原子吸收分光光度计上，于波长 422.7nm 处，使用空气-乙炔火焰，采用标准加入法测定试样中钙含量。

5.6.2 试剂或材料

5.6.2.1 盐酸溶液：1+1。

5.6.2.2 钙标准溶液：1mL 溶液含钙（Ca）0.10mg。

用移液管移取 10mL 按 HG/T 3696.2 配制的钙标准溶液，置于 100mL 容量瓶中，用二级水稀释至刻度，摇匀。

5.6.2.3　二级水：符合 GB/T 6682—2008 中的规定。

5.6.3　仪器设备

原子吸收分光光度计：配有钙空心阴极灯。

5.6.4　试验步骤

在一系列 100mL 容量瓶中，用移液管各移入 2mL 试验溶液 A（见 5.5.1.4.1）、2mL 盐酸溶液，再分别加入 0mL、0.50mL、1.00mL、2.00mL 钙标准溶液，用二级水稀释至刻度，摇匀。

在原子吸收分光光度计上，于波长 422.7nm 处，使用空气 - 乙炔火焰，选择最佳仪器工作条件，以二级水调零，测定其吸光度。以加入的钙的质量浓度为横坐标、对应的吸光度为纵坐标绘制工作曲线，将曲线反向延长与横坐标相交处，即为试验溶液中钙的质量浓度。

5.6.5　试验数据处理

钙含量以钙（Ca）的质量分数 w_3 计，按公式（4）计算：

$$w_3 = \frac{\rho \times 100 \times 10^{-6}}{m \times 2/100} \times 100\% \quad \cdots\cdots\cdots(4)$$

式中：

ρ——从工作曲线上查出的试验溶液中钙的质量浓度的数值，单位为毫克每升（mg/L）；

m——试样（见 5.5.1.4.1）的质量的数值，单位为克（g）。

取平行测定结果的算术平均值为测定结果，两次平行测定结果的绝对差值不大于 0.015%。

5.7　铁含量的测定

5.7.1　原理

同 GB/T 3049—2006 第 3 章。

5.7.2　试剂或材料

5.7.2.1　盐酸溶液：1+1。
5.7.2.2　其他试剂或材料同 GB/T 3049—2006 第 4 章。

5.7.3 仪器设备

分光光度计：配有 4cm 或 5cm 比色皿。

5.7.4 试验步骤

5.7.4.1 工作曲线的绘制

按 GB/T 3049—2006 中 6.3 的规定，使用 4cm 或 5cm 比色皿及对应的铁标准溶液用量，绘制工作曲线。

5.7.4.2 试验溶液 B 的制备

称取约 10g 试样，精确至 0.0002g。置于 100mL 烧杯中，加入 20mL 水、10mL 盐酸溶液，加热溶解，冷却后用中速定性滤纸过滤，用水洗涤。滤液和洗涤液收集于 100mL 容量瓶中，加水至刻度，摇匀。此为试验溶液 B，保留此试验溶液用于铁含量和砷含量的测定。

5.7.4.3 试验步骤

用移液管移取 20mL 试验溶液 B，按 GB/T 3049—2006 中 6.4 的规定从"必要时，加水至 60mL……"开始进行操作。

同时做空白试验，空白试验溶液除不加试样外，其他操作和加入的试剂与试验溶液的处理相同。

5.7.5 试验数据处理

铁含量以铁（Fe）的质量分数 w_4 计，按公式（5）计算：

$$w_4 = \frac{(m_1 - m_0) \times 10^{-3}}{m \times 20/100} \times 100\% \quad \cdots\cdots\cdots(5)$$

式中：

m_1——从工作曲线上查出的试验溶液中铁的质量的数值，单位为毫克（mg）；

m_0——从工作曲线上查出的空白试验溶液中铁的质量的数值，单位为毫克（mg）；

m——试样的质量的数值，单位为克（g）。

取平行测定结果的算术平均值为测定结果，两次平行测定结果的绝对差值不大于 0.00005%。

5.8 砷含量的测定

5.8.1 原理

同 GB 5009.76—2014 第 9 章。

5.8.2 试剂或材料

同 GB 5009.76—2014 第 10 章。

5.8.3 仪器设备

原子荧光光度计：配有砷空心阴极灯。

5.8.4 试验步骤

用移液管移取 5mL 试验溶液 B（见 5.7.4.2），置于 25mL 容量瓶中，加入 2.5mL 硫脲溶液，加水至刻度，摇匀，按 GB 5009.76—2014 中 12.2 和 12.3 的规定进行操作。

同时做空白试验。空白试验溶液除不加试样外，其他操作和加入的试剂与试验溶液的处理相同。

5.8.5 试验数据处理

同 GB 5009.76—2014 第 13 章。

5.9 重金属含量的测定

5.9.1 原理

在弱酸性条件下，试样中的重金属离子与饱和硫化氢作用，生成棕褐色悬浮液，与同法处理的铅标准比浊溶液比较。

5.9.2 试剂或材料

5.9.2.1 盐酸溶液：1+1。
5.9.2.2 氨水溶液：1+1。
5.9.2.3 乙酸盐缓冲溶液：pH ≈ 3.5。
  称取 25.0g 乙酸铵，加入 25mL 水溶解，加入 45mL 盐酸溶液，再用盐酸溶液或氨水溶液调节 pH 至 3.5，用水稀释至 100mL。
5.9.2.4 饱和硫化氢水。
5.9.2.5 铅标准溶液：1mL 溶液含铅（Pb）0.01mg。
  用移液管移取 1mL 按 HG/T 3696.2 配制的铅标准溶液，置于 100mL 容量瓶中，用水稀释至刻度，摇匀。此溶液现用现配。

5.9.2.6 酚酞指示液：10g/L。

5.9.3 试验步骤

称取 1.00g±0.01g 试样，置于 50mL 比色管中，加入约 10mL 水，加入 1 滴酚酞指示液（10g/L），滴加氨水溶液至溶液刚为红色，再滴加盐酸溶液至溶液红色消失。加入 5mL 乙酸盐缓冲溶液、10mL 饱和硫化氢水，用水稀释至刻度，摇匀，于暗处放置 5min。在白色背景下观察，所呈颜色不得深于标准比浊溶液。

标准比浊溶液的制备：移取 1.0mL 铅标准溶液于 50mL 比色管中，加水至 20mL，加入 5mL 乙酸盐缓冲溶液、10mL 饱和硫化氢水，用水稀释至刻度，摇匀，于暗处放置 5min。

5.10 水不溶物含量的测定

5.10.1 原理

称取一定量的试样溶于水，过滤后，残渣在一定温度条件下干燥至质量恒定，称量后，确定水不溶物含量。

5.10.2 试剂或材料

硝酸银溶液：17g/L。

5.10.3 仪器设备

5.10.3.1 玻璃砂坩埚：滤板孔径 5μm ～ 15μm。
5.10.3.2 电热恒温干燥箱：温度能控制在 105℃±2℃。

5.10.4 试验步骤

称取约 10g 试样，精确至 0.01g。置于 250mL 烧杯中，加入 200mL 新煮沸并冷却的水，加热至沸，并在近沸的温度下保温 1h，用已于 105℃±2℃下干燥至质量恒定的玻璃砂坩埚过滤，用热水洗涤至无氯离子为止（用硝酸银溶液检验），将玻璃砂坩埚置于 105℃±2℃的电热恒温干燥箱中干燥至质量恒定。

5.10.5 试验数据处理

水不溶物含量以质量分数 w_5 计，按公式（6）计算：

$$w_5 = \frac{m_2 - m_1}{m} \times 100\% \qquad \cdots\cdots\cdots(6)$$

式中：
m_1——玻璃砂坩埚的质量的数值，单位为克（g）；
m_2——玻璃砂坩埚和不溶物的质量的数值，单位为克（g）；
m——试样的质量的数值，单位为克（g）。

取平行测定结果的算术平均值为测定结果，两次平行结果的绝对差值不大于 0.005%。

5.11 pH 的测定

5.11.1 试剂或材料

无二氧化碳的水。

5.11.2 仪器设备

5.11.2.1 酸度计：分度值为 0.1pH 单位，配有玻璃电极和饱和甘汞电极。
5.11.2.2 磁力搅拌器和搅拌子。

5.11.3 试验步骤

称取 4.0g±0.1g 试样，置于 100mL 烧杯中，加入 76g 无二氧化碳的水，充分搅拌 15min 后，用酸度计测定试验溶液的 pH。

取平行测定结果的算术平均值为测定结果，两次平行测定结果的绝对差值不大于 0.2pH 单位。

6 检验规则

6.1 本标准采用型式检验和出厂检验

6.1.1 型式检验

要求中规定的所有指标项目为型式检验项目。在正常生产情况下，每 6 个月至少进行一次型式检验。在下列情况之一时，应进行型式检验：
a）更新关键生产工艺；
b）主要原料有变化；
c）停产又恢复生产；

d）与上次型式检验有较大差异；

e）合同规定。

6.1.2 出厂检验

要求中规定的锶钙钡合量、钡、钙、铁、重金属、水不溶物、pH 7项指标为出厂检验项目，应逐批检验。

6.2 生产企业用相同材料、基本相同的生产条件、连续生产或同一班组生产的牙膏用氯化锶为一批。每批产品不超过 60t。

6.3 按 GB/T 6678 的规定确定采样单元数。采样时将采样器自包装袋的上方垂直插入至料层深度的 3/4 处采样。每袋所取试样不少于 50g。将所采的样品混匀，用四分法缩分至约 500g，分装入两个干燥、清洁的广口瓶或塑料袋中，密封，粘贴标签，注明生产厂名、产品名称、批号和采样日期、采样者姓名。一瓶（袋）用于检验；另一瓶（袋）保存备查，保存时间由生产厂根据实际情况确定。

6.4 检验结果如有指标不符合本标准的要求，应重新自两倍量的包装中采样进行复验，复验结果即使只有一项指标不符合本标准的要求时，则整批产品为不合格。

6.5 采用 GB/T 8170 规定的修约值比较法判定检验结果是否符合本标准。

7 标志、标签

7.1 牙膏用氯化锶包装上应有牢固清晰的标志，内容包括：生产厂名、厂址、产品名称、净含量、批号或生产日期、本标准编号和 GB/T 191—2008 第 2 章中规定的"怕雨""怕晒"标志。

7.2 每批出厂的牙膏用氯化锶产品都应附有质量证明书。内容包括：生产厂名、厂址、产品名称、净含量、批号或生产日期、产品质量符合本标准的证明和本标准编号。

8 包装、运输、贮存

8.1 牙膏用氯化锶采用双层包装。内包装采用聚乙烯塑料薄膜袋；外包装采用覆膜塑料编织袋，其性能和检验方法应符合 GB/T 8946 的规定。包装内袋用维尼龙绳或其他质量相当的绳扎口，或用与其相当的其他方式封口；外袋采用缝包机缝合，缝合牢固，无漏缝或跳线现象，每袋净含量为25kg、50kg。也可根据用户要求进行包装。

8.2　牙膏用氯化锶运输过程中应有遮盖物，防止污染、破损，防止雨淋、受潮、暴晒。不得与有毒有害物品混运。

8.3　牙膏用氯化锶应贮存于通风、干燥的库房内，防止雨淋、受潮。不得与有毒有害物品混贮。

附录2.3 《中华人民共和国药典》2020年版中的氯化锶[^{89}Sr]注射液药物节选

附录2.3.1 氯化锶[^{89}Sr]注射液（《中华人民共和国药典》2020年版）

氯化锶[^{89}Sr]注射液
Lühuasi [^{89}Sr]Zhusheye
Strontium[^{89}Sr]Chloride Injection

本品为氯化锶[^{89}Sr]的无菌溶液。含锶[^{89}Sr]的放射性浓度，按其标签上记载的时间，应为标示量的90.0%~110.0%。

【性状】 本品为无色澄明液体。

【鉴别】 取本品适量，照γ谱仪法（通则1401）测定，在0.909MeV处有^{89}Sr衰变产物^{89}Y的主要光子能量。

【检查】 pH值 应为4.0~7.5（通则1401）。

含铝量 照紫外-可见分光光度法（通则0401）测定。

供试品溶液 精密量取本品1ml，置10ml量瓶中，加1mol/L盐酸溶液0.2ml。

标准溶液 精密量取铝标准溶液（每1ml相当于2μg的铝）1ml，置10ml量瓶中。

测定法 在供试品溶液与标准溶液中分别依次加入0.02%铬天青S溶液2.0ml、0.1%十六烷基三甲基溴化铵溶液2.0ml、醋酸-醋酸钠缓冲液（pH 6.0）3.0ml，分别用水稀释至刻度，摇匀，放置15~20分钟，在620nm的波长处分别测定吸光度，计算。

限度 每1ml中含铝量不得超过2μg。

含锶量 照紫外-可见分光光度法（通则0401）测定。

供试品溶液 精密量取本品0.4ml，置100ml量瓶中，用水稀释至刻度，摇匀。

标准溶液 取50μg/ml锶标准溶液。

测定法 精密量取供试品溶液与标准溶液各0.6ml，分别置50ml量瓶中，分别依次加入邻苯二甲酸氢钾缓冲液（pH 4.0）5.0ml、3.0%聚山梨酯60溶液4.0ml、0.04%偶氮氯膦Ⅲ溶液5.0ml，分别用水稀释至刻度，摇匀，放置10~15分钟，在658nm的波长处分别测定吸光度，计算。

限度 每1ml中含锶量应为6.0~12.5mg。

细菌内毒素 取本品适量，以细菌内毒素检查用水至少稀释30倍后，依法检查（通则1143），本品每1ml中含内毒素的量应小于15EU。

无菌 取本品，依法检查（通则1101），应符合规定。

【放射性核纯度】 取本品适量，照放射性核纯度测定法（通则1401）测定，本品含γ放射性核素杂质的量不得过1.0%。

【放射性浓度】 取本品适量，照放射性活度（浓度）测定法（通则1401）测定，每

1ml 的放射性活度应不低于37MBq。

【类别】 放射性治疗用药。

【贮藏】 置铅容器内，密闭保存。铅容器表面辐射水平应符合规定。

附录 2.3.2　放射性核素治疗用放射性药物氯化锶 [^{89}Sr]（《中华人民共和国药典》2020 年版）

氯化锶 [^{89}Sr]

Strontium [^{89}Sr]Chloride

【适应证】 治疗由前列腺癌、乳腺癌及其他癌肿骨转移灶引起的疼痛。

【药理】 锶和钙是同族元素，有相似的化学性质，体内过程也类似，锶参与骨骼代谢，聚集在成骨活性增加的区域，但不进入骨髓细胞，原发骨肿瘤和骨转移癌的部位有反应性骨生成，锶能够大量进入这些部位，聚集量高于周围正常骨组织（2～25 倍）。因此，锶滞留在病灶部位可达 100 天，^{89}Sr 衰变类型是 β^-（100%），物理半衰期 50.5 天，β 射线最大能量 1.463MeV。由于其 β 射线射程短，含 ^{89}Sr 区域周围的细胞和组织将受到很高剂量的照射，从而达到姑息治疗作用。

锶在血中清除较快，以磷酸锶的形式选择定位在骨组织中。骨转移的病人注入本品后，2/3 由肾小球滤过排泄，1/3 由粪便排出。治疗后 2 天由尿中排泄最多。正常骨初期的生物半衰期为 14 天，其在转移病灶内聚集时间较长。根据骨累及程度不同，广泛转移的病人可以聚集注入量的 50%～100%，排泄较无骨转移者的时间长。全身潴留时间与尿、血浆流量和转移病变有关，12%～90% 的摄入量可以潴留三个月。

给药后 7～21 天疼痛可以缓解。每次给药后疼痛缓解的有效时间为 4～12 个月，平均 6 个月。

人体内各有关组织的辐射吸收剂量见表 22-35。

【不良反应】 （1）有轻度的骨髓抑制现象，部分患者注射后出现血红蛋白、血小板、白细胞、红细胞等降低，一般是一过性的，可逐渐恢复。根据病情发展，可能观察到一些病人的血小板水平出现较严重的降低。对出现严重骨髓毒性反应的病人宜特殊处理。

（2）部分患者注射后出现恶心、便秘、多尿。少数患者注射后出现疼痛加剧（"反跳痛"），一般持续时间短于 1 周，这是一过性反应，可暂时用止痛药减轻或遵医嘱治疗。

（3）个别病人给药后 12 小时发冷和发热。应及时观察，注意有否合并感染。

【禁忌证】 （1）对于有严重骨髓损伤症状，特别是中性粒细胞和血小板计数低的患者，不推荐使用本品，除非认为治疗的益处大于风险。

（2）对于由于脊柱转移引起的脊髓压迫，可能需要更快速的治疗，本品不能作为主要治疗手段。

（3）肾功能障碍患者禁用。

（4）妊娠和哺乳妇女病人禁用。

【注意事项】 （1）有关本品治疗及相关的注意事项均须以书面形式告知患者、家属和医护人员。

表 22-35　人体内有关组织的辐射吸收剂量

组织	MGy/MBq	rad/mCi	组织	MGy/MBq	rad/mCi
骨表面	17.0	62.96	肺	0.78	2.89
红骨髓	11.0	40.74	卵巢	0.78	2.89
结肠壁（下段）	4.7	17.41	胰腺	0.78	2.89
结肠壁（上段）	1.8	6.67	腺	0.78	2.89
膀胱壁	1.3	4.81	睾丸	0.78	2.89
乳腺	0.96	3.55	甲状腺	0.78	2.89
肾上腺	0.78	2.89	子宫	0.78	2.89
胃壁	0.78	2.89	小肠	0.023	0.085
肾	0.78	2.89	其他	0.78	0.89
肝	0.78	2.89			
有效剂量 2.9mSv/MBq（10.73rem/mCi）					

（2）本品不适用于无骨转移癌的患者，故治疗前应对骨转移进行确认，建议进行 ^{99m}Tc-MDP 骨显像。

（3）注射本品前，应停止使用钙剂至少 2 周。

（4）在使用本品后 8 周内，应注意定期监测血象，特别要注意血小板的水平。治疗期间至少每隔一周检测一次血细胞计数。对于已接受过大剂量骨放射治疗和（或）接受过另一种亲骨性放射性核素治疗的患者，也应在使用本品前进行谨慎评估。

（5）对于已接受过放射治疗或化疗的患者，由于存在骨髓抑制效应累积的可能，在使用本品时应注意。

（6）注射本品后，可能会出现某种程度的骨髓抑制，偶尔会达到严重程度，故本品不适用于骨髓严重抑制的患者，对血小板低于 $60×10^9$/L、白细胞 $60×10^9$/L 的患者慎用本品。一般情况下，相对于给药前水平，血小板将下降 30%（95% 置信区间，10%～55%）。大多数患者的血小板下降的低谷出现在本品注射后 4～6 周内。此后，除非患者疾病进展或使用其他治疗方法，血象在 6 个月内会逐渐恢复，但往往只是部分地恢复，且恢复缓慢。白细胞计数也会出现不同程度下降，有导致严重继发性感染的潜在危险。骨髓受到病变累及的患者更容易出现严重的血小板和白细胞计数的降低。对需要进行重复注射本品的患者，应详细评估其血象，并考虑最初剂量、当前血小板及血细胞水平和骨髓检查结果等因素的影响。

（7）锶主要经肾脏与肝胆系统排泄。本品注射后几天内，尿液及粪便将带有放射性。患者、家属和工作人员应采取适当的防护措施，以减少对其自身的辐射危害。

（8）对于患有明显大小便失禁的患者，在注射本品后应采取特殊的预防措施，如插导尿管，以尽量减少放射性物质污染衣物、床单及环境等风险，尤其在注射本品后 48～72 小时内，更应注意防护。

（9）在评价本品疗效时应注意，由于在骨转移癌性骨痛患者中，存在一定的安慰剂效应（最高可达30%～50%），注射后很快出现的疼痛缓解很有可能是安慰剂效应。非安慰剂效应出现在注射后10～20天。在10%～20%的患者中疼痛可以完全消失。

（10）少数患者的疼痛在注射本品后36～72小时内短暂加重的"反跳"现象。这种疼痛一般较轻，通常可用止痛剂缓解。

（11）目前尚未进行过重复给药的临床对照研究。如果患者出现复发，并且血小板计数已经基本恢复，可以考虑重复给药，但给药间隔不少于3个月。对于首次使用本品无效者，不适合再次给药。

（12）使用本品前后，使用局部放射治疗止痛是可行的，但没有足够的临床研究数据支持这一方案。密切监测血象变化是至关重要的。

（13）接受本品的患者可以接受细胞毒药物，前提是血象稳定，并在正常范围内。建议两种治疗间隔至少12周。

（14）肝功能障碍患者慎用本品。

（15）使用本品的单位必须获得《放射性药品使用许可证》，使用人员必须经专业技术培训并持有《放射性工作人员证》。

（16）操作者应注意韧致辐射防护（与 ^{32}P 类似），用低密集的材料作为屏蔽材料（玻璃或塑料）。

（17）致癌和致突变性　动物实验报道40多只大鼠每月给予 ^{89}Sr 9.25MBq（250μCi）/kg或2.95MBq（350μCi）/kg，33只发生骨肿瘤，潜伏期约9个月。

【用法与用量】　静脉缓慢注射（1～2分钟）。成人1.5～2.2MBq（40～60μCi）/kg或总量148MBq（4mCi）。可以重复给药，但一般间隔应不少于3个月。

【制剂与规格】　$^{89}SrCl_2$ 注射液：（1）111MBq；（2）148MBq；（3）222MBq；（4）296MBq。